Timo Hoyer, Gabriele Weigand, Victor Müller-Oppliger

Begabung

Timo Hoyer, Gabriele Weigand, Victor Müller-Oppliger

Begabung

Eine Einführung

Die Deutsche Nationalbibliothek verzeichnet diese Publikation
in der Deutschen Nationalbibliografie;
detaillierte bibliografische Daten sind im Internet über
http://dnb.d-nb.de abrufbar.

© 2013 by WBG (Wissenschaftliche Buchgesellschaft), Darmstadt
Die Herausgabe dieses Werkes wurde durch
die Vereinsmitglieder der WBG ermöglicht.
Satz: Lichtsatz Michael Glaese GmbH, Hemsbach
Einbandgestaltung: schreiberVIS, Bickenbach
Gedruckt auf säurefreiem und alterungsbeständigem Papier
Printed in Germany

Besuchen Sie uns im Internet: www.wbg-wissenverbindet.de

ISBN 978-3-534-23506-3

Elektronisch sind folgende Ausgaben erhältlich:
eBook (PDF): 978-3-534-73632-4
eBook (epub): 978-3-534-73633-1

Inhalt

Einleitung

Woran denkt man beim Wort „Begabung"? Manche werden als erstes an bekannte Persönlichkeiten denken, an den Pianisten Glenn Gould etwa, dessen außerordentliche musikalische Virtuosität legendär ist. Noch keine 12 Monate auf der Welt, sprach er in ganzen Sätzen, mit drei Jahren war sein absolutes Gehör offenkundig, er verstand das Notensystem, bevor er Wörter entziffern konnte, verbrachte aus eigenem Antrieb Tage und Nächte am Klavier, besessen von Musik, die sein Leben war (vgl. HAFNER 2008). Andere werden vielleicht eher an intellektuell herausragende Personen denken, zum Beispiel an einen Universalgelehrten wie Gottfried Wilhelm Leibniz, der über sich selbst berichtete, dass er schon als Vierjähriger lesen konnte, der sich im Selbststudium Latein und Griechisch beigebracht hatte, so dass er mit zehn Jahren ein besseres Verständnis von den Klassikern besaß als manch Studierter.

Gould, Leibniz, Mozart, Einstein … die Reihe berühmter Namen ließe sich fortsetzen. Sie alle sind, wie man gewiss sagen kann, begabte, ja hochbegabte Menschen gewesen, die es überdies fertigbrachten, ihre Begabung produktiv umzusetzen. Die Aufmerksamkeit, die das Begabungsphänomen genießt, ist zum Teil solchen populären Ausnahmeerscheinungen geschuldet. In einem Buch mit dem Titel *Begabung, Bildung und Bildsamkeit* aus dem Jahr 1963 schreibt der Autor: „Die menschliche Gesellschaft verdankt die stetige Ausweitung ihres Erlebnis- und Erkenntnisraumes, den unermeßlichen Reichtum ihrer Kultur und alle technischen und zivilisatorischen Fortschritte der genialen Begabung und den schöpferischen Leistungen einzelner hervorragender Persönlichkeiten" (MIERKE 1963, S. 68). Man darf allerdings bezweifeln, dass kulturelle „Fortschritte" allesamt auf herausragenden Einzelleistungen beruhen. Nicht minder fraglich ist die Annahme, Kreativität oder Originalität ließen in jedem Fall auf eine urwüchsige „geniale Begabung" schließen. Bei Gould oder Leibniz mag man davon sprechen, bei Mozart möglicherweise auch, in Einsteins Kindheit hingegen verriet noch kaum etwas den späteren Starphysiker, und was ist erst mit dem Nobelpreisträger Gerhart Hauptmann, von dem es heißt, der Schriftsteller „erwies sich in der Schule als völlige Null" (PRAUSE 1987, S. 28). Ein bedeutender, kreativer Mann, aber ohne Begabung? Oder war es eine falsch geförderte, nicht entdeckte, spät entwickelte Begabung? Was ist das überhaupt: Begabung?

Darauf ist keine einfache Antwort möglich. Denn, so viel steht fest, Begabung ist weder ein Gegenstand der Erfahrungswelt, den man wie eine Sache beschreiben könnte, noch eine psychische, endogene Substanz, sondern vielmehr eine mehr oder weniger gut begründete *Hypothese*, mit der üblicherweise Aussagen über Fähigkeitsgrade, Lern- und Leistungsvoraussetzungen oder Dispositionen gemacht werden. So wie wir das Wort verstehen, bezeichnet Begabung ein soziales Konstrukt von durchaus uneinheitlicher Bedeutung.

> Begabte
> Persönlichkeiten

> Was ist Begabung?

Begabung in der
Pädagogik

Dieses Buch befasst sich mit dem Begabungskonstrukt aus pädagogischer oder bildungswissenschaftlicher Perspektive. Das ist zu betonen, weil sich verschiedene Wissenschaften einen eigenen Reim auf den Ausdruck machen. Die längste, weit über 100-jährige Karriere hat der Begriff in der Psychologie und in der Verhaltensgenetik. Mittlerweile wird er aber auch in vielen anderen Disziplinen verwendet, in der Neurophysiologie etwa oder sogar in der Stadtsoziologie, wo metaphorisch von den „Begabungen" bestimmter Städte und Regionen gesprochen wird, um deren Potenzialität zu charakterisieren (HÄUẞERMANN 1994, S. 243).

Ein pädagogischer
Begriff?

Ob Begabung zu den einheimischen Begriffen der Pädagogik gehört, ist umstritten. Ein Indikator sind pädagogische Lexika und Wörterbücher. Seit den 1920er Jahren wird „Begabung" regelmäßig in pädagogischen Nachschlagewerken aufgeführt, meistens greifen die Einträge auf die Ergebnisse der Genetik, der Zwillings- oder Intelligenzforschung zurück, kommen dabei zu keinem eigenen, „pädagogischen" Verständnis. In vielen Kompendien fehlt der Ausdruck auch; das *Neue schulpädagogische Wörterbuch* (HINZ et al. 2001) beispielsweise enthält ihn nicht einmal im Stichwortverzeichnis. Die vom Pädagogen Hans-Jochen Gamm vor Jahren aufgestellte Behauptung, Begabung sei „nicht primär ein psychologischer, sondern ein pädagogischer Begriff" (GAMM 1970, S. 41), scheint also weder historisch noch systematisch gerechtfertigt. Gegen die verhaltensgenetische und psychologische Deutungsmacht hat sich die Erziehungswissenschaft aufs Ganze gesehen mit einer eher leisen Stimme zu Wort gemeldet. Ist dies einer kritischen Grundhaltung geschuldet, die um die Problematik des Ausdrucks weiß, dann wird man einen bedachtsamen Sprachgebrauch durchaus begrüßen.

Wissenschaftlich
unbrauchbar

Bedenken an der wissenschaftlichen Brauchbarkeit des Begriffs begleiten die pädagogische Begabungsforschung seit Ende der 1960er Jahre. Der Deutsche Bildungsrat etwa beauftragte in dieser Zeit eine namhafte Gruppe von Sachverständigen zum Problemkreis „Begabung, Begabungsförderung und Begabungsauslese" den neuesten Stand der Kenntnisse zu erarbeiten. Der fast 600-seitige Abschlussbericht *Begabung und Lernen* stellt gleich zu Beginn klar, dass die Wissenschaftler alsbald eingesehen hätten, dass mit dem Begabungsbegriff wenig anzufangen sei. „Er ist zu unbestimmt und zu weit", erklärte der Vorsitzende des Ausschusses, der Erziehungswissenschaftler Heinrich Roth, weshalb man es vorgezogen habe, sich in den empirischen Untersuchungen auf „Lernleistungen" zu konzentrieren (ROTH 1970, S. 19).

Pädagogisches Bega-
bungsverständnis

Derselbe Heinrich Roth repräsentiert allerdings auch beispielhaft eine Position, die sich nicht damit zufrieden gibt, dass anlagedeterministische, leistungs-, elite- und intelligenzorientierte Begabungskonzepte, die das Feld seit je dominieren, von pädagogischer Seite unwidersprochen bleiben. Roth war einer der ersten, die einen „pädagogischen Begabungsbegriff" (ROTH 1952, S. 18) theoretisch konzipierten, der in einem Lehr-Lern-Arrangement verortet ist, in dem das differenzierte „Begaben" aller Schülerinnen und Schüler größeres Gewicht erhält als die Differenzierung nach mutmaßlichen Begabungsressourcen. Roth hat in seinem Beitrag vorgezeichnet, wie man in der Begabungsförderung ohne Spekulationen über anlagebedingte Lern-

und Leistungsvoraussetzungen und ohne stigmatisierende Merkmalszuschreibungen (unbegabt – begabt – hochbegabt) auskommen könnte.

Mit dem Problem etikettierender Zuschreibungen sind nicht zuletzt Schülerinnen und Schüler konfrontiert, die als *hochbegabt* gelten (vgl. HOYER 2010). Seit den 1980er Jahren hat im deutschsprachigen Raum das vorwiegend psychologisch geprägte und an IQ-Werten festgemachte Konzept der *Hochbegabung* eine starke sozio-kulturelle Dynamik entfaltet. Intelligenzkonstrukte, Testverfahren, Kategorien der Leistungsexzellenz, der Elitebildung und entsprechende Schul- und Förderprogramme erhielten Auftrieb. Das öffentliche, demokratisch legitimierte Bildungssystem darf sich freilich nicht auf die Förderung intelligenzbasierter Hochleistung beschränken. Auch die auf Hochbegabtenförderung spezialisierten Einrichtungen sind, im Interesse der Schülerinnen und Schüler, gut beraten, wenn sie Spitzenleistung und Intelligenz nicht verabsolutieren. Maßstäbe personaler Bildung (vgl. WEIGAND 2008, 2011; HOYER 2012a) und angelsächsische Ansätze der *Gifted Education* (vgl. MÜLLER-OPPLIGER 2010, 2011), auf die das vorliegende Buch eingeht, lassen ein weitergefasstes Verständnis von Begabung und Begabungsförderung zu, das niemanden aufgrund hypothetischer Diagnosen über etwaige Lern- und Leistungsmöglichkeiten privilegiert oder benachteiligt.

In jüngster Zeit erleben wir allerdings ein Revival von nativistischen Begabungstheorien, insbesondere von Medizinern, Verhaltensphysiologen und Neurobiologen vorangetrieben, die sich auch berufen fühlen, Lern- und Unterrichtskonzepte zu entwerfen. Gerhard Roth beispielsweise, Biologe und langjähriger Präsident der Studienstiftung des deutschen Volkes (Deutschlands bedeutendster Institution der Begabtenförderung), vertritt die Überzeugung, dass es „krasse Unterschiede in spezifischen Lernbegabungen" gäbe. Obgleich ziemlich unklar bleibt, wie wir uns diese Lernbegabungen vorzustellen haben, schlussfolgert der Hirnforscher, dass Lernerfolge „hochgradig genetisch" festgelegt seien (ROTH 2006, S. 62). Das bedeutet: Gene prägen von Geburt an unsere Begabungen und Begabungen bestimmen unser weiteres Bildungsschicksal. Das ist freilich ein fataler Kurzschluss, in dessen Konsequenz die Biologie den Verlauf der Persönlichkeitsbildung und den Handlungsspielraum pädagogischer Interaktionen im Großen und Ganzen vorschreibt. Naturalistische oder nativistische Anthropologien gehören zum eisernen Bestand zahlreicher Begabungslehren. Sie können gewissermaßen alles und nichts erklären. Das Schulversagen Gerhart Hauptmanns – genetisch bedingt? Aber seine literarischen Glanzleistungen ebenfalls? So beschränkt der Erklärungsgehalt, so weitreichend können die Folgen solcher Diagnosen sein. Wer Begabung sagt und genetische Veranlagung meint, nimmt eine Klassifikation vor, die vielfach – das belegt die in diesem Buch skizzierte Geschichte der Begabung – zur sozialen Differenzierung und pädagogischen Selektierung herangezogen wurde. Je rigoroser nach Begabungsstufen selektiert wird und je unflexibler, undurchlässiger das daraufhin abgestimmte Bildungssystem aufgebaut ist, desto größer ist die Wahrscheinlichkeit, dass die Zuschreibung Begabung tatsächlich zu einem von der Gesellschaft zu verantwortenden Bildungsschicksal wird, dem die betroffenen Kinder und Jugendlichen schwer entrinnen können. Das Phänomen der Be-

Marginalien:
Hochbegabung

Begabung als Bildungsschicksal

→ gesellsch. plus
Verbreitung
der Begabungsbegriff

gabung ist gesellschaftlich enorm brisant und pädagogisch relevant. Es wirft die Frage nach Bildungs- und Begabungsgerechtigkeit auf und es eröffnet die Perspektive auf Schulen der Vielfalt. Das vorliegende Buch möchte zu einem verständnisvollen und kritischen Umgang mit der Kategorie der Begabung beitragen sowie konstruktive Möglichkeiten pädagogischen Handelns aufzeigen.

Aufbau des Buches

Begabung ist ein soziales Konstrukt (Kapitel 1). Es bleibt zu zeigen, welchen Inhalts dieses Konstrukt ist und welche Funktionen es in pädagogischen und gesellschaftlichen Kontexten erfüllt. Breiten Raum nimmt in diesem Buch deshalb die problem- und sozialgeschichtliche Rekonstruktion ein. Aus dem Werdegang von Begabung (und verwandter Begrifflichkeiten wie Anlage, Ingenium, Talent, Hochbegabung), der im Altertum und Mittelalter einsetzt, über die Frühe Neuzeit bis in die Moderne reicht (Kapitel 2–4), erschließen sich Bedeutungsdimensionen, anthropologische Begründungsmuster, gesellschaftspolitische und schulstrukturelle Zusammenhänge, deren Kenntnis eine fundierte und kritische Auseinandersetzung mit dem Begabungsphänomen ermöglicht.

Zeitgenössische Begabungsdiskurse und Initiativen der Begabungsförderung schließen zum Teil an diese Denkmuster und Traditionslinien an, setzen aber auch neue Akzente. Eine hohe internationale Forschungstätigkeit, öffentliche Debatten im Spannungsfeld von Exzellenz und Integration sowie pädagogische Herausforderungen in einer pluralen Gesellschaft sorgen für die anhaltende Aktualität der Diskussion um Begabungsgerechtigkeit und Teilhabe (Kapitel 5).

Diese Diskussion wird seit Jahrzehnten besonders intensiv in den USA geführt (Kapitel 6). Die entwickelten Modelle der *Gifted Education* verbinden Forschung und Pragmatismus, sie zielen auf individuelle Selbstgestaltung in gesellschaftlicher Mitverantwortung. Die in diesem Verständnis entstandenen differenzierenden Lernarrangements sind beispielgebend für eine zukunftsweisende Praxis der Begabungsförderung (Kapitel 7).

Diese Einführung ist von uns gemeinsam konzipiert und im wechselseitigen Austausch fertiggestellt worden. Bei den einzelnen thematischen Schwerpunkten gibt es Hauptverantwortliche. Die historischen Entwicklungslinien zeichnet Timo Hoyer nach, Gabriele Weigand diskutiert neuere Begabungskonzepte sowie Modelle und praktische Tendenzen der Begabungsförderung, Victor Müller-Oppliger stellt den US-amerikanischen Begabungsdiskurs sowie daran anschließende Schulentwicklungen und eine Didaktik vor.

1 Begabung als Konstrukt.
Zum Werdegang einer Kategorie der sozialen Differenzierung

Im Jahre 2007 erhielt der nordamerikanische Dachverband für Begabtenförderung, die *National Association for Gifted Children* (NAGC), seinen 28. Präsidenten. In seiner Antrittsrede erklärte Del Siegle, wie er sich die Entwicklung der Einrichtung vorstelle und wofür er sich einsetzen wolle. Ganz oben auf die Agenda setzte er ein Anliegen von besonderer Dringlichkeit: „We need to do a better job of defining giftedness" (SIEGLE 2008, S. 111). Es ist nicht überliefert, was die Festgäste – samt und sonders ausgewiesene Koryphäen auf dem Arbeitsfeld der Begabung – von diesem Appell hielten. Etwas pikiert dürften die Fachleute schon gewesen sein, da ihnen ihr neugewählter Präsident zu verstehen gab, dass sie bei der Klärung des Begabungsbegriffs oberflächlich zu Werke gegangen seien. Die Mitglieder der weltweit renommiertesten Vereinigung für Begabtenförderung und Begabungsforschung hatten es nach über einem halben Jahrhundert organisierter Arbeit nicht fertiggebracht, jenem Ausdruck eine verlässliche Bedeutung zu geben, der das terminologische Gravitationszentrum ihrer vielfältigen wissenschaftlichen, kulturellen und pädagogischen Aktivitäten bildet.

Ohne Zweifel hätten auch die Vorsitzenden europäischer Begabtenzentren Grund, in den Aufruf ihres Kollegen aus den Vereinigten Staaten einzustimmen. Regelmäßig beklagen hiesige Wissenschaftler, der Begabungs- und Hochbegabungsbegriff werde „uneinheitlich und unscharf gebraucht" (ROST 2009, S. 14), lauter widersprüchliche Definitionen seien im Umlauf und keine einheitliche Bedeutung in Sicht. „Unglücklicherweise herrscht in der Wissenschaft, wenn über Begabung und Hochbegabung gesprochen wird, ein nahezu babylonisches Sprachgewirr" (ZIEGLER 2008, S. 14). In zahllosen einschlägigen Dokumenten werden „Begabung", „Hochbegabung", „Talent", „Leistungsstärke" und „Leistungsexzellenz" ohne weitere Erklärung wie Synonyme behandelt. Meist wird dabei ein intuitives Begriffsverständnis vorausgesetzt, als würde sich das mit den Worten Gemeinte von selbst verstehen. Ohne nähere Erläuterung der keineswegs gleichbedeutenden Ausdrücke bleibt jedoch nebulös, worauf sie Bezug nehmen. Margrit Stamm hat einmal mit Blick auf die unscharfen Richtlinien zur Begabungsförderung eine lockere Auswahl offener Fragen notiert: „Handelt es sich beim gewählten Begriff eher um statisch erfassbare, sich kaum verändernde Fähigkeiten oder um dynamische Fähigkeiten, die kontinuierlich weiterentwickelt werden oder auch stagnieren? Umfasst der gewählte Begriff intellektuelle und/oder nicht-intellektuelle Fähigkeiten? Wird das, was unter dem gewählten Begriff verstanden werden soll, als Produkt oder als Entwicklungsmöglichkeit mit Prozesscharakter verstanden?" (STAMM 2009, S. 53). Weitere Unklarheiten ließen sich mühelos hinzufügen.

Begabung besser verstehen

Unscharfer Begriff

Vielfalt der
Bedeutungen

Dass es Verwendungsweisen und Bedeutungsvarianten von Begabung in Hülle und Fülle gibt, ist allerdings nichts Ungewöhnliches. Im Grunde genommen verhält es sich nämlich mit dem Begabungsbegriff wie mit all jenen Begriffen, die sich auf keine Wahrnehmungsgegenstände beziehen. Man denke an Ausdrücke wie „Gerechtigkeit", „Bildung", „Macht", „Leistung", „Glück" oder an neuere Schlagworte wie „Kreativität" oder „Resilienz". Überall findet man eine unübersichtliche Menge an strittigen Definitionen und nirgends ein einheitliches, unkontroverses Begriffsverständnis. Alle theoretisch reizvollen Begriffe verlangen förmlich danach, fortwährend neu bedacht zu werden, denn sie sind keine „Spiegel der Natur" (R. Rorty), die greifbare Gegenstände mehr oder weniger akkurat abbilden. Es gehört sozusagen zur Wesensnatur von Begriffen, dass ihre Semantik variiert, und zwar in Abhängigkeit von den Erfahrungen, die ihnen zugrunde liegen, von den Denksystemen und Diskursen, in die sie eingebettet sind, und den Phänomenen, die sie symbolisieren.

Forschungsbedarf

Grundlegende „Theorien der Begabung" sind rar; die wenigen, die es gibt, sind älteren Datums, in der jüngeren Zeit sind sie durch überblicksartig oder ratgeberförmig konzipierte Einführungen in das Thema „Hochbegabung" ersetzt worden. Noch bescheidener sieht es auf den Feldern der Diskurs-, Problem- und Kulturgeschichte der Begabung aus. Es existieren kaum Studien, die über die wechselnden Verwendungsweisen des Ausdrucks, über die wissenschaftsspezifischen Sprachspiele der Begabung, die kulturell bedingten Unterschiede im Verständnis und die gesellschaftlichen, ökonomischen und politischen Hintergründe der Begabungsförderung im größeren Zusammenhang aufklären. Verglichen mit dem Kenntnisstand anderer Forschungszweige liegt über dem Gebiet der Begabung gleichsam ein Schleier der Unwissenheit. Del Siegles Wort ist als Ansporn zu verstehen, diesen Schleier zu lüften.

Bedeutungs- und
Sozialgeschichte

Begabung ist ein Phänomen, hat Heinz-Elmar Tenorth richtig bemerkt, „das man allein historisch angemessen erklären kann, also wissenschafts- und gesellschaftsgeschichtlich sowie im Kontext der institutionellen und politischen Entwicklung" (TENORTH 2007, S. 118f.). Dabei ist zu berücksichtigen, dass die sozial-, kultur- und begriffsgeschichtlichen Entwicklungslinien im Allgemeinen nicht isoliert voneinander verlaufen. „Sprachwandel und sozialer Wandel korrespondieren miteinander, ohne daß der eine im andern aufgeht, ohne daß der eine auf den anderen kausal zurückzuführen ist. Vielmehr verweist der eine auf den anderen, ohne ihn hinreichend begründen oder gar ersetzen zu können" (KOSELLECK 2010, S. 305). Auf unser Thema übertragen folgt daraus die methodische Konsequenz, dass man analytisch zu differenzieren hat zwischen der Bedeutungsgeschichte, die Verständnisformen von Begabung und den Sprachwandel rekonstruiert, und der Sozialgeschichte, die Begabung als einen gesellschaftlichen Sachverhalt begreift, der sich in Institutionen (Schulen u.a.), in akademischer Spezialisierung, in politischer Programmatik etc. niederschlägt. Die Synthese beider Sichtweisen bringt das Begabungsphänomen dem Verständnis näher.

Soziales Konstrukt

Aus historiografischer und kulturanthropologischer Sicht ist Begabung weder ein biologisches Faktum noch eine psychologisch lokalisierbare, endogene Größe, von der man behaupten könnte, sie sei mal mehr oder weniger präzise beschrieben worden. Ein Urteil darüber, welche Vorstellung das Phänomen *adäquater* abbilde, bedürfte eines unverstellten Blicks auf das „Ding an sich", über den wir nicht verfügen. Die britische Psychologin Joan Freeman hat in einem anderen Zusammenhang zutreffend bemerkt, das Konzept der Begabung sei ein „soziales Konstrukt" (FREEMAN 2010, S. 87). Dieses Konstrukt könnte man, im Sinne von Roland BARTHES (1964), auch als einen Alltagsmythos verstehen. Mythen sind dem Verständnis des französischen Semiologen zufolge Aussagen, die nicht durch das Objekt ihrer Botschaften definiert werden, sondern durch die Art und Weise des Bedeutens.

Der Mythos Begabung kann zu der von dem Soziologen Alain Ehrenberg beschriebenen „Grammatik des inneren Lebens" (EHRENBERG 2004, S. 15) gerechnet werden. Diese Grammatik setzt sich zusammen aus Konzeptionen, Reflexionsformen, Sprachbildern und anthropologischen Modellen, mit deren Hilfe sich Gesellschaften das Subjektive, das Individuum zu erklären versuchen. Entstehung und Wandlung dieser Grammatik geschehen nicht losgelöst von empirischen Gegebenheiten, auf die sie in gewisser Weise reagieren: Der Umstand, dass einige Kinder ungewöhnliche Fähigkeiten aufweisen, löst Reflexionen, Interpretationen, Theorie- und Konzeptbildungen aus, die das Beobachtete deskriptiv zu erfassen, begrifflich verfügbar, denkfähig zu machen versuchen. Aber die Grammatik des inneren Lebens reagiert nicht nur passiv auf empirische Sachverhalte, sie verändert und erzeugt sie auch. Mit der Verbreitung einer sprachlichen Neuerung, der Einführung eines ungewohnten Deutungsmusters, dem Aufkommen eines neuartigen Theoriekonzepts ändern oder öffnen sich Erfahrungsräume, aus denen sich öffentliches Bewusstsein speist, sozio-politische Initiativen Rechtfertigungen und wissenschaftliche Arbeiten Impulse beziehen.

Im Werdegang der Begabung schlagen sich Vorstellungen von herausragendem Leistungsvermögen, personaler Exzellenz und mithin Praktiken sozialer Differenzierung nieder. Die Rekonstruktion dieses Komplexes bringt ans Licht, wie Gesellschaften zu verschiedenen Zeiten Ungleichheit und Fähigkeitsunterschiede auffassen, konzipieren, und pädagogisch institutionalisieren.

Wollte man mit der historischen Darstellung in jener Zeit einsetzen, in der das Substantiv „Begabung" in der deutschen Sprache zur Bezeichnung einer speziellen Veranlagung oder Disposition Fuß zu fassen begann, dann bräuchte man nicht weit hinter das 19. Jahrhundert zurückgehen. Zuvor nämlich, seit dem späten Mittelalter, meinte „begaben" so viel wie schenken, geben, besolden, ausstatten, und die „Begabung" war der Vorgang des Schenkens, der Stiftung, der Anreicherung. Erst im späten 18. Jahrhundert bürgerten sich allmählich vom Partizip „begabt" abgeleitete Verbalsubstantive wie „Begabtheit", „Begabnis" und „Begabung" ein, die in etwa dasselbe bezeichneten: eine vorteilhafte menschliche Eigenschaft oder Beschaffenheit. So stellte z.B. Goethe 1831 fest, alle Söhne Napoleons seien „bedeutend begabt" gewesen (Goethes Gespräche mit Eckermann 1955, S. 592), und Heinrich Heine konnte zehn Jahre später bemerken, dass den zunehmend intellektuell gebildeten Menschen ihre „plastische Begabnis" – also ihre ästhetisch-künstlerische Befähigung – mehr und mehr abhanden gekommen sei (HEINE 1841, S. 380). „Begabnis", „Begabung" und dergleichen

Grammatik des
inneren Lebens

Exzellenz
und Differenz

Begaben – Begabung

bezeichneten nun personale Voraussetzungen zur gelingenden Ausübung bestimmter Tätigkeiten. Die ältere Sprechweise, nach der man sich unter Begabung einen Prozess der An- und Zueignung von wertvollen Gütern vorstellte, geriet außer Gebrauch (vgl. Binneberg 1991).

Begriffsäquivalente

Was das Wort „Begabung" seit dem 19. Jahrhundert zur Sprache bringt, hat der Sache nach indes eine viel längere Geschichte, die bis ins Altertum zurückreicht. Ältere Ausdrücke wie „Ingenia", „Gabe", „Talent" oder „Vermögen" und Wendungen wie „günstige Natur" oder „glückliche Anlage" können ex post als Varianten oder Begriffsäquivalente von „Begabung" gedeutet werden. Auch sozio-kulturelle Erscheinungen, etwa der Genie-Kult und die Wunderkinder-Euphorie im 18. und 19. Jahrhundert, weisen im Nachhinein eine Familienähnlichkeit mit dem Begabungs- und Hochbegabungsphänomen des 20. Jahrhunderts auf, das ohne die vorangegangene Geschichte kaum verständlich wird.

2 Glücksfälle der Natur, Geschenke des Himmels

Kulturabhängige Kategorien

Gelegentlich wird behauptet, schon Jahrhunderte vor der christlichen Zeit-rechnung sei in morgen- und abendländischen Hochkulturen ein Bewusst-sein für besondere Begabungen vorhanden gewesen (vgl. HEINBOKEL 2001, S. 4). Man könnte deshalb meinen, die Differenzierung nach Begabungsgra-den sei ein ebenso zeit- und kulturunabhängiges Klassifikationsmuster wie beispielsweise die Unterscheidung der Geschlechter. Doch nicht einmal auf die unbestreitbar von biologischen Vorgaben abhängige Kategorie des Ge-schlechts trifft diese Annahme zu; aus der Genderforschung weiß man, dass „Geschlecht" eine von zahlreichen sozialen und kulturellen Faktoren be-stimmte Größe ist. Nicht anders verhält es sich mit jenen Kategorien, die Gesellschaften zur Beschreibung, zum Vergleich und zur Taxonomie von Fähigkeiten und Dispositionen heranziehen.

Antike und Mittelalter

Nehmen wir den nicht unwahrscheinlichen, aber wenig aussagekräftigen Fall an, dass vermutlich seit Menschengedenken Kinder und Heranwachsen-de, die ein auffälliges Geschick zeigten, das Interesse der Erwachsenen fan-den. Für die Erkenntnis ist hierbei erst etwas gewonnen, wenn die sozio-kul-turellen Umstände, und damit die zeitspezifischen Differenzen, berücksich-tigt werden. Die Anfänge der abendländischen Kultur liegen, grob gesagt, in der griechisch-römischen Antike (ca. 600 v. Chr. bis 400 n. Chr.) und im vom Christentum geprägten Mittelalter (ca. 400 bis 1500). Besaßen die Epo-chen ein Verständnis von Begabung? Keine Frage!

2.1 Antike: Natur und Bildung

2.1.1 Legenden von Begabten

Prometheus

Für die alten Griechen waren Mythen eine Form, sich die Welt zu erklären. Über die Jahrhunderte häufig erzählt und vielfach variiert wurde etwa die Geschichte vom Titanen Prometheus, dem, wie der Name sagt, Weitsichti-gen, Vorausdenkenden. Heute könnte man versucht sein, ihn als Prototypen eines Hochbegabten zu deuten, etwa so, wie die Dichter des Sturm und Drang in ihm das schöpferische, unabhängige, nonkonforme Genie zu er-kennen meinten, klassisch in Goethes 1774 entstandenem Poem *Prome-theus*. Das sind allemal zeitgeisthaltige Lesarten, die dem „Original", wenn man davon in diesem Fall überhaupt sprechen kann, niemals vollauf gerecht werden. Aber immerhin können sie sich auf gewisse Züge des Ursprungs-stoffs berufen.

Ein hochbegabter Titanensohn

Schon die Antike sah im vorwitzigen Sohn eines entmachteten Götterge-schlechts, der Zeus die Stirn bot, ein genuines Unabhängigkeitsstreben am

Werk. Hesiod (um 700 v. Chr.) schildert Prometheus in der *Theogonie* (Vers 510 ff.) als blitzgescheit und erfindungsreich, bestückt mit unerklärlichen Tugenden, die umso glänzender leuchteten, weil sein als dumpf und einfältig geschilderter Bruder Epimetheus keine davon vorzuweisen hatte. Zu nichts Geringerem als zum Menschenschöpfer fühlte sich der eigenwillige Titanenspross bemächtigt. Erst schenkte er den Menschen das Leben, dann flößte er den Geschöpfen mit Unterstützung Athenes, der Göttin der Weisheit, Geist ein und schließlich vermittelte er ihnen noch Verstand und Kunstfertigkeit – einen vollständigeren Menschheitsbildner hat die Welt noch nicht gesehen. Diese sagenhafte Tat erregte gleichwohl den Zorn der göttlichen Obrigkeit, die sich übergangen und missachtet fühlte und sich mit einer perfiden Strafe an ihm rächte. Man ließ den eigenmächtigen Geist an einen entlegenen Felsen binden, wo ihm Tag für Tag, Jahr für Jahr ein Raubvogel die Leber aus dem Leib zerrte, die ihm stetig über Nacht nachwuchs. Ein Symbol der Abschreckung, ein Exempel der Herrschenden zur Warnung, sich der Hybris zu enthalten? Sollte das die anfängliche Absicht gewesen sein, dann hat sie sich in den überlieferten Schriften, die sich des Themas annahmen, ins direkte Gegenteil verkehrt. Prometheus wurde – nachzulesen etwa in der Aischylos (525–456 v. Chr.) zugeschriebenen Tragödie *Der gefesselte Prometheus* – als kulturstiftender Märtyrer verehrt, gefeiert: ein Triumph der tatkräftigen, menschenfreundlichen Klugheit über die bornierten Götter.

Außergewöhnliche Gaben

Von exzeptionellen Geistesgaben, auch wenn sie von weniger weltbewegender Bedeutung waren, berichten viele antike Sagen und Legenden, die von Mund zu Mund übermittelt und in Werken wie der *Naturalis historie* aufgezeichnet wurden. Der Perserkönig Cyrus zum Beispiel war dafür bekannt, dass er jeden seiner Soldaten beim Namen rufen konnte – 30000 an der Zahl. Mithridates VI. soll sämtliche Sprachen seines Reiches beherrscht haben – nicht weniger als 20. Als ein Meister der Mnemotechnik machte sich Metrodorus von Skepsis einen Namen: Unter Anwendung eines speziellen Trainingsprogramms nahm seine Gedächtnisleistung derart zu, dass er samt und sonders wiederzugeben vermochte, was ihm einmal zu Ohren gekommen war. Wieviel Wahrheit diese Anekdoten enthalten, steht dahin. Allein der Umstand, dass sie für Wert befunden wurden, festgehalten und überliefert zu werden, zeugt von Bewunderung und Verblüffung über die nicht alltäglichen Fälle intellektueller Bravour.

2.1.2 Herausragende Leistungen und Frühreife

Keine pädagogische Begabtenförderung

Wie die erstaunlichen Leistungen zustande kamen, darüber schweigen sich die Quellen zumeist aus (die Legende vom Gedächtniskünstler gehört zu den Ausnahmen). Die Berichte und Erzählungen benennen außerordentliche geistige Leistungen, sehen aber selten Veranlassung, ihnen auf den Grund zu gehen. Weshalb sollte man sich auch Gedanken über Herkunft und Entstehung dieser Phänomene machen? Aus pädagogischem Interesse jedenfalls nicht. Die Absicht, solche Ausnahmeerscheinungen gezielt hervorzubringen, war nicht besonders verbreitet, und die Vorstellung, die fraglichen Personen bedürften einer pädagogischen Sonderbehandlung, genauso wenig. Man betrachtete sie wie erfreuliche Irrläufer der Natur oder, bei religiöser Gesinnung, als Geschenke der Götter, so oder so waren es bemerkenswerte Kuriositäten von geringer Modellhaftigkeit. Deshalb sind die Geschichten auch nicht mit dem pädagogischen Hintergedanken verfasst, der Jugend nachstrebenswerte Idole anzupreisen.

Gänzlich frei davon ist beispielsweise Vergil (70–19 v. Chr.), der in seinem Alterswerk, der *Aeneis* (IX, 310 f.), über den attraktiven trojanische Fürstensohn Julus zu berichten weiß, dieser habe schon im Kindesalter den Geist und die Gedanken eines reifen Mannes besessen („*ante annos animumque gerens curamque virilem*"). Eine Feststellung, die aufhorchen lässt. Sie gehört zu den frühesten Zeugnissen des sog. *puer-senex*-Motivs, das bis weit in die Neuzeit in Gebrauch war, um ein ebenso seltenes wie seltsames Entwicklungsphänomen zu beschreiben: geistige Frühreife. Heutzutage taucht es nur noch gelegentlich in literarischen Werken auf, etwa in Juli Zehs Roman *Spieltrieb*, wo die hochbegabte Hauptfigur Ada als „eine Fünfzehnjährige mit greisem Verstand" charakterisiert wird (ZEH 2004, S. 431). Der klassische *puer-senex*-Topos erfasst als die Gleichzeitigkeit des Ungleichzeitigen, was die moderne Psychologie Anfang des 20. Jahrhunderts als Abweichung zwischen dem kalendarischen Lebensalter und dem getesteten „Intelligenzalter" (Alfred BINET) operationalisieren wird (danach könnte z. B. ein sechsjähriges Mädchen mit der Intelligenz einer Zehnjährigen begabt sein). Vergils Formulierung lässt an Klarheit und Sachlichkeit nichts zu wünschen übrig: Julus, nach Jahren und Körperwuchs ein Kind, seiner Wortgewandtheit und Denkfähigkeit nach ein Erwachsener.

Kind und Erwachsener zugleich – dieses Paradox zu denken, fiel den Menschen damals leichter, als sich vorzustellen, bestimmte Kinder verfügten über Fähigkeiten von Erwachsenen, ohne erwachsen zu *sein* – eine uns wiederum bestens vertraute, aber mit etwas Abstand betrachtet nicht minder kuriose Vorstellung. Wo der an Psychologisierung gewöhnte Alltagsverstand heutzutage einen Entwicklungsvorsprung, eine überdurchschnittliche Lernoder Leistungsvoraussetzung, eine Begabung sieht, erkannte der in Kategorien des Seins denkende Mensch der Antike das *Erwachsensein* im Kind. Es bedurfte einer regelrechten Revolution des Denkens, um das Erwachsene des frühreifen Kindes in dessen *Potenzial* umzudeuten – philosophisch gesprochen musste sich hierfür das ontologische Denkparadigma auflösen, ein Vorgang, der geistesgeschichtlich die Neuzeit einläutete. Ferner bedurfte es eines Wandels in der Anschauung des Kindes. In Athen und Rom genossen Kinder *als* Kinder kein hohes Ansehen (vgl. CHRISTES et al. 2006). Sie galten als prinzipiell unfertige, rückständige Menschen, die nach landläufiger Gewohnheit nachlässig oder mit Strenge behandelt wurden. Erst als gesellschaftsfähige Männer oder heirats- bzw. zeugungsfähige Frauen erhielten sie die volle Anerkennung der Gemeinschaft.

Kindliches Geschick oder hohe schulische Leistungen gehörten nicht zu den Gegenständen, mit denen sich die Eltern lange befassten oder über die sie sich intensiv untereinander austauschten. Wer es sich finanziell erlauben konnte, deligierte Erziehung und Unterricht an wechselndes pädagogisches Personal (Ammen, Sklaven, Lehrer), die für die Fähigkeitsabstufungen der Zöglinge gemeinhin kein besonderes Auge besaßen. Was nicht besagt, Un-

Frühreife – puer senex

Das Erwachsene im Kind

Kindheit

terschiede in den kindlichen Interessen oder „Kompetenzen" seien nicht vorhanden gewesen. Man maß ihnen nur wenig Wert bei. Ohne Achtung und Aufmerksamkeit für das Naturell und die Individualität der Kinder, wird man auch kein Bewusstsein für kindliche Begabungen erwarten dürfen.

Begabung als Natur

In der Weisheitsliteratur der Epoche, die nicht die Mentalität der Gesamtbevölkerung repräsentiert, kündigte sich solch ein Bewusstsein indessen an. Manche Übersetzungen der philosophischen Texte legen den Autoren sogar das Wort „Begabung" in den Mund. Demnach hätte der römische Kaiser Marc Aurel (121–180 n. Chr.) in seinen *Selbstbetrachtungen* (5. Buch, 5. Aph.) – der Intention nach ein (Selbst-)Erziehungsbuch zum Handgebrauch – die Ermahnung ausgesprochen: Niemand solle seine Charakterschwächen mit einem Mangel an „Begabung" entschuldigen, da es jedem freistehe, dieses Defizit durch Willenskraft und Übung wettzumachen. Der in der stoischen Philosophie beschlagene Herrscher hatte aber, streng genommen, keinen Begriff von Begabung, der weder im Römischen Reich noch im alten Griechenland als ein singulärer Terminus vorkam. Dafür besaß man eine elaborierte Vorstellung von der *Natur* der menschlichen Existenz; Natur verstanden als ursprünglich vorzufindende, unhintergehbaren Seinsweise. Ist in den deutschen Übertragungen der Schriften des Altertums von Begabung die Rede, was häufiger geschieht, dann darf man sicher sein, dass im lateinischen oder griechischen Original von *natura* bzw. *physis* gesprochen wird.

Säuglings-
beobachtung

Ein seinerzeit vertrauter Gedanke war, dass man aus der reflektierten Naturbetrachtung normative Richtlinien des Handelns, auch des erzieherischen, gewinnen könne. Und wo zeigt sich die menschliche Natur am reinsten, unverstelltesten? Im Neugeborenen. Cicero (106–43 v. Chr.) ging in seiner Abhandlungen *De finibus bonorum* (5. Buch, Abschnitt 55) so weit zu behaupten, alle griechischen und römischen Denker seien seit je, im wörtlichen Sinne, an die Wiege getreten, da sie der Ansicht waren, im Säugling könne man die Naturabsichten am zuverlässigsten erkennen. Diesen Schritt „an die Wiege" taten die Philosophen, weil sie sich in erster Linie für die generellen, allgemeinen Gesetzmäßigkeiten des Werdens interessierten und nicht so sehr für die spezifische Beschaffenheit des einzelnen Kindes. Dass manchem dabei nebenher auffiel, wie die dem menschlichen Wesen zugrunde liegende Natur sich von früh an in individueller Charakteristik ausprägt, konnte nicht ausbleiben.

2.1.3 Veranlagung, Übung, Unterricht

Begabung
und Übung

Allen voran die griechischen Wanderlehrer, die Sophisten, brachten eine Auffassung von der menschlichen Natur zur Geltung, die beides berücksichtigte: allgemeine anthropologische und angeborene individuelle Wesensmerkmale. Ihr tägliches Geschäft der Wissensvermittlung machte sie sensibel für die Gelingensbedingungen von Unterweisungen, schließlich hing ihr Ruf und ihr Verdienst von der Zufriedenheit ihrer Kundschaft ab. Wenn alle Menschen dieselbe Naturausstattung besitzen, warum begriffen dann manche von ihnen mathematische Sachverhalte leichter als andere, und weshalb erfasste der eine die Grundregeln der Dialektik im Handumdrehen, während sein Nachbar sich erfolglos abmühte? Dass der eine eifriger lernte als der andere, fiel ins Gewicht, doch der unterschiedliche Übungsaufwand erklärte nicht alles. Den Sophisten werden reichlich lernwillige Kunden begegnet sein, die sich vergeblich anstrengten, den hohen Stand des Wissens zu erreichen, der gesellschaftliche Reputation versprach. Irgendetwas in ihrer Natur durchkreuzte wohl deren Lernanstrengungen, möglicherweise war es dasselbe, was in der Natur anderer, die Leichtigkeit des Lernens hervorbrachte. So in etwa mag der Erfahrungshorizont ausgesehen haben, in den der bekannte Ausspruch des Protagoras (490–411 v. Chr.), einem Hauptvertreter der Sophisten, einzuordnen ist: „Ausbildung erfordert Begabung und Übung" (in: DIELS/KRANZ 1952, 80 B3).

Natur, Gewöhnung, Vernunft

Prägnanter als in dieser Sentenz lässt sich die pädagogische Grundposition der griechisch-römischen Antike nicht formulieren. Von Platon bis Plotin haben sich die mit Erziehung und Bildung (gr. *paideia*) befassten Philosophen, egal welcher Schulrichtung sie sich zugehörig fühlten, ähnlich geäußert. Nur was bei Protagoras als Übung firmiert, ist später in zwei Stufen ausdifferenziert worden; man unterteilte den Bildungsprozess in eine Erziehungs- oder Habitualisierungsphase und eine Phase der vernünftigen Unterweisung oder Belehrung (vgl. HOYER 2005a, S. 142 ff.). ARISTOTELES (384–322 v. Chr.) brachte das tugendpädagogische Konzept in der *Politeia* (1332a, 38) auf den Punkt: „Gut und tugendhaft werden die Menschen nun aber durch drei Dinge; diese drei Dinge sind: Natur, Gewöhnung, Vernunft". „Natur" repräsentiert in dieser Trias den Menschen im Rohschliff. Von Geburt an besitzt das Kind alle Voraussetzungen, die es für ein rechtschaffendes, vernünftiges Leben als Bürger benötigt – „aber noch unentwickelt" (ebd., 1260a). In welcher Weise die Menschen mit ihren naturgegebenen Anlagen umgehen, welche Erziehung, welchen Unterricht sie erhalten, welche Ziele sie sich setzen, das, und nicht die Disposition allein, entscheidet über den Verlauf, den ihre Charakterentwicklung nimmt. „Fürs erste muß man natürliche Begabung haben; das ist nun allerdings Glückssache", hat ein Sophist bemerkt, „das andere aber liegt in der Hand des Menschen selbst: nach dem Schönen und Guten zu streben, arbeitsam zu sein, früh mit Lernen zu beginnen und es lange Zeit fortzusetzen" (ANONYMUS JAMBLICHI, in: NESTLE 1956, S. 216).

Elitäre Bildung

Das antike Schulwesen konnte hierbei nur im begrenzten Umfang Hilfe leisten. Platons und Aristoteles' Träume von einem durchorganisierten staatlichen Bildungswesen, das alle Bürger durchlaufen sollten, blieben Utopien. Nur einer betuchten Minderheit standen die wenigen, kostenpflichtigen Unterrichtsangebote, in denen etwas mehr als Basiswissen vermittelt wurde, zur Verfügung. Begabungskriterien spielten bei der Zulassung der Schüler keine nennenswerte Rolle. Nur die namhaften Gründer höherer Lehranstalten wie Platon, Isokrates oder Quintillian konnten sich Qualitätsbewustein leisten. Sie wollten die Besten des Landes, eine geistige Elite, bilden, was auch gelang. Die begehrten Plätze ihrer Schulen besetzten nahezu ausschließlich die zahlungskräftigen Mitglieder gehobener sozialer Schichten, denen der Schulbesuch als Sprungbrett in gesellschaftliche Spitzenpositionen diente (vgl. MARROU 1957).

Einführung von
Eignungsprüfungen

Der Ausbau des Verwaltungsapparates, der nach kompetentem Personal verlangte, brachte es mit sich, dass bei der Verteilung der staatstragenden Posten nicht mehr blindlings nach Statusgesichtspunkten verfahren wurde, obgleich dieser Usus im Altertum zu keiner Zeit völlig außer Kraft gesetzt wurde. Am Vorabend des Zerfalls des römischen Imperiums sind verschiedene politische Steuerungsversuche aktenkundig, die – zumindest auf der Verordnungsebene – die verbindliche Einführung von Eignungsprüfungen vorsahen. Davon waren auch die nicht im Staatsdienst tätigen Lehrer betroffen, die in einzelnen Regionen ihre Befähigung für den Beruf nachweisen sollten. Eine Vorschrift des Kaisers Valentinian I. aus dem Jahr 369 nimmt zudem die Eignung von Studenten ins Visier. Der von den Abgängern am Ende ihres Studiums geforderte Leistungsnachweis steht im Zeichen der Qualitätskontrolle sowie am Beginn der amtlichen „Begabten"-Auslese. Valentinian verfügte, dass man seinem inneren Herrschaftsbezirk regelmäßig jene Studenten zuführen möge, die in der Prüfung am besten abschnitten (vgl. MARROU 1957, S. 446 ff.). Bildung, Eignung (Begabung) und Leistung wurden somit von höchster Stelle zu Spielmarken erklärt, die im Wettbewerb um die lukrativsten Posten ihren gesellschaftlichen Wert erhielten. Valentinian I. mag heute ziemlich vergessen sein, aber in dem von ihm praktizierten System erkennen wir ein Grundmuster des europäischen Bildungswesens wieder.

Es lag in der Spätantike in der Luft, die im Kommen begriffene Regulierung von Bildungs- und Karrierewegen und die konkurrenzbetonten Auswahlverfahren auch auf die *unteren* Schulebenen auszudehnen. Doch bevor es hier zur Einführung von Eignungsprüfungen kam, brach die antike Welt auseinander.

2.2 Mittelalter: Begnadet und begabt

Mittelalter

Am Beginn des sog. Mittelalters steht ein „Kampf der Kulturen" (S. P. Huntington), der diesen reißerischen Namen wirklich verdient. Die Geschichtsschreibung spricht von der Völkerwanderung. Gemeint ist das oft gewaltsame Eindringen germanischer Stämme in das Stück für Stück auseinanderbrechende Imperium Romanum. Wenngleich sich die Hunnen, Goten, Franken, Alemannen und die übrigen Volksgruppen längst nicht so barbarisch, kulturlos und assimilationsfeindlich aufführten, wie uns Zerrbilder glauben machen wollen, waren die Verheerungen tiefgreifend und langwierig. Man rechnet rund fünf Jahrhunderte, bis ungefähr 1000 n. Chr., bis sich die Regionen Europas in sozio-kultureller Hinsicht von den Folgen der kriegerischen Umwälzungen zu erholen begannen. Fast alle bedeutenden Kulturleistungen, die wir auf das Konto des Mittelalters schreiben – im Bildungsbereich etwa die Anfänge des institutionalisierten Schulwesens und die Grundsteinlegung der Universität –, treten erst in der zweiten Hälfte der Epoche zutage. Dennoch waren die unmittelbar vorangegangen 500 Jahre kulturgeschichtlich alles andere als unbedeutend. In dieser Zeit wuchs das Christentum – in der Antike noch die brutal bekämpfte Religion einer verschwindend kleinen Bevölkerungsgruppe – zur monopolistischen Informations-, Deutungs- und Ordnungsmacht heran, deren weltgeschichtliche Bedeutung kaum zu überschätzen ist. Völkerwanderung und Christianisierung haben dem europäischen Kulturraum unstrittig ein neues Gesicht gegeben, eines freilich, in dem Züge des heidnischen Altertums nicht zu übersehen sind. Auch in den mittelalterlichen „Begabungs"-Konzeptionen kommt einem einiges bekannt vor.

2.2.1 Geschichten von erstaunlichen Gaben

Der begabungskritische französische Soziologe Pierre Bourdieu hat, unter Berufung auf die historische Forschung seines Kollegen Philippe Ariès, die Behauptung aufgestellt, die „undifferenzierte Pädagogik des Mittelalters" habe noch keine Vorstellung von kognitiver Frühreife besessen, weil dies nämlich ein Schulwesen voraussetze, welches den Erwerb von Kenntnissen in festgelegten Alters- und Klassenstufen strukturiert (BOURDIEU 1970, S. 58). Solch ein standardisiertes schulisches Klassifikationssystem, das den Fähigkeitsvergleich erleichtert, zeichnete sich frühestens im 16. Jahrhundert ab. Hinzu kam, dass man es mit dem Alter zu jener Zeit generell nicht besonders genau nahm. Insbesondere auf dem Land hatten die meisten Menschen nur ungefähre Vorstellungen davon, wann sie geboren wurden und wie alt sie waren. Dennoch hält Bourdieus These einer Überprüfung nicht stand. Das Zeitalter besaß sehr wohl eine Ahnung von geistigen Fähigkeiten, die sich *vorzeitig* einstellten. Pädagogische Konsequenzen folgten daraus allerdings, soweit man das heute beurteilen kann, selten.

Kognitive Frühreife

Bekannt ist die im Neuen Testament erzählte Episode vom 12-jährigen Jesus, die berichtet, wie sich der gewiefte, eigensinnige Knabe nach dem Passatfest in Jerusalem heimlich von seinen Eltern entfernte, um sich volle drei Tage unter die Rabbiner zu mischen. Seine Anwesenheit im Tempel verblüffte die Anwesenden, da er nicht nur den Worten der Lehrer lauschte, sondern einsichtsvoll und gescheit, fast auf Augenhöhe mit den Erwachsenen zu disputieren verstand. Die Gelehrten machten indessen – für uns etwas verblüffend – keine Anstalten, diesen besonders gescheiten Jungen unter ihre Fittiche zu nehmen. Als die verärgerten Eltern nach dreitägiger Suche in den Tempel stürzten, ließen die Rabbis den talentierten Knaben umstandslos ziehen (Lukas 2,41–48).

Jesus – hochbegabt?

Nicht nur vom Gottessohn, auch von manch anderem charismatischen Gläubigen wusste man sich im Mittelalter Erstaunliches zu erzählen. Vom Heiligen Nikolaus ging die Legende, dass er gleich nach der Geburt ohne fremde Hilfe auf seinen eigenen Beinen stehen konnte. Nicht genug damit, hielt er, vernünftig und gottesfürchtig vom ersten Atemzug an, von sich aus die religiösen Fastentage ein – noch während er gestillt werden musste (vgl. SHAHAR 1991, S. 20). Man merkt, das *puer-senex*-Motiv hatte, angepasst an christliche Denkfiguren, den epochalen Umbruch vom Altertum zum Mittelalter einigermaßen unbeschadet überstanden.

Legenden

Es mussten nicht notwendigerweise Heilige sein, denen man attestierte, schon ihr junger Körper habe einen ungewöhnlich gelehrsamen Geist beherbergt, aber in irgendeiner Form Helden waren es immer: „Große" Männer entweder der Geschichte oder der historischen Phantasie, über die die

Hagiografen in dichterischer Freiheit Bericht erstatteten. Über die Namenlosen, denen eventuell ähnliche geistige Eigenschaften, aber kein Ruhm und keine Ehre zuteil geworden sind, lässt sich nichts Genaues sagen, da es an Quellen mangelt.

Vom sagenumwobenen Ritter Lancelot lesen wir in dem im 13. Jahrhundert verfassten Prosaroman, der sich in aller Ausführlichkeit seinen Großtaten widmet, schon als Junge sei seine Persönlichkeit dreimal so weit entwickelt gewesen, wie es seinem Alter entsprochen hätte – „dru mal alter als er was" (KLUGE 1948, S. 34). HARTMANN VON AUE (ca. 1160–1210) ehrt in seiner mittelhochdeutschen Verserzählung *Gregorius* den in Sünde geborenen und später zum Papst gekrönten Titelhelden retrospektiv, in dem er versichert, von Kindesbeinen an sei Gregorius gesegnet gewesen mit dem bestechenden Scharfsinn eines Erwachsenen, mit Witz, wie man in dieser Zeit zu sagen pflegte: „der jare ein kint, der witze ein man" (Vers 1180).

Tristan – hochbegabt?

Hartmanns Zeitgenossem GOTTFRIED VON STRASSBURG, dessen Lebensdaten unbekannt sind, verdanken wir die vielleicht bewegendste Schilderung eines Jungen, dem alles, was er anpackte, mühelos besser gelang als Kindern seines Alters. *Tristan*: die dem Mythenschatz der Zeit entlehnte Fabel eines rundum „Hochbegabten"? – um 1210 zu Papier gebracht, 700 Jahre bevor man überhaupt an so etwas wie Hochbegabung zu denken begann. Die zeittypische Nachlässigkeit in der Erziehung bestätigt sich in Tristans fiktiver Biografie nicht. Im Gegenteil: Die Mutter war penibel besorgt um das Wohlergehen des Kleinen und der Vater ein bildungsbewusster Mann, der den Sohn mit sieben Jahren einem Weisheitslehrer übergibt. Tristans Kindheit endet früh, allzu früh, wie das Epos in berührenden Worten beklagt, denn die Unbeschwertheit, die Sorgenlosigkeit des Jungen ist mit Eintritt in die Lehrzeit dahin (Vers 2050 ff.). Stattdessen erwacht in ihm ein unstillbarer Drang zu lernen. In kürzester Zeit verschlingt Tristan mehr Bücher, heißt es, *als je ein Kind zuvor oder seitdem* (Vers 2090). Außerdem übt er sich von früh bis spät im Lautenspiel oder an der Harfe, ganz egal welches Saiteninstrument ihm in die Finger kommt, er bringt es im Musizieren zur staunenswerten Perfektion. Sieben Jahre studiert er unentwegt, heute dies, morgen das (Vers 2100). Auch die handfesten, praktischen Dinge, die einem Edelmann gut zu Gesicht stehen, eignet er sich der Reihe nach an: Reiten, Kämpfen, Jagen und so fort. Unverzüglich ist er in jedem Metier versierter als die anderen (Vers 2119). Sein mühelos erworbenes Wissen, seine beneidenswerten Fertigkeiten und obendrein seine sittliche Vortrefflichkeit ernten Anerkennung und Bewunderung. Aber es ist für Tristan – nomen est omen: dem Traurigen – kein Glück darin. Alles will ihm gelingen, nur die Erfüllung nicht.

2.2.2 Bestimmung und Differenz

Begabung als Gottes Gnadengabe

Wie kommt es zum frühzeitigen Witz bei jenem, zur Lust und Leichtigkeit des Lernens bei diesem? Weder Hartmann noch Gottfried zerbrechen sich darüber den Kopf. Warum auch? Offensichtlich Vorhandenes musste nicht weiter begründet oder erklärt werden, solange es sich mit dem Schöpfungsplan vertrug. Das Gute, das sich am Menschen und in der Welt zeigt, hat seinen Urgrund in Gott, das stand für die Christen so fest, wie das Amen in der Kirche. Seine geistigen Kräfte und Tugenden machen den Menschen allererst zum Menschen. Sie wurden als Geschenke Gottes aufgefasst – in Gnade gewährte *Gaben* (gr. *charis*; lat. *charisma, donum, donatio* u. a.). In den Übersetzungen der Heiligen Schrift und in den gelehrten Abhandlungen jener Zeit ist von den Gaben des Geistes, der Klugheit, der Gerechtigkeit, der Liebe usw. zu lesen oder einfach von der „Gabe Gottes, die in dir ist" (2. Tim. 1,6). Nun wäre es voreilig, dem gleich die Bedeutung von Begabung, im Sinne einer inneren Veranlagung, unterzulegen.

Zuvorderst nämlich verband man mit der Gabe eine Schenkung und keine Befähigung. Das ist auch im weltlichen Schrifttum erkennbar, wo seit dem 13. Jahrhundert Ausdrücke wie „begaben" und „Begabung" für Vorgänge der materiellen Güterverteilung, des Widmens, des Spendens usw. in Gebrauch kamen (vgl. BINNEBERG 1991). Die Geistlichen interessierten sich dagegen für die Vermittlung der höchsten, der immateriellen Güter. Wenn Thomas von Aquino (1224/25–1274) in scholastischer Sorgfalt beispielsweise die Tugend der Weisheit untersucht, dann betrachtet er sie vorrangig als eine „Gabe des Heiligen Geistes" (THOMAS VON AQUINO 1985, S. 204) und erst nachgeordnet als ein wertvolles Gut, das Einzelne empfangen. Er bewegt sich damit auf dem Boden des Neuen Testaments, das mehrfach die den Menschen zuteil werdenden Gaben des Heiligen Geistes erwähnt (z. B. Röm. 12,6–8; 1. Kor. 12,1–11; Eph. 4,11; 1. Pt. 4,10–11).

> *Begabung als Schenkung*

Niemand kann verschenken, was er nicht besitzt, selbst der Heilige Geist nicht. Er gibt weiter, was ihm zu eigen ist. Insofern sind seine Gaben zugleich Wesensmerkmale, die auf die Beschenkten abfärben. Die Gaben gewinnen dadurch den Charakter von ausgezeichneten und auszeichnenden Eigenschaften. Sie entspringen ein und demselben Geist, sind aber von Person zu Person unterschiedlich verteilt. Folglich sind die Menschen nicht nur, wie eine berühmte Bibelstelle lautet, an ihren Früchten zu erkennen (Mt. 7,16), also an den Ergebnissen und Folgen ihrer Handlungen, sondern auch an ihren dominanten Fähigkeiten, mit denen sie begabt wurden. Gnadengaben sind Distinktionsmerkmale in einer gottgewollten Welt, den Personen zur sorgsamen Pflege auferlegt wie eine Bestimmung (vgl. GUARDINI 1952, S. 80). Im ersten Brief des Paulus an die Urchristengemeinde Korinths – einer multikulturellen Hafenstadt, in der der Missionar in jedem Winkel auf die Vielfalt menschlicher Lebensweisen stieß – heißt es in der Originaldiktion der Luther-Übersetzung:

> *Gaben als Eigenschaften und Unterscheidungsmerkmal*

> „Einem wird gegeben durch den Geist zu reden von der Weisheit / Dem andern wird gegeben zu reden von der Erkentnis / nach dem selbigen Geist. Einem andern der Glaube / in dem selbigen Geist. Einem andern die Gabe gesund zu machen / in dem selbigen Geist. Einem andern Wunder zu thun. Einem andern Weissagung. Einem andern Geister zu vnterscheiden. Einem andern die sprachen auszulegen. Dis aber alles wircket derselbige einige Geist / vnd teilet jglichen seines zu / nach dem er will" (1. Kor. 12,8–11).

Zu welchem biografischen Zeitpunkt die Zuteilung der Gaben erfolgt, ob vor oder mit der Geburt, wie beim Heiligen Nikolaus, oder erst im fortge-

> *Begabung aus heiterem Himmel*

schrittenen Alter steht, nach Auffassung der Zeit, im Belieben Gottes. Einfluss darauf können die Menschen höchstens über die Intensität ihres Glaubens gewinnen. Vom Kirchenvater Johannes Chrysostomos (um 346–407) erzählt das *Passional* – eine kanonische Sammlung von Heiligengeschichten, deren Inhalt nicht von A bis Z für bare Münze zu nehmen ist –, dass er einen wundersamen Begabungswandel erfahren habe. Die ersten Jahre seiner Schulzeit hat der Junge aus Antiochia „gar sehr übel" gelernt, ein Unvermögen, das ihm den Hohn seiner Mitschüler und den Stock der Lehrer einbrachte. Wiederholte Bittgänge führten den späteren Erzbischof von Konstantinopel zum Bildnis der Jungfrau Maria. Als sie sich seiner endlich erbarmte, gingen dem eben noch begriffsstutzigen Novizen schlagartig die Lichter auf: Wie er „in die Schul kam und lernen wollt, da kunnt Sankt Johannes mehr dann die anderen" (zit. n. THALHOFER 1928, S. 166 f.).

Weil intellektuelle Fassungskraft und Wissensleistungen nicht mit biologischen, genetischen oder gesellschaftlichen Ursachen in Verbindung gebracht wurden, konnten im Prinzip jedem jederzeit Gnadengaben aus heiterem Himmel widerfahren. Darauf war man in Glaube und Hoffnung eingestellt. Aber die alltägliche Erfahrung sah wohl anders aus. Unvorhergesehene Leistungssprünge waren die Ausnahme, bei den meisten schienen die Würfel in den ersten Lebensjahren mehr oder weniger endgültig gefallen.

2.2.3 Begabung als Ingenium

Kamen bei den jungen Menschen mehrere vorzügliche Geistesgaben zusammen, so sprach man in gelehrten Kreisen mit einem aus dem römischen Altertum entlehnten Wort vom eingeborenen *Ingenium* der Person. Augustinus (354–430), ein weiterer Kirchenvater, dessen Ingenium schon zu Lebzeiten Maßstäbe setzte, erläutert in seinem Hauptwerk *De trinitate*, woran man üblicherweise das Ingenium kleiner Kinder (eingedeutscht meistens: ihre „Begabung") feststellen könne: erstens am Erinnerungvermögen – erinnern bedeutet für Augustinus: nach-denken zum Zweck der Selbstvergewisserung –, zweitens an der Einsichtsfähigkeit, die uns die Wirklichkeit zu verstehen und zu erkennen erlaubt, und drittens am Willen, dem Handlungsantrieb. „Je treuer und leichter nämlich ein Knabe erinnert, je schärfer er einsieht, je glühender er sich müht, umso lobenswerter ist seine Begabung (*ingenii*)" (AUGUSTINUS 2001, S. 123). Das in sich dreigeteilte, aber als Einheit gedachte Ingenium bildet die *substantia* des menschlichen Geistes: eine Essenz noch ohne konkreten Inhalt. Hier scheint die Vorstellung eines Potenzials auf, das sich noch ethisch zu bewähren habe. Das Ingenium mag vorzüglich sein, doch die Gesamtbeurteilung einer Person erfordere, dass man überdies nach den *tatsächlichen* Kenntnissen und Verhaltensweisen sehe, also danach, „*was* man im Gedächtnis und der Einsicht hat, und *wohin* sich der eifrig sich mühende Wille richtet" (ebd., Herv. d. Verf.).

Leistung und Eignung Augustinus hat bei der Beurteilung des Ingeniums ausschließlich sittlich-theologische Gesichtspunkte im Sinn. Praktische Leistungs- oder Verwertungsabsichten lagen außerhalb seines Denkhorizonts. Erst im 11. und 12. Jahrhundert hielten Nützlichkeitsprämissen Einzug in die mittelalterliche Welt. Verantwortlich waren sozio-politische Entwicklungen, die bereits im Altertum dem Leistungs- und Eignungsdenken zum Aufschwung verholfen hatten und die nun im Hochmittelalter erneut zum Zuge kamen. Der Auf- und Ausbau von Verwaltungszentren nahm merklich zu, entsprechend erhöhte sich die Zahl der Funktionsstellen, die mit fähigen Personen besetzt werden sollten, die sich nach Möglichkeit in den Fächern der *septem artes* auskannten. Für die in den Städten konzentrierten Bürger wurde der Nachweis von Wissen und Eignung zum Passierschein, der Karrierewege öffnete und soziale Grenzen überschreiten half. Hohen Zulauf hatten besonders die Universitäten. Schon bald gab es mehr Absolventen als Stellen, was für die „Arbeitgeber" bedeutete, dass sie aus einem Fundus an Bewerben auswählen konnten (vgl. Kɪɴᴛᴢɪɴɢᴇʀ 2003).

Damit rückten Auswahlkriterien und Anforderungsprofile in den Blick. Abermals setzte diese Entwicklung oben, bei der sozialen Elite und Leistungsspitze an, deren Befähigung auf dem Prüfstand gestellt wurde. Die mittelalterlichen Fürstenspiegel diskutierten die Frage, welche Qualitäten zur Ausübung der höchsten Ämter nötig seien. Wilhelm von Ockham (ca. 1288–1347), ein Mann des 14. Jahrhunderts, kommt in seinem *Dialogus* zu dem Schluss, dass ein angehender Landesfürst obenan praktische Klugheit und Urteilsfähigkeit besitzen müsse, Gelehrsamkeit, Beredsamkeit und Gedächtniskraft, womit man in der Wissenschaft, nicht aber in der Politik reüssieren könne, seien dagegen zu vernachlässigen. „Es ist die Forderung nach vernünftigem Verhalten in schwierigen Geschäften", fasst ein Ockham-Spezialist den Standpunkt des Gelehrten zusammen. „Solche Fähigkeit kann durch Studium unterstützt werden, doch ist Begabung mit Geistesschärfe und Urteilskraft unerlässlich, durch Studierfleiß jedenfalls nicht zu ersetzen" (Mɪᴇᴛʜᴋᴇ 2009, S. 256).

Weil in der ständischen Gesellschaftsordnung des Mittelalters die geringen sozialen Aufstiegschancen an Studienabschlüsse und akademische Grade gekoppelt waren, zog es auch Heranwachsende aus besitzschwachen Familien an die höheren Bildungsstätten. Schulbildung war allerdings mit Kosten verbunden. Die Kirche, weltliche Bildungsträger und Mäzene reagierten auf den wachsenden Zustrom „von unten" unabgestimmt, aber durchaus aufgeschlossen. Sie stellten dann und wann Stipendien und Geldbeträge bereit, um mittellosen Anwärtern den Universitätssbesuch zu ermöglichen, nicht uneigennützig, sondern aus ökonomischem, politischem, utilitaristischem Kalkül, kurz: „um sich anschließend ihrer Dienste versichern zu können" (Kɪɴᴛᴢɪɴɢᴇʀ 2003, S. 172). Solche Investitionen in die Nachwuchsförderung spielten auch bei der Öffnung der Dom- und Stiftsschulen eine Rolle. Der Funktion nach Kaderschmieden des Diözesanklerus', nahmen diese klerikalen Ausbildungseinrichtungen nicht nur vermehrt Adlige und wohlhabende Bürger auf, die sich durch Reputation und Liquidität empfehlen. Auch finanziell bedürftige Schüler kamen in den Genuss der Ausbildung, sie wurden unentgeltlich unterricht – nicht alle, nur jene, die man für geeignet hielt. Und welche Maßstäbe legten die Mönche bei der Zulassungsentscheidung an? Es fehlen die exakten Nachweise. Berücksichtigten die Kleriker Empfehlungen, gehorchten sie ihrer Intuition, zogen sie Leistungsprüfungen zu Rate, achteten sie mehr auf Frömmigkeit als auf Geistesschärfe,

Stipendien und
Begabtenauswahl

entwickelten sie ein Gespür für das verborgene Ingenium? Es wird von Situation zu Situation verschieden gewesen sein. Noch hatte die Auslese der Begabten kein System. Das begann sich erst in der Frühen Neuzeit langsam abzuzeichnen.

3 Auf die Anlagen kommt es an – Frühe Neuzeit

Die Frühe Neuzeit umfasst etwa dreihundert Jahre europäischer Geschichte. Zur groben Binnendifferenzierung dieses Zeitraums (etwa 1500 bis 1800), haben sich aus der Kulturhistorik stammende Bezeichnungen eingebürgert: Reformation, Renaissance, Humanismus, Barock, Aufklärung, um die bekanntesten zu nennen. Hinter den Etiketten verbergen sich verwickelte und durchaus widersprüchliche sozio-kulturelle Prozesse der Konfessionalisierung und Säkularisierung, der Kirchenspaltung und religiösen Erneuerung, der Verwissenschaftlichung, der Verstaatlichung und der Pädagogisierung der Alltagswelt. Mit den sich wandelnden Signaturen der Epoche veränderte sich auch das Verständnis von den menschlichen Lernvoraussetzungen. Frühe Neuzeit

3.1 Berufung und Berechtigung

3.1.1 Reformation der Schule

Die von antiken Denk- und Lebensformen begeisterten Renaissancehumanisten und die von religöser Emphase beseelten Protestanten waren sich in vielen Punkten uneins, aber sobald sie sich den pädagogischen Verhältnissen zuwandten, stimmten sie grundsätzlich überein. So unterschiedliche Männer wie Erasmus von Rotterdam (ca. 1467–1536) und Martin Luther (1483–1546) ließen kein gutes Haar am inneren wie äußeren Erscheinungsbild der Bildungsstätten. Allen voran Luther wurde in den 20er und 30er Jahren des 16. Jahrhunderts nicht müde, den Herrschenden und den Erziehungsverantwortlichen einzuschärfen, dass allen Kindern, ob arm, ob reich, ob zu höherem Amt oder niederen Aufgaben bestimmt, eine ordentliche Schulbildung zustehe. An ausreichenden Orten der Lehre, an materieller und personaler Ausstattung, ja überhaupt am guten Willen herrsche jedoch Mangel. Womit er nicht unrecht hatte. Das sahen mit der Zeit auch die meisten protestantischen Landesherren ein, die Schulgründungen ihr Plazet gaben. Als zugkräftig erwies sich vor allem die von den Reformatoren eingebrachte Forderung, Mädchen und Jungen, Männer und Frauen sollten allesamt in der Lage sein, die Heilige Schrift – von Luther bekanntlich eigenhändig in die deutsche Sprache übertragen – selbstständig zu lesen. Sogar in kleineren und endlegenen Bezirken entstanden in der Folgezeit so genannte Deutsche Schulen, die der Alphabetisierung peu à peu zum Auftrieb verhalfen. Schulkritik

Zwar sollten noch rund drei Jahrhunderte ins Land gehen, bevor auf dem Territorium des Alten Reichs tatsächlich annähernd alle (für lernfähig erachteten) Kinder einen kontinuierlichen Schulbesuch absolvierten, aber in der Tendenz gewann mit Beginn der Frühen Neuzeit Bildung für immer mehr Schulbildung

Menschen die Form von *Schul*bildung. Die auf die Bahn gebrachte Demokratisierung öffentlichen Unterrichts, Vorbote der Schulpflicht, war unumkehrbar. Die Schule wird sich zu einer machtvollen Institution entwickeln, die definiert, welche Fähigkeiten als gesellschaftlich belangvoll gelten, die das Monopol der Wissensvermittlung beansprucht und die eine Schlüsselstellung in der Bewertung intellektueller Leistungen und in der Verteilung sozialer Chancen einnimmt.

3.1.2 Schultypen und Selektion

Schultypen   Politik und Administration sahen sich vor neue Herausforderungen gestellt. Auf Dauer konnte man nicht „Schule für alle" proklamieren und dabei die Willkür in der Gestaltung des Bildungswesens aufrecht erhalten. Die Zeit der Schulordnungen und staatlichen Steuerungsversuche brach an. Wie löste Luther das Problem? In etwa so, wie es auch die offiziellen Anordnungen tun werden. Man unterschied zwei strikt voneinander getrennte Schultypen: die niederen Schulen (Deutsche Schulen, Trivialschulen), die sich mit starken Religionsanteilen auf ein bescheidenes Bildungsminimum einstellten, und die hohen Schulen (Lateinschulen, Gymnasien), in denen sich ein klassisches Curriculum behauptete – nach Luthers Geschmack allzu oft auf Kosten theologischer Inhalte. Höhere Schulen ermöglichten den Übergang zur Universität, während der Übergang von einer niederen auf eine höhere Schule schwierig, fast unmöglich war, da die Anforderungen und Lerninhalte denkbar weit auseinander lagen.

Selektion der Begabten   Die Existenz zweier Schulformen rechtfertigt Luther mit kategoriellen Leistungsunterschieden in der Schülerschaft und der sozialen Selektionsfunktion der Schule, die er befürwortet. Auf den höheren Schulen wünschte er sich Schüler, denen ein exzeptionelles Lernvermögen zu Eigen war, gleichgültig welcher sozialen Schicht sie angehörten. Den bis dahin üblichen Standesprivilegien bei der Schulwahl wäre der Boden entzogen worden, doch sie blieben fast ungebrochen wirksam. Zugleich wollte er den ungefilterten Zustrom zur höheren und höchsten Bildung (der noch kein Massenphänomen darstellte) rigoros eindämmen: „Wir sollten auch, wenn die hohen Schulen fleißig wären in der Heiligen Schrift, nicht dahin schicken jedermann, wie jetzt geschieht, da man nur fragt nach der Menge und ein jeder will einen Doktor haben, sondern allein die allergeschicktesten, in den kleinen Schulen vorher gut erzogen" (LUTHER 1520, S. 13). Luther begründet seinen Rat an die Regenten, ausschließlich die nachweislich Besten an den gehobenen Unterrichtsstätten und Hochschulen zuzulassen, mit dem Interesse aller an stabilen gesellschaftlichen Verhältnissen. Der Gesellschaftsbau würde nämlich zusammenbrechen, malt er in bildkräftiger Sprache aus, wenn er nur „Werkstücke" enthielte, also mit viel Aufwand und Sorgfalt gebildete, für Führungsämter prädestinierte Personen, und keine „Füllsteine", eben einfach geschulte, „tüchtige" Menschen, die für allerlei Dienstaufgaben gebraucht werden (LUTHER 1530, S. 93). Der Gedanke, dass jeder „Füllstein" das Recht habe und im Prinzip auch die Voraussetzungen mitbringe, zum „Werkstück" gebildet zu werden, kommt in dieser Logik nicht vor. Das Privileg langwährender Bildung, und somit die Option auf statusreiche Berufe, gesteht er allein dem sog. „Ausbund" zu, womit Heranwachsende gemeint waren, die zur Hoffnung berechtigten, „daß es geschickte Leute" werden (Luther 1524, S. 77). Den Übrigen spricht er unbesehen ab, dass sie, wie Luther sagen würde, von Gottes besonderen Gnaden ausreichend begabt seien, um anspruchsvolle Lerninhalte aufzunehmen und verantwortungsvolle Positionen auszufüllen. Mit vergleichbaren Argumenten versucht man bis in die jüngere Vergangenheit die Exklusion von Bildung zu rechtfertigen (vgl. Hoyer 2005b).

Denkt man Luthers Anliegen zu Ende, dann läuft es auf ein landesweites Berechtigungswesen hinaus, das über die Festlegung von Ab- und Zugangsqualifikationen, von Leistungsstandards und die Nomination von Bildungspatenten (Zeugnissen, Zertifikaten etc.) das Schul-, Universitäts- und Berufssystem miteinander verzahnt, und zwar derart, dass die Schülerströme einer kontrollierten, „begabungsgerechten" Verteilung unterliegen. Dafür war die Zeit noch nicht reif, eine staatliche Schulverwaltung, die den Organisationsaufwand hätte bewältigen können, lag noch in weiter Ferne. Um sich eines Beispiels zu bedienen: Erst im ausgehenden 18. Jahrhundert ist auf den evangelischen Gebieten der Wechsel von den höheren Schulen auf die Universität strenger normiert und administrativ reguliert worden. Den Anfang machte das preußische Abiturreglement von 1788, gefolgt vom Edikt des Jahres 1812 (vgl. Schultze 1831). Schulabgänger, die sich an eine Universität immatrikulieren wollten, mussten sich ab jetzt einer vereinheitlichten Reifeprüfung in sprachlichen und wissenschaftlichen Fächern unterziehen, die den Absolventen die akademische „Tüchtigkeit" bescheinigte – oder eben nicht.

Berechtigungswesen

3.1.3 Für den Beruf befähigt und berechtigt

Auch das Berufssystem stellte sich zunehmend darauf ein, die *Befähigung*, bestimmte Tätigkeiten und Professionen auszuüben, als legitime *Berechtigung* anzuerkennen: Die Möglichkeit, einen qualifizierten Beruf auszuüben, wurde von Leistungsnachweisen abhängig. Von Beginn an zeichnete sich in den Schriften der Reformation die sittlich-religiöse Aufwertung der Berufsarbeit ab, die der Soziologe Max Weber als das Kennzeichen insbesondere der calvinistischen und pietistischen Ethik des 17. Jahrhunderts hervorgehoben hat. Bereits Luther (1530, S. 100) trug keine Bedenken, Bildungsstätten auch auf berufliche Propädeutik einzuschwören. Seinem Realitätssinn blieb nicht verborgen, dass die im Regierungsapparat dringend benötigten Kanzler, Stadtschreiber, Räte, Juristen ihre Grundausbildung nirgendwo sonst als in öffentlichen Schulen erhalten konnten. Damit verglichen nimmt in der calvinistischen Spielart des Protestantismus die Wertschätzung von beruflicher Arbeit, Erwerbsleben und innerweltlicher Leistung zuweilen verklärende Dimensionen an. Für die Lutheraner war der jeweilige Beruf eine Fügung, die man, analog zu den Gnadengaben, hinzunehmen habe. Die Calvinisten machten aus dem Beruf eine Berufung, die den Einzelnen verpflichtete, sich im Hier und Jetzt zu bewähren, um sich des Gnadenstandes würdig zu erweisen. Wer in seinem Beruf nicht das Menschenmögliche leistet oder sich mit einer Tätigkeit zufrieden gibt, die unterhalb seiner

Befähigung, Berechtigung, Berufung

Schaffenskraft liegt, der frevelt an den Fähigkeiten, die ihm Gott sozusagen als Vorschuss zugeteilt hat. Max Weber zitiert beispielshalber den englischen Puritaner Richard Baxter (1615–1691), der Leistungs- und Ehrgeizlosigkeit als eine Art Begabungsverweigerung und diese nachgerade als Unterlassungssünde geißelte. Den akut von Ambitionsarmut befallenen Glaubensbrüdern las der Pfarrer die Leviten: „dann kreuzt Ihr einen der Zwecke Eurer Berufung (*calling*), Ihr weigert Euch, Gottes Verwalter (*stewart*) zu sein und seine Gaben anzunehmen, um sie für ihn gebrauchen zu können" (zit. n. WEBER 1993, S. 133).

Eigene Gaben erkennen
Die Humanisten schlugen, inspiriert von paganer Kultur, andere Töne an. Doch auch ein Petrarca, ein Erasmus, ein Montaigne überhöhte die Berufsausübung zur Berufung, die der eine wie der andere, wenn nicht auf Gott, so auf eine ebenfalls mit Ehrfurcht behandelte Größe namens „Natur" zurückführte. Aus den antiken Überlieferungen etwa eines Cicero lernten sie, dass einjeder sich ausgiebig begutachten müsse, um seine Eigenarten, Fähigkeiten, Vorzüge, kurz: seine echte und einzigartige innere Verfassung kennenzulernen. Aber nicht, wie der Calvinismus predigte, um sich in der Leistungsmaximierung zu bewähren, sondern vielmehr im Interesse des individuellen Wohlergehens. *Ex positivo* formuliert: Weil man nur glücklich werden könne, wenn man sich mit Haut und Haaren dem verschreibt, wozu die Natur einen befähigt. Und *ex negativo*: Weil nur Toren, die das Unglück riskieren, *gegen* die Natur, in Unkenntnis der persönlichen Anlagen und Eignungen handeln (vgl. AGO 1996, S. 388f.). Pierre Charron (1541–1603), katholischer Priester und skeptischer Humanist in Personalunion, pochte darauf, man habe sein rechtes Maß zu finden und einen Beruf zu ergreifen, „für den man geeignet ist, das heißt, an dem sich die eigene Natur […] zwanglos anpaßt […]. Denn der eigenen Natur zuwiderzuhandeln […] bedeutet, sich eine Aufgabe zu stellen, der man nicht gewachsen ist" (zit. ebd.).

Die Ideen der Gelehrten dürfen nicht mit der sozialen Wirklichkeit verwechselt werden, die oftmals andere Wege geht. Was die steigende Achtsamkeit für (berufsrelevante) Gaben anbelangt, ist es jedoch allem Anschein nach so, dass die Weltanschauungen und die Erziehungspraxis des 16. und 17. Jahrhunderts in eine vergleichbare Richtung wiesen. Mit der Zunahme an Bildungs- und Berufsoptionen wuchs in den Kreisen des Adels und des *Berufslaufbahn-entscheidung* vermögenden Bürgertums die Sorgfalt, mit der die Eltern die Persönlichkeiten ihrer Kinder musterten, um daraufhin möglichst rationale Zukunftsentscheidungen zu treffen. Davon berichten die autobiografischen Selbstzeugnisse jetzt häufiger. Aus der Lebensgeschichte des 1592 geborenen Kardinals Marco Antonio Franciotti erfahren wir zum Beispiel, dass dessen Vater sich geraume Zeit über die Anlagen seiner drei Söhne ein gewissenhaftes Urteil bildete, bevor er jedem eine spezielle Bildungs- und Berufslaufbahn zuwies (vgl. ebd., S. 402).

3.1.4 Anlage und Umwelt

Anlage – Umwelt
Die Renaissance antiken Gedankenguts hatte nativistischen Anthropologien zum Durchbruch verholfen, die mit unterschiedlichen Ergebnissen über die anlagebedingte Wesensart des Menschen spekulierten. Gemeinsam ist

ihnen die Überzeugung, dass Kinder nicht als blanke, unbeschriebene Geschöpfe auf die Welt kommen, sondern über eine bestimmte Natur, über allgemein menschliche und individuelle Anlagen verfügen, die den Spielraum der Subjektentwicklung eingrenzen. Aber wo genau verlaufen diese Grenzen? Wie verbindlich schreibt die „Natur" den Subjekten ihren individuellen Werdegang vor, inwiefern greifen spezifische „Anlagen" oder „Gaben" in die Gestaltung der Lebensführung ein? Deterministisch, schicksalhaft? Oder kann ihr Einfluss negiert, potenziert, relativiert werden, je nach Umwelt und Erziehung? Die Debatte um endogene und exogene Entwicklungsfaktoren, zu der sich schon Aristoteles geäußert hatte, war damit neu aufgelegt. Sie wird auch im 19. Jahrhundert weitergeführt – etwa vom Pädagogen Adolph Diesterweg (1790–1866), für den Bildungsvorgänge darin bestanden, dass innere „Naturgaben" und äußere „Erregungen" aufeinandertreffen (DIESTERWEG 1958, S. 65 ff.) –, und sie sorgt in der Begabungs- und Intelligenzforschung bis auf den heutigen Tag immer mal wieder für Zündstoff (vgl. SKOWRONEK 1982; ZIMMER 2012).

Da man in der Frühen Neuzeit keine belastbaren Beweise für die eine oder andere Position vorweisen konnte (die sind im Übrigen auch im Zeitalter der empirischen Forschung nicht leicht zu erbringen), gingen die Meinungen über das Verhältnis von Naturanlage und Umwelt so weit auseinander wie die Ansichten über Gott und die Welt.

Bemerkenswert ist ein Einwand von Blaise Pascal (1623–1662), der alle substantialistischen Natur- und Anlagevorstellungen der Fragwürdigkeit überführte. In seinen *Pensées* (Fragment 93) denkt er darüber nach, dass die angeblich unverfälschte, primäre Natur des Kindes in Wahrheit genauso wenig von den Einflüssen der Sozialisation, Erziehung und Gewöhnung zu unterscheiden sei, wie die sekundären Prägungen von der Natur. In den Worten des philosophierenden Mathematikers: „Was aber ist Natur? Weshalb soll die Gewohnheit nicht natürlich sein? Ich fürchte, diese Natur selbst ist nur eine erste Gewohnheit, wie die Gewohnheit eine zweite Natur ist" (PASCAL 1978, S. 62). *(Randnotiz: Pascals Einwand)*

Feinsinnige Bedenken dieser Art sind dazu verurteilt, im Meinungsstreit unterzugehen. Die Natur-Umwelt-Debatte nahm gröbere Züge an. Ein empfehlenswertes Anschauungsmaterial bieten die reichhaltigen Vorschläge zur Erziehung des noblen, rechtschaffenen Mannes (*honnête homme, gentleman*), für die sich ganze Generationen europäischer Intellektueller erwärmten. Je nach Gesinnungslage der Autoren liegt den Ausführungen eine eher optimistische oder pessimistische Meinung von der „ersten" Natur des Menschen zugrunde. Der spanische Jesuit Baltasar Gracián (1601–1658) etwa, einer der wortgewandtesten Verfechter einer vornehm-kalkulierten Lebensführung, besaß keine besonders hohe Auffassung von der menschlichen Anlagestärke. Sein 1653 publiziertes *Handorakel* – ein populäres Erziehungsbuch für Erwachsene – überträgt im Aphorismus 12, betitelt „Natur und Kunst", die im Hochbarock allgegenwärtige Faszination für artifizielle Naturbeherrschung auf Bildungsabläufe. Anlagen, schreibt Gracián (in der Übersetzung Arthur Schopenhauers), können aus sich heraus nicht jene Nobilität erzeugen, die eine konzentrierte, unablässige Gestaltung des Selbst zu Wege bringt: „Die Natur verläßt uns gemeinhin beim Besten; nehmen *(Randnotiz: Anlagen brauchen Bildung)* wir Zuflucht zur Kunst. Ohne sie ist die beste natürliche Anlage ungebildet, und den Vollkommenheiten fehlt die Hälfte, wenn ihnen die Bildung fehlt. Jeder Mensch hat ohne künstliche Bildung etwas Rohes und bedarf in jeder Art von Vollkommenheit der Politur" (GRACIÁN 1978, S. 5).

Michel de
Montaigne
Mit Michel de Montaigne (1533–1592) könnte man entgegnen, Gracián habe sich von seiner Begeisterung für das Künstliche hinreißen lassen, statt sich davon zu überzeugen, dass in allem, was die Natur schafft, Vernunft waltet. Auch in der ungleichen Verteilung von Gaben. Den Beleg für die Hypothese fand Montaigne (der den Kontinent nie verlassen hatte) in einer quasi-ethnologischen Beobachtung an autochthonen Völkern, wo die Natur ab und zu den Beweis ihre Macht demonstriere: „Die Natur läßt oft, um zu zeigen, daß nichts Mißwüchsiges aus ihren Händen kommt, aus Völkern von gänzlich unentwickelter künstlicher Bildung Schöpfungen des Geistes hervorgehen, die mit den höchsten Erzeugnissen der Kunst wetteifern" (MONTAIGNE 1985, S. 177). Die Absichten der Natur mögen undurchschaubar, zuweilen auch rätselhaft sein, sind aber grundsätzlich zu respektieren. „Die Natur kann alles und tut alles" (ebd., S. 180), weshalb Platons Vorschlag, die Bürger „nach ihren Anlagen" (ebd.) oder Seelenvermögen sozial zu differenzieren, den Beifall Montaignes erhält.

Widersprüche
Doch bei diesem etwas simplen Anlagenaturalismus blieb Montaigne nicht stehen. Auch den mehrfachen Vater brachte der „Schritt an die Wiege", von dem schon die antiken Philosophen profitiert hatten, auf neue Gedanken. Genauer hingeschaut, zeigte sich die kindliche Seele nämlich aufnahmebereit für allerhand Eindrücke. Die Naturanlagen äußern sich nicht von Geburt an wie ein unrevidierbarer Richterspruch, sie sind sehr viel „biegsamer" (ebd., S. 157) als gedacht. Was folgt daraus für Erziehung und Bildung? Montaigne findet, Brennspiegel seiner Epoche, zu keiner widerspruchsfreien Überzeugung. Manchmal bekennt er sich rundum zum nativistischen Determinismus: „Die angeborenen Neigungen werden durch die Erziehung weitergebildet und gefestigt; aber schwerlich werden sie geändert und überwunden" (ebd., S. 631). Ein anderes Mal erscheint es ihm jedoch müßig, bei Kindern nach den nebulösen „Anzeichen ihrer Neigungen" zu suchen, um auf solch dubiosen „Weissagungen" pädagogische Maßnahmen zu gründen. Dann doch lieber, ungeachtet etwaiger Differenzen in den Anlagen, das eine wie das andere Kind „zu den besten und nützlichsten Dingen" erziehen (ebd., S. 184 f.). Und noch einmal neu positioniert, nun etwas ältere, schulfähige Kinder vor dem geistigen Auge, schwingt sich Montaigne zum Advokaten eines individualisierten, begabungssensiblen Unterrichts auf, mit der er der „Gießkannenpädagogik" eine historisch zu nennende Abfuhr erteilt:

> „Bei jenen, die nach heutigem Brauch eine Schar solcher kindlicher Geister von so unterschiedlicher Prägung und Begabung mit der gleichen Lektion und dem gleichen Ellenmaß anzuleiten und zu regieren unternehmen, ist es kein Wunder, wenn in einer ganzen Herde sich kaum zwei oder drei finden, denen ihre Zucht etwas Rechtes fruchtet" (ebd., S. 187).

3.1.5 Differenzierung der Veranlagungen

Wenn man sich die Ideengeschichte wie eine Art fortlaufendes Gespräch unter Intellektuellen vorstellen würde, dann wäre dies der rechte Augenblick, Johann Amos Comenius zu Wort kommen zu lassen. Comenius (1592–1670): Bischof der böhmischen Brüdergemeinde, Lehrer, Schulleiter, pädagogisch-didaktischer Autor allererster Ranges. Sein differenzierter Blick auf jenes Phänomen, das in der pädagogischen Sprache „Bildsamkeit" heißt, ist in der Frühen Neuzeit beispiellos. *(Johann Amos Comenius)*

Wie kein Zweiter trat er gleichermaßen für die Lernschwachen wie für die Lernstarken ein. Seinem Ringen um *eine* Schule für *alle* Kinder, einschließlich jener, die „von Natur stumpfsinnig und dumm scheinen" (COMENIUS 1898, S. 63), lag ein Gerechtigkeitsgedanke zugrunde: Da nicht absehbar sei, was aus diesem oder jenem Kind einmal werden könne – „was die göttliche Vorsehung bestimmt hat" (ebd., S. 62) –, sei es unrechtens, irgendeinem Kind schulische Förderung vorzuenthalten. Dem zu erwartenden Einwurf, bei ungemein vielen vierschrötigen Menschen wäre doch erfahrungsgemäß jede Bildungsbemühung vergeblich, konterte Comenius mit der entgegengesetzten Erfahrung. Gänzlich zur Bildung unbegabte Menschen seien ihm (abgesehen von Fällen pathologischer Geistesarmut) noch nicht begegnet: „eine solche Unfruchtbarkeit der Anlage läßt sich nicht finden" (ebd., S. 63). Und was ist mit den äußerst fruchtbaren Anlagen? Auch sie sind dringend auf Bildung angewiesen, sogar dringender bisweilen als die Anlagen schlichter Gemüter, deren begrenzter Horizont sie davor bewahrt, auf geistige Abwege zu geraten. Demgegenüber sind die aufgeweckten, vielseitig interessierten Kinder ständig bedroht, sich zu verlieren, zu zerstreuen. Gerade sie brauchen deshalb genaue Anleitungen, Zuwendung, klar strukturierte Aufgaben und sinnvolle Betätigungsfelder, dann, aber auch nur „dann wachsen sie von selbst heran gleich einer edeln Pflanze" (ebd., S. 82): *(Lernstarke – Lernschwache)* *(Alle Menschen zur Bildung begabt)*

> „Denn wie ein Acker, je fruchbarer er ist, desto reichlichere Saat von Dornen und Disteln hervorbringt, so ist eine ausgezeichnete geistige Anlage voll absonderlicher Gedanken, wenn sie nicht mit dem Samen der Weisheit und Tugend besäet wird. Wenn einer im Betriebe befindlichen Mühle das Getreide, der Stoff zum Mehl, nicht in gehöriger Menge gegeben wird, so reibt sie sich selbst ab und erregt unnütz Staub, indem sie Raspelspäne macht und zwar mit Lärmen und Getöse, auch mit Beschädigung und Zerspringen der einzelnen Teile: ebenso verwickelt sich der bewegliche Geist, wenn er nicht mit ernstlicher Arbeit versehen ist, in eitle, absonderliche, insgemein schädliche Dinge und wird die Ursache des eigenen Unterganges" (ebd., S. 53).

Einfachheitshalber könnte man denken, Comenius spreche hier, nach heutigem Verständnis, von den Gefährdungen Hochbegabter, und zuvor von den Bildungsansprüchen Normal- oder Niedrigbegabter. Aber er differenzierte subtiler. Comenius unterschied drei Formen von intellektuellen Veranlagungen, unterteilte sie in drei weitere Untergruppen, was „eine sechsfache Mischung der geistigen Anlagen" ergibt (ebd., S. 82). In seiner Klassifikation *(Klassifikation der Veranlagungen)* der Lernprofile vermengen sich – für ihn eine Selbstverständlichkeit – kognitive, motivationale und nicht zuletzt ethische Eigenschaften:

> „Obenan stehen die Scharfsinnigen, Wißbegierigen und Fügsamen, die vor allen anderen am meisten für die Studien geeignet sind. […] Dann folgen die Scharfsinnigen, aber Langsamen, jedoch Willfährigen. […] Drittens kommen die Scharfsinnigen und Wißbegierigen, aber Wilden und Schroffen. […] Viertens giebt es Willfährige und zugleich Lernbegierige, aber dabei Schwerfällige und Stumpfsinnige. […] Fünftens sind einige stumpfsinnig und obendrein schlaff und träge. […] Zu allerletzt kommen die Stumpfsinnigen, die zugleich verdreht und boshaft von Natur, gemeiniglich verloren sind" (ebd., S. 82 f.).

Differenzierter Unterricht Die Kategorisierung geistig-moralischer Charaktere sollte den Lehrern eine diagnostische Hilfestellung bieten, um besagtes Gießkannenprinzip durch einen differenzierteren Unterricht abzulösen. Jedem Anlagetyp stellte Comenius didaktische Richtlinien zur Seite: Die oberste Gruppe verlange nach der „Nahrung der Weisheit" (ebd.), die darunter bedürfe in der Hauptsache des äußeren Ansporns, die dritte Gruppe fordere strenge, aber nicht demütigende Leitung, der vierten sei mit Nachsicht und zurückhaltender Leistungserwartung geholfen usw. Bloß nicht alle Kinder über einen Kamm scheren!

Sein analytischer Blick auf die unterschiedlichen Lernvoraussetzungen verbot Comenius, sich hochfliegender pädagogischer Illusionen hinzugeben, aber er sah auch keinen Grund zum Pessimismus: Nicht aus allem Holz ließe sich „ein Merkur schnitzen" – doch gewiss „aus jedem ein Mensch" (ebd., S. 78). Manchem Territorialherren wäre es anders herum bestimmt lieber gewesen. Das staatliche Interesse an der Bildungselite trat jedenfalls energischer in Erscheinung als das Engagement für die allgemeine Menschenbildung.

Bildungs-benachteiligung Der Ausbau von Elementarschulen, insbesondere in dörflichen Regionen, hinkte permanent der Entwicklung der höheren, städtischen Bildung hinterher. Wer als Junge auf dem Land aufwuchs, hatte im Vergleich zur Stadtjugend deutlich schlechtere Chancen, seine „akademischen Begabungen" ins rechte Licht zu setzen; für Mädchen sah es noch erheblich düsterer aus – und das bis weit ins 20. Jahrhundert hinein. Sozio-ökonomische Mobilität „nach oben" kam in ärmeren und bäuerlichen Bevölkerungsschichten selten vor. Gerechterweise muss man hinzufügen, dass seit der Reformation die meisten Schulverordnungen Empfehlungen aussprachen, dass den besonders fähigen Kindern über Stipendien, Stiftungen, Pfründen, Landes- oder Kirchenmitteln der Übergang von niederen zu höheren Schulen zu erleichtern sei (vgl. z. B. Wesoly 2008, S. 160). Einige Kinder nahmen solche Möglichkeiten in Anspruch, die meisten Familien werden von den Initiativen nicht einmal erfahren haben.

3.1.6 Auswahl der Besten

Begabten- und Elitebildung Für die planmäßigere staatliche Begabten- oder Elitenbildung werden in der Blütezeit der Reformation extra Einrichtungen ins Leben gerufen. Mitte des

16. Jahrhunderts entstehen in Sachsen (Schulpforta, Meißen, Grimma) fürstliche Landesschulen, die, so der Schulhistoriker Friedrich Paulsen, den Zweck erfüllten, „die besten Köpfe zum Dienst des Landes in weltlichem und geistlichem Regiment zu ziehen" (PAULSEN 1919, S. 298). Der Besuch der auf dem Gelände säkularisierter Klöster angesiedelten evangelischen Gymnasialinternate stand Knaben im Eintrittsalter von 11 bis 15 Jahren offen. Für einige begabte, also intellektuell vielversprechende Kinder, denen der finanzielle Rückhalt fehlte, stellten die Gelehrtenschulen Stipendien zur Verfügung. Die Alumnen erwartete eine exklusive, in klerikaler Strenge geführte Einübung auf Leistung, Laufbahn und Studium. Die Einrichtungen, von denen einige – Schulpforta! – eine bis in die Gegenwart reichende, bewegte Geschichte vor sich hatten, gaben damals das Vorbild ab für eine Reihe von Gründungen ähnlicher Art (vgl. FLÖTER/WARTENBERG 2004).

Dass das höhere Bildungswesen zunehmend in die Eliterekrutierung eingebunden wurde, zeigt sich auch dort, wo die Einflussnahme der staatlichen Obrigkeit marginal war. Selbst eine anfänglich ganz und gar nicht zur Förderung „der besten Köpfe" vorgesehene Fürsorgeeinrichtung, wie das berühmte, von den Pietisten August Hermann Francke (1663–1727) gegründete Waisenhaus, nahm nach nur zweijährigem Bestehen eine Wende Richtung „Begabtenförderung" (BROCKERHOFF 2007). Als auf dem weitläufigen Schulgelände vor den Toren Halles 1697 Lateinschulen den Betrieb aufnahmen, war klar, dass der sendungs- und machtbewusste Hausherr die Erziehung zur christlichen Weltklugheit mit der Bildung von Funktionseliten zu vereinbaren suchte. Da bei der Auswahl der Lateinschüler (und zukünftigen Theologiestudenten) nichts dem Zufall überlassen werden sollte, führte man langwierige Eignungsprüfungen durch, in denen das Können und Verhalten der Kandidaten penibel observiert wurden. *Eliterekrutierung*

In den katholischen Gebieten des Reiches lag das höhere Schulwesen nahezu konkurrenzlos in den Händen der Jesuiten, woraus eine relativ große Einheitlichkeit in der Schulorganisation resultierte. Leistung und Disziplin wurden in dem Orden groß geschrieben. Dezidierte Anweisungen legten mit hoher Verbindlichkeit fest, welche Fähigkeiten die Schüler nachweisen mussten, um ins Gymnasium aufgenommen zu werden. Der soziale Stand des Schülers sollte dabei keine Rolle spielen (der Schulbesuch war kostenfrei). Das Ingenium gab bei der Auslese den Ausschlag, wenngleich nicht allein: Das äußere Erscheinungsbild des Schülers und sein sittliches Verhalten wurden ebenfalls genauestens überprüft und in das Auswahlverfahren einbezogen. Ein ausgefeiltes System aus Leistungsansporn und Leistungskontrolle begleitete die katholischen Gymnasiasten bis ans Ende ihrer Schullaufbahn, die mit einer Vielzahl von Prüfungen gespickt war (vgl. HAMMERSTEIN/MÜLLER 2005). Die gleiche Systematik erwartete die Schulabgänger im Studium, erst recht, wenn die Aufnahme in den Orden der *Societas Jesu* angestrebt wurde. Nur die erwiesenermaßen studierfähigen Bewerber erhielten die Zugangsberechtigung. Bei der Auslese der Novizen wurden erneut das Ingenium sowie das moralische und das physische Auftreten der Anwärter in Rechnung gestellt: „Aufgenommen werden sollen, so bestimmen die Konstitutionen, nur solche ‚bei denen vernünftigerweise Aussicht ist, daß sie tüchtige Arbeiter im Weinberg Christi durch Beispiel und Lehre *Begabtenauslese der Jesuiten* werden. Je begabter, je gesitteter und je rüstiger sie auch körperlich sind, die Studienarbeit zu ertragen, desto tauglicher sind sie zur Aufnahme'" (PAULSEN 1919, S. 394).

3.2 Talent und Kräfte

Herrschaft
der Vernunft
Comenius, Francke und die Jesuiten werden üblicherweise nicht zu den treibenden Kräften gerechnet, die in Europa die „Herrschaft der Vernunft" (P. Hazard) anbahnten. Diese Ehre wird – etwas ungerecht – allein der rationalistischen Philosophie und den selbsternannten Aufklärungsbewegungen zuteil.

3.2.1 Aufklärung über den Menschen, seine Erziehung und Talente

Den Rationalismus prägten die Philosophen des 17. und beginnenden 18. Jahrhunderts. Descartes, Spinoza, Leibniz, Wolff und die anderen Meisterdenker waren nicht gerade auf Begabungsproblematiken spezialisiert. Dafür dachten sie im großen, metaphysischen Stil über Zusammenhänge nach, die, genau besehen, auch das kleinste anthropologische Phänomen einschlossen: Wie verträgt sich das Sein mit dem Werden, ist der Urgrund der Dinge dynamisch oder statisch oder beides zugleich, muss man sich die Essenz des Ganzen als eine Vielheit von Substanzen oder als eine Einheit vorstellen, inwiefern korrespondiert das Wesen der Welt mit dem Wesen des Menschen? Und die Seele, die Vernunft, der Leib, auch das beschäftigte die Gelehrten, wie hängen sie miteinander zusammen? Die hochgradig abstrakten, in mathematischer Architektonik aufgebauten Systeme gingen bisweilen etwas leichtfertig über die Anfangszweifel allen Philosophierens hinweg: Was kann ich überhaupt wissen, wo liegen die Erkenntnisgrenzen der Vernunft? Diese Fragen bewegten wiederrum die Epistemologen. Liegen unseren Vorstellungen von den Dingen und Menschen sinnliche Erfahrungen zugrunde, wie die Empiristen und Sensualisten dachten (Locke, Hume etc.), oder werden alle Erfahrungen gewissermaßen vorgeformt von bestimmten Verstandeskategorien, wie Kant darlegte. Auch das war keine rein akademische Diskussion, denn sie betrifft sämtliche Erkenntnisinhalte und das menschliche Realitätsverständnis schlechthin. Erkennen wir die Wirklichkeit so, wie sie ist, oder ist die Wirklichkeit so, wie wir sie erkennen bzw. zu erkennen glauben? Man ersetze einmal „Wirklichkeit" durch „Begabung", um die Frage an einem Anwendungsfall durchzuspielen.

Was ist der Mensch?
Während die Philosophen die Natur des Menschen gleichsam vom Schreibtisch aus durchleuchteten, erkundete die Naturwissenschaft des 18. Jahrhunderts das Reich des Lebendigen vor Ort. Zoologische Taxonomien (Linné) und biologische Entwicklungslehren (Buffon) schärften die Wahrnehmung für die Vielfalt und Eigenart der Lebewesen, deren systematische Ordnung, wie sich abzuzeichnen begann, bruchlos bis hinauf zum Menschen reicht. Und wenn alles am Menschen bloße Natur wäre? Vernunft, Fähigkeiten, Anlagen, Begabung: zurückführbar auf Physiologie, Chemie und Mechanik? Materialistische Denker namentlich französischer Prove-

nienz schreckten im Aufklärungseifer vor keiner Konsequenz zurück: der Mensch, eine komplizierte Maschine aus den Händen der Natur – auch das war denkbar (LA METTRIE: *L'homme machine* 1748).

Maschinen können nicht erzogen werden, sie werden konstruiert, programmiert. Ein extremer Materialist wie der Mediziner und philosophische Autodidakt Julien Offray de La Mettrie (1709–1751) propagierte ungeachtet dessen einen grenzenlosen Erziehungsoptimismus, weil er die Maschine Mensch als ein plastisches Wunderwerk und die Erziehung als eine technische Übung verstand, die aus den unermesslichen Möglichkeiten der Natur alles, wirklich alles herausholen könne. Nach allen Regeln der Kunst trainiert, würde selbst aus einem Affen ein sprechender, „normaler Staatsbürger" werden, „der wie wir die Muskeln bzw. das Zeug hätte, zu denken und Nutzen aus seiner Ausbildung zu ziehen" (LA METTRIE 1988, S. 38). Wenn aus Affen Menschen gebildet werden können, dann sollte es der Menschenbildung im engeren Sinne ein Leichtes sein, jede „nur ansatzweise vorhandene Begabung" eines Kindes zur vollen Pracht zu entfalten. Eine einfache Rechnung: Je mehr man die Anlagen übt, „desto größer, kraftvoller, robuster, umfassender und denkfähiger" werden sie. Auch die vorzüglichste Veranlagung, das „bestgebaute Gehirn" und das beeindruckendste Talent kommen „ohne ein solches Training nicht aus" (ebd., S. 44 ff.). Das Wertvollste also ist nach dieser Sicht der Dinge eine gut organisierte Natur, das Zweitbeste aber ist die Unterweisung und Übung. Das leuchtete wohl auch den Bildungsmäzenen ein, die, metaphorisch gesprochen, lieber Goldstücke polierten als Kohle mühsam in Diamanten zu verwandeln. Seinen Gönner Friedrich II. behelligte La Mettrie deshalb nicht mit der arg weit hergeholten Affengeschichte, dafür bestärkte er ihn darin, Talente zu entdecken und zu schmieden: „Ein Talent als solches zu erkennen, ist schon beachtlich, es zu fördern aber zeugt von göttlicher Größe" (LA METTRIE 2004, S. 52).

Erziehung kann alles

Diese pompöse Sprechweise erinnert daran, dass sich die Aufklärungszeit den Ruf des „pädagogischen Jahrhunderts" zugute hielt. Erziehungstheorien, Bildungsreformen und Schulinitiativen verzeichneten einen Anstieg, der diese Selbstbeschreibung rechtfertigt. Der „Begabungs"-Diskurs wurde derweil lebhaft auf der Ebene der Anlage-Umwelt-Debatte weitergeführt, die dabei mehr und mehr auf einen Exzellenzdiskurs hinauslief. Das machte sich auch in der vereinheitlichten Begriffswahl bemerkbar. Man benötigte geradezu einen gemeinverständlichen Ausdruck zur Bezeichnung exzellenter Gaben oder Dispositionen. Erst in der englischen und französischen und schließlich auch in der deutschsprachigen Literatur rückte im 18. Jahrhundert ein und derselbe, gar nicht mal neuartige Begriff in den Vordergrund: Talent.

Exzellente Gaben, Talent

3.2.2 Anlagen verstehen, beobachten, erziehen

In den Anlagetheorien sind zwei Gruppen auseinanderzuhalten. Zunächst gibt es eine Reihe von anthropologischen Untersuchungen, die sich mit den *gemeinsamen* Anlagen *aller* Menschen befassen. Ein erstes Beispiel ist die Moralphilosophie von Adam Smith (1723–1790), der in seiner *Theory of Moral Sentiments* herausfinden wollte, welche ubiquitären, also ursprüngli-

Allgemein menschliche Anlagen

chen *principles* (Smith 1949) der menschlichen Natur innewohnen. Ein zweites Beispiel ist der Pädagoge Johann Heinrich Pestalozzi (1746–1827), der beim Menschen drei grundlegende Anlagen vermutete, „jene des Kopfes, des Herzens und des Körpers, die alle ihren je eigenen Entwicklungsgang haben, der durch Unterricht gestützt werden muss" (Tröhler 2010, S. 97). Bemerkenswert sind noch die anthropologischen Überlegungen Immanuel Kants (1724–1804). Kant sieht den spezifischen Charakter der Gattung Mensch ebenfalls in drei Anlagen begründet, aber es sind andere als beim Schweizer Pädagogen, nämlich technische, pragmatische und moralische. Alle drei werden gleichsam überwölbt von der allgemeinmenschlichen Vernunftanlage, die zudem eine normative Dimension enthält. Als einziges „mit Vernunftfähigkeit begabtes Tier" (Kant 2000, S. 257), erläutert Kant, sei der Mensch verpflichtet, dass er seiner wesenstypischen *Begabung* – das Substantiv wird von Kant allerdings nicht benutzt – gerecht werde, also vernünftig lebe. Von alleine, ergänzt Kant in seinen pädagogischen Vorlesungen, geschehe „die Entwicklung der Naturanlagen" nicht. Um zu werden, wozu die Menschen – *alle* Menschen! – begabt sind, brauche es die Unterstützung der Erziehung (Kant 1984, S. 33).

Individuelle Anlagen   Von solchen Ansätzen sind jene Versuche zu unterscheiden, in denen die Frage nach den *individuellen* Anlagen im Mittelpunkt steht. Das geschieht etwa in der anthropologischen Ethik David Humes (1711–1776). Der schottische Gelehrte lehnte die überwiegend leistungsbetonten Sittlichkeitslehren seiner Zeit ab, die als Tugend nur gelten ließen, was mit Anstrengung und Kampf verbunden sei; so heißt es etwa bei Jean-Jacques Rousseau: „Nur ein von Natur schwaches, durch seinen Willen starkes Wesen ist tugendhaft. Darin allein besteht das Verdienst des rechtschaffenen Menschen" (Rousseau 1989, S. 489 f.) Hume indessen brach eine moralphilosophische Lanze für jene Personen, die das Gute mit Leichtigkeit vollbrachten, da ihnen die Natur Ingenium, Witz, Besonnenheit, Großmut oder andere Vorzüge mit auf den Weg gegeben habe. Die natürlichen und insofern unveränderlichen *abilities*, meinte Hume, seien den Einzelnen zwar nicht, wie erworbene Fähigkeiten, als moralischer Verdienst anzurechnen, doch deshalb dürfe man ihnen keineswegs die ethische Wertschätzung entziehen. Aus utilitaristischer Warte zählt allein der *Nutzen* der Anlagen, der den Einzelnen und der Gemeinschaft zugutekommt. Achtung und Respekt gebühre deswegen den „Leuten von besonderer Begabung und Fähigkeit", denn das „Wohl und Wehe von vielen hängt mit ihren Handlungen zusammen; was sie unternehmen, ist wichtig und fordert unsere Beachtung" (Hume 1978, S. 368).

John Locke   Dass in der Erziehung den Anlagen der Kinder, den guten wie den schlechten, Beachtung geschenkt werden müsse, gehört zu den Grundsatzüberzeugungen bürgerlicher Pädagogik. John Locke (1632–1704) zählt dank seiner Schrift *Some Thoughts Concerning Education* aus dem Jahr 1693 zu ihren frühesten Wortgebern. Als Erkenntnistheoretiker ist er als entschiedener Vertreter der *tabula-rasa*-Doktrin bekannt: Die Seele ist zum Zeitpunkt der Geburt leer wie eine unbeschriebene Tafel, erst Erfahrungen geben ihr Inhalt.

Was wir an Geist und Begabung bewundern, wäre demnach nichts anderes als das Ergebnis frühkindlicher Eindrücke, der sozialen und kulturellen

Umstände, der Erziehung. Diesen Schluss wird ein Lebensalter später beispielsweise der Aufklärungsphilosoph Claude Adrien Helvétius (1715–1771) ziehen: „Die Erziehung macht uns zu dem, was wir sind" (HELVÉTIUS 1972, S. 447). Locke selbst war weniger forsch, oder sollte man sagen: weniger konsequent? Seine *tabula-rasa*-These hat ihn jedenfalls nicht davon abgehalten, in seiner Erziehungslehre auf angeborene Neigungen, natürliche Anlagen, ursprüngliche Fähigkeiten und dergleichen zurückzugreifen. Was als die „Modernität" Lockes angesehen wird, ist vor allem dem Umstand zuzuschreiben, dass er die Erzieher auf eine fast detektivische Beobachterrolle einstellt, in der alle Regungen und Verhaltensweisen der Kinder nüchtern zur Kenntnis genommen und säuberlich pädagogisch verwertet werden – eine, wenn man so will, umfassende, individualisierte Begabungserkundung bei recht verhaltenem Erziehungsoptimismus:

> „Beginne daher beizeiten, die Wesensart deines Sohnes genau zu beobachten, und zwar, wenn er keinerlei Zwang unterliegt, beim Spiel und wenn er dich weit weg glaubt. Suche zu erkennen, was seine vorherrschendeen Leidenschafen und seine überwiegenden Neigungen sind, ob er wild oder sanft, kühn oder schüchtern, mitleidig oder grausam, offen oder verschlossen usw. ist. Denn so wie diese Anlagen verschieden sind, müssen auch deine Methoden verschieden sein, und deine Autorität muß infolgedessen ihm gegenüber Maßnahmen verschiedener Art ergreifen. […] Aber dessen kann man sicher sein: Auch wenn man alles getan hat, wird die Waagschale sich immer auf die Seite neigen, welche die Natur vorbestimmt hat"
> (LOCKE 1966, S. 78).

Weil jedes Kind von Grund auf anders ist, sollte die Erziehung auf die individuellen Eigenarten der Kinder und Heranwachsenden abgestimmt werden. Heute mag man das als einen Allgemeinplatz empfinden, damals war es eine gewöhnungsbedürftige Einsicht, die sich im Windschatten der Anlagediskussion Bahn brach.

3.2.3 J.-J. Rousseaus Beiträge

Die brillantesten und facettenreichsten Beiträge hierzu stammen von Jean-Jacques Rousseau (1712–1778). In seiner Preisschrift *Über den Ursprung und die Grundlagen der Ungleichheit unter den Menschen* von 1755 sind seine Überlegungen eingebettet in kulturanthropologische Spekulationen über den menschheitsgeschichtlichen Vergesellschaftungsprozess. Rousseau geht von einem vorzivilisatorischen Naturzustand aus, in dem die Menschen in relativer Homogenität ihr Dasein zubrachten. Erst als sich Gemeinschaften bildeten, die ihr auf Eigentum und Status basierendes Zusammenleben normativ regelten, war der Keim zur Ungleichheit gesät. Anlagen, Geistesfähigkeiten, Körperkräfte aller Art entwickelten sich zu Symbolen der innergesellschaftlichen Differenzierung und zu Vehikeln der Aus- und Abgrenzung. Wer die besseren Talente vorzuweisen hatte, strich sozial begehrte Vorteile ein, die übrigen hatten das Nachsehen. In beeindruckenden Passagen verlegt Rousseau den Beginn der Neid- und Konkurrenzgesell-

Begabung
als Resultat
der Erziehung?

Begabung, Differenz,
Konkurrenz

schaft in eine vage Vorzeit, in der seine Zeitgenossen sicherlich ihre Gegenwart erkannt haben – so wie wir unsere darin erkennen:

> „Jeder begann, die anderen zu betrachten und wollte selbst betrachtet werden, und die öffentliche Achtung bekam Wert. Derjenige, der am besten sang und tanzte, der Schönste, der Stärkste, der Geschickteste oder der Beredsamste wurde der Geachtetste; und das war der erste Schritt zur Ungleichheit und gleichzeitig zum Laster. Aus diesen ersten Vorzügen erwuchsen einerseits die Eitelkeit und die Mißachtung, andererseits die Scham und der Neid; und die Gärung, die aus dieser neuen Hefe hervorging, schuf schließlich Zusammensetzungen, die für das Glück und die Unschuld verhängnisvoll wurden" (ROUSSEAU 1993, S. 91).

Milieueinfluss oder Naturanlage? In der Preisschrift stellt Rousseau heraus, dass unterschiedliche Anlagen, Temperamente, Fähigkeiten, Stärken und Schwächen, die meistenteils als angeboren gelten, in Wahrheit einem Geflecht aus Umweltkonstellation, Lebensweise und Erziehung geschuldet seien (ebd., S. 84 f.). In seinem sechs Jahre darauf erschienenen Briefroman *Julie oder Die neue Héloïse* gibt es Stellen, die diese sozusagen milieutheoretische Sichtweise um beachtliche Gedankengänge bereichern. Daneben kommen aber auch nativistische Meinungen zu Wort, die Anlagen und Fähigkeiten als naturgegebene Tatsachen begreifen. In einem längeren Disput, der sich um Erziehungsfragen rankt (5. Teil, 3. Brief), lässt Rousseau die verschiedenen Standpunkte aufeinanderprallen. In Fortführung seiner Behauptung aus der Preisschrift wird der plumpe Naturalismus mit der Gegenthese zurückgewiesen: Auch wenn die Natur bei der Verteilung der Sinnes- und Geisteskräfte nicht mit pedantischer Gleichförmigkeit zu Werke gehe, so erhielten doch alle Menschen ausreichende Voraussetzungen, „um sie mit jenem Grade der Aufmerksamkeit zu begaben, mit welchem die Überlegenheit des Geistes verbunden ist" (ROUSSEAU 1988, S. 592). Statt mit der Erziehung abzuwarten, bis man sich ein genaues Bild von der mutmaßlichen Natur, den Eigenarten, den Talenten des Kindes gemacht habe – wir denken an John Lockes Ratschlag –, sollten die Eltern von früh an bewusst und aktiv Einfluss auf den zutiefst wandelbaren Charakter der Kinder ausüben, sie also mutwillig mit dem Wünschenswerten *begaben* und dadurch die ungewollten, hinderlichen Einflussgrößen zurückdrängen.

Nicht alle Talente fördern Es fragt sich nur, was im Interesse des Gemeinwohls *wünschenswert* sei. Verbietet es nicht der gesunde Menschenverstand, Personen aller sozialen Schichten blindlings mit den höchsten Fähigkeiten zu begaben? Wozu bräuchten Bauernsöhne, selbst wenn sie entsprechendes Talent besäßen, eine geschliffene Intelligenz? Welchen Vorteil zöge die Gesellschaft aus studierten Handwerkern? Keinen, sagt jemand im Roman. Im Gegenteil. Man würde diesen Menschen nur Flausen in den Kopf setzen, sie ihres vertrauten Milieus und der körperlichen Arbeit entfremden. Nirgends stehe schließlich geschrieben, jeder Schatz müsse gehoben werden. Manche „vergrabenen Talente sind wie die Goldminen im Wallis, deren Ausbeutung das allgemeine Wohl nicht gestattet" (ebd., S. 595).

Zwillingsforschung Und selbst wenn es gewünscht wäre, alle Menschen mit der „Überlegenheit des Geistes" zu begaben, wäre es denn machbar? Bekräftigt der Augenschein nicht eher nativistische Positionen, die in jedem Subjekt einen festgelegten Bausatz an Talenten erkennen? „Jeder Mensch bringt bei seiner Geburt einen Charakter [*caractère*], Anlagen [*génie*] und Begabungen [*talents*] mit, die ihm eigentümlich sind" (ebd., S. 594). Um auch diesem Standpunkt Raum zu geben, bringt der Roman ein evidenzbasiertes Argument vor, welches der im 19. Jahrhundert einsetzenden Zwillingsforschung vorausgreift. Bei Rousseau sind es noch Welpen, an denen der Indizienbeweis geführt wird, dass grundlegende Charaktermerkmale allen voran auf Erbanlagen beruhen. Wie sonst wäre zu erklären, dass Hunde eines Wurfes, die unter denselben äußeren Bedingungen aufwuchsen, konträre Eigenarten zeigen (ebd., S. 593)? Rund 100 Jahre später braucht man, um dies zu erhärten, nicht mehr das Tierreich zu bemühen. Tuiskon Ziller (1817–1882) beispielsweise – einer der einflussreichsten deutschen Schulpädagogen in der zweiten Hälfte des 19. Jahrhunderts – kann mit derselben Pointe auf Beobachtungen an Zwillingskindern verweisen, die sich „unter nahe gleichen Bildungseinflüssen" dennoch „außerordentlich verschieden" entwickelten (ZILLER 1892, S. 57).

Doch gibt es überhaupt so etwas wie gemeinsam geteilte Milieus oder gleiche Bildungseinflüsse? Begegnet nicht jedes Lebewesen mit dem ersten Augenschlag der Außenwelt auf individuelle Weise? Solche Bedenken, denen die Ergebnisse der Zwillingsforschung seither ausgesetzt sind, finden sich nicht bei Ziller, wohl aber bei Rousseau, der die feinen Unterschiede in den Milieueffekten unter die Lupe nahm. Und siehe da: Die auf den ersten Blick gleichen Einflüsse, werden auf dem zweiten und dritten immer ungleicher. „Wie viele Kleinigkeiten haben auf den einen und nicht auf den andern eingewirkt! Wie viele kleine Umstände haben auf verschiedene Art einen Eindruck ausgeübt [...]!" (ROUSSEAU 1988, S. 593).

Selbstverständlich lässt es sich Rousseau in der *Neuen Héloïse* nicht nehmen, auch jenen Erziehungsgrundsatz vorzubringen, der ihn schon bald zum Herold moderner, kindzentrierter Pädagogik machen sollte. „Die Natur", lautet sein Credo, „will, daß Kinder Kinder seien, ehe sie erwachsene Menschen werden" (ebd., S. 590). Dem schickt er eine Warnung an die Eltern hinterher, sich nicht von der aufkommenden Bildungshysterie anstecken zu lassen: Hört auf, eure Kleinen wie Miniaturgelehrte zu behandeln, sonst werden es unansehnliche *puer-senex*-Attrappen, leblose „junge Doktoren und alte Kinder" (ebd.)!

> Aus Kindern keine Gelehrten machen

In seinem pädagogischen Hauptwerk, *Émile ou de l'éducation* von 1762, fächert Rousseau diesen Gedanken vielfach auf. Wann also soll mit der Erziehung von Talenten und Talentierten begonnen werden? Lieber später als früher, meint Rousseau, der dem Wachstum der „Natur" mehr vertraute als den Wirkungen der Erziehung: „Laßt den Ausnahmen Zeit, sich anzukündigen, zu bewähren und lange zu festigen, ehe ihr besondere Methoden auf sie anwendet. Laßt die Natur lange wirken, ehe ihr euch an ihre Stelle handelnd einmischt [...]" (ROUSSEAU 1989, S. 88). Kopfschüttelnd nimmt er zur Kenntnis, wie sich in den Familien der gehobenen Gesellschaft ein Bildungsdünkel breit machte, dergestalt, dass bald alle Mütter in ihren Söhnen kleine Genies erkannten, die natürlich dringend einer pädagogischen Extrabehandlung bedurften. Solche Kinder, die aufgrund einer „glücklichen Ver-

> Begabungen wachsen lassen

anlagung [*heureux naturel*] ihrem Alter voraus sind" (ebd., S. 87), die in ihrem Verhalten so erwachsen wirken, als hätten sie die Kindheitsphase übersprungen, und die deshalb tatsächlich früher als üblich unterrichtet werden müssten, solche Kinder gebe es, keine Frage, aber sie waren nach Rousseaus Beobachtung alles andere als die Regel.

Berufsbegabung   Besondere Relevanz gewinnt auch in Rousseaus Erziehungskonzept die Begabungsthematik, wenn beim „Zögling" die biografische Zäsur der Berufswahl näher rückt. Auf diesen lebenslaufentscheidenden Wendepunkt sollten die Erzieher vorbereitet sein. In keinem Haushalt mangele es an praktischen Gelegenheiten, schreibt Rousseau, in denen das Kind „den ersten Funken seiner Begabung [*génie*] aufleuchten" (ebd., S. 197) lasse, so dass die zur sorgfältigen Beobachtung angehaltenen Eltern daraus Schlüsse ziehen können. Dabei sollten sie aber streng zwischen Schein und Sein unterscheiden und nicht von jeder momentanen Neigung auf ein „glühendes Talent" (ebd., S. 198) schließen.

Natürliches Talent   Vieles, was für eine eingewurzelte, „natürliche Veranlagung [*talent naturel*]" (ebd.) gehalten wird, entpuppt sich als ein Machwerk der Erziehung, des Kalküls, der Nachahmung: als ein vergängliches, willkürliches Oberflächenphänomen. Nun könne man auch mit erworbenen Fähigkeiten, kombiniert mit Ausdauer und Motivation, durchaus achtenswerte Leistungen zustande bringen. Rousseau berichtet von einem Kammerdiener, der undingt Maler werden wollte. Obgleich dessen „dürftige Begabung [*médiocres dispositions*]" (ebd., S. 197) ins Auge sprang, eignete er sich hartnäckig so viel Kunstfertigkeit an, dass er seinen Lebensunterhalt als Schildermaler bestreiten konnte. Rousseaus trockener Kommentar: „Bis zu einem gewissen Punkt ersetzt also die Beharrlichkeit das Talent [*talent*]" (ebd., S. 198). Doch wahre Könnerschaft, daran scheint ihm Zweifel ausgeschlossen, lässt sich nicht erlernen oder einstudieren, sie strömt aus geheimnisvollen Persönlichkeitstiefen, die entweder vorhanden sind oder nicht.

3.2.4 Talent und Umwelt

Talent   Die Zitate mit den hinzugefügten Originalbegriffen verdeutlichen, dass weder Rousseau noch die deutschsprachigen Übersetzungen seiner Schriften ein einheitliches, trennschafes Vokabular verwendeten. Trotzdem kann man wohl behaupten, dass das Talentverständnis, wie es im *Émile* Relief gewann, allmählich zum Allgemeingut wurde (was nicht allein der Rousseau-Rezeption geschuldet war). Immanuel Kant ist in seiner *Anthropologie* von 1798 (§ 54) um terminologische Klarheit bemüht: „Unter Talent (Naturgabe) versteht man diejenige Vorzüglichkeit des Erkenntnisvermögens, welche nicht von der Unterweisung, sondern der natürlichen Anlage des Subjekts abhängt" (KANT 2000, S. 129). Kants Engführung auf *intellektuelle* Exzellens ist bemerkenswert, man könnte darin einen Vorboten des intelligenzzentrierten Begabungs- und Hochbegabungsverständnisses sehen. Doch Kant folgte nicht der damaligen Sprachgewohnheit, wonach unter Talent ein angeborenes Vermögen mit Seltenheitswert verstanden wurde, welches *in allen erdenklichen Gebieten* zum Vorschein kommen könne. Im scheinbar unbesiegbaren, charismatischen Napoleon etwa sahen nicht Wenige ein Vorbild für Talent in vollendeter Grandiosität. Goethe (1749–1832) schwärmt in vollen Zügen über Napoleons unerklärliche Erscheinung, die unter keinen noch so herben Umständen ihre Identität und Leichtigkeit einbüße: „das ist das Angeborene des großen Talents. […] Das ist die Fazilität, die sich überall findet, wo ein wirkliches Talent vorhanden ist, in Künsten des Friedens wie des Krieges, am Klavier wie hinter den Kanonen" (Goethes Gespräche mit Eckermann 1955, S. 481).

Talent am Klavier – auch dafür besaß die Zeit ein leibhaftiges – bis heute geläufiges – Musterbeispiel: Mozart. Über ihn sagt Goethe: Sein musikalisches Talent, das sich so erstaunlich früh gezeigt habe, werde wie alle großen Talente immer ein Rätsel bleiben, da es sich nicht herleiten und auch nicht reproduzieren lasse: Irgendwie angeboren wird es sein, aber eins zu eins erblich ist es, den Stammbäumen nach zu urteilen, nicht (ebd., S. 592). Ein Naturgenie, ein Wunderkind eben, an denen man sich im 19. Jahrhundert begeisterte als wären es Lichtgestalten oder Zirkusattraktionen. Längst weiß man von den meisten dieser angeblichen Naturtalente, dass sie ungezählte Übungsstunden absolvierten und in Erziehungsverhältnissen aufwuchsen, die dies aus unterschiedlichen Motiven unterstützten; auch der junge Mozart fand Umstände vor, die aus seiner Talententwicklung nicht wegzudenken sind (vgl. BODSCH 2003).

Aus der Anlage-Umwelt-Thematik ist in dieser Zeit unversehns eine Talent-Umwelt-Thematik geworden, ohne dass dies für neue Argumente gesorgt oder die alten verdrängt hätte. Auch das Ende des 18. Jahrhunderts deutlich steigende Interesse an den psychischen Entwicklungsprozessen der Kinder änderte wenig daran, dass man in der Debatte auf der Stelle trat. In dem vom vielseitig talentierten Schriftsteller, Lehrer und Hobbyphilosophen Karl Philipp Moritz (1756–1793) herausgegebenen *Magazin zur Erfahrungsseelenkunde* wurde zwischen 1783 und 1793 mehrfach über den Einfluss der Umwelt beim Aufbau des kindlichen Denk-, Sprach- und Erinnerungsvermögens diskutiert. Einige glaubten beobachtet zu haben, dass die ersten Eindrücke und nichts außerdem entscheidend seien, ob aus einem beliebigen Kind ein Künstler, ein Gelehrter, ein Genie oder was auch immer werde. Da widersprach aber der Herausgeber. Der Geist ist doch keine Feder im Wind, resümierte Moritz parteinehmend, „er arbeitet sich selbst durch alle Hindernisse, und auch durch die Gewalt der ersten Eindrücke mit seiner angebohren eigenthümlichen Kraft hindurch". Die frühe Erziehung habe im kleinen Kind ein vorgeformtes Gegenüber vor sich, das man fördern, aber nicht beliebig ummodellieren könne (vgl. HARDACH-PINKE/HARDACH 1981, S. 64).

In seinem autobiografischen Roman *Anton Reiser* füllt Moritz diese These mit Leben. Gebannt liest man vom abenteuerlichen Bildungsgang der Hauptfigur, deren außerordentliches Talent mal unterstützt und mal von Ignoranz und pädagogischer Unzulänglichkeit gebremst wurde, sich aber niemals unterkriegen ließ. Gut möglich, dass wir in Anton Reiser (alias Karl Philipp Moritz) auch den ersten literarisch dokumentierten Fall eines „Underachievers" besitzen. Um den mit Schrecken erwarteten Wechsel vom geliebten Privatunterricht auf eine ungeliebte öffentliche Schreibschule emotional zu verkraften, verweigert der Junge die Leistung, die ihm bis dahin in

Napolean als Talent

Mozart: Talent und Wunderkind

Talent-Umwelt-Debatte

Anton Reiser: ein „Underachiever"

den Schoß fiel: „Anstatt daß er sich bemühete, weiter heraufzukommen, tat er das Gegenteil und sagte entweder mit Fleiß nicht, was er doch wußte, oder legte es auf andre Weise darauf an, täglich eine Stufe herunterzukommen, welches sich der Konrektor und seine Mitschüler nicht erklären konnten […]" (MORITZ 1959, S. 42).

Talentförderliche
Umwelten gestalten

Rückschläge und Lernbehinderungen, die Anton in seiner Bildungsbiografie erleiden musste, haben sein Talent nicht zunichte gemacht, aber gefördert haben sie es auch nicht. Sollte man dem Kind, dem „Geist", die Hindernisse dann nicht so weit es eben geht ersparen? Da gingen die Meinungen auseinander. „Große Menschen werden groß nur durch großen Widerstand gegen feindliche Kräfte, die darauf losgehen, sie recht klein zu machen" (SAILER 1913, S. 48), lautete eine Volksweisheit. Aber sie verlor an Geltung. Der spätere Bischof Johann Michael Sailer (1751–1832) brachte sie in seinem pädagogischen Hauptwerk von 1807 mit der Einschränkung an, als Erzieher solle man lieber Anlässe schaffen, um verborgene Talente zu wecken, als der Natur Steine in den Weg zu legen. Diese Einstellung gewann besonders dort an Boden, wo das Entwicklungsideal „Vollkommenheit" hieß. Die Einsicht setzte sich durch, dass anlagefreundliche oder talentaffine Umwelten mit den geringsten Zeit- und Reibungsverlusten zum erhofften Ziel führen. Goethe hat es in einer seiner weniger bekannten Schriften so formuliert: „Ein jedes Talent, dessen Entwicklung von Zeit und Umständen nicht begünstigt wird, so daß es sich vielmehr erst durch vielfache Hindernisse durcharbeiten, von manchen Irrtümern sich losarbeiten muß, steht unendlich im Nachteil gegen ein gleichzeitiges, welches Gelegenheit findet, sich mit Leichtigkeit auszubilden und, was es vermag, ohne Widerstand auszuüben" (GOETHE 1818, S. 172).

Vervollkommnung
der Anlagen

Perfektibilität und Vervollkommnung, an diesen Leitvorstellungen richteten auch die *Philanthropen* ihre Erziehungstheorien aus. Diese lockere Gruppe deutscher Aufklärer sah in der Vollkommenheit einen handlungsleitenden Idealzustand, der so beschaffen sein sollte, dass die Menschen im Hier und Jetzt den Stand der Glückseligkeit erreichten (vgl. HOYER 2005c, S. 174 ff.). Für Johann Stuve (1752–1793), wie für die übrigen Philanthropen, konnte diese Beschaffenheit nur in der vielschichtigen, affekt- und triebgeladenen „Natur" des Menschen begründet sein, die man allerdings verfeinern und austarieren müsse, solange, bis sie im „Zustand einer verhältnismäßigen Ausbildung und Vervollkommnung der Anlagen und Kräfte" abgerundet sei (STUVE 1785, S. 56).

3.2.5 Die inneren Kräfte bilden

Kräfte und Anlagen

Mit den *Kräften* hat es eine spezielle Bewandnis. Der Ausdruck hatte damals schon eine ansehnliche ideengeschichtliche Karriere hinter sich und eine noch größere vor sich. Prominent etwa in der Metaphysik von Gottfried Wilhelm Leibniz (1646–1714) nimmt der Begriff unter anderem antike, insbesondere aristotelische Motive der *energeia* oder *entelecheia* auf, die auf die Verwirklichung von intrinsischen Entwicklungspotenzialen hindeuteten. Zudem erwies sich der Kraftbegriff in den zeitgenössischen naturwissenschaftlichen Forschungsfeldern von der Physik bis zur Astronomie – hervorgehoben sei nur Isaac Newton (1643–1727) – als brauchbar, um dynamische Gesetze zu bezeichnen, die man immer präziser zu erkennen glaubte. In den Wissenschaften vom Menschen, wozu wir auch das pädagogische Denken zählen, griff man ebenfalls auf den Kraftbegriff zurück. Häufig geschah dies, wie bei Stuve, in einem Atemzug mit dem Begriff der Anlage, was zur Austauschbarkeit beider Ausdrücke führte. Pestalozzi zum Beispiel vertrat die Ansicht, die „Bestimmung des Menschen" liege nicht in der *maximalen* „Entwicklung und Anwendung aller seiner Kräfte", sondern vielmehr darin, dass sie in *Relation* zu den jeweiligen sozialen Umständen perfektioniert werden. Dass er dabei mal von Kräften, mal von „Kräfte und Anlagen" (PESTALOZZI 1998, S. 47) oder auch nur von Anlagen spricht, bleibt ohne theoretische Folgen.

Ein sonderlich exakter Begriff ist Kraft, wenigstens außerhalb der Physik, nicht. Zumal in anthropologischen Zusammenhängen ist das Bedeutungsdurcheinander heillos. Mal nahm der Ausdruck ungefähr die Bedeutung von Potenzial oder Begabung an, mal die von Fähigkeit oder Vermögen, bei einigen war er entmaterialisiert, vergeistigt, bei anderen besaß er eine entschieden physische Substanz und oftmals bleibt gänzlich unklar, ob er deskriptiv, metaphorisch oder wie auch immer zu verstehen ist. Als Minimalnenner drängt sich am ehesten das dynamische Moment auf; Kräfte stimulieren Bewegung oder Kräften ist Bewegung inhärent; Letzteres bedeutungsstark bei Leibniz: „denn ‚Kraft' ist nach ihm der gegenwärtige Zustand, sofern er zu einem folgenden hinstrebt oder einen folgenden in sich schließt" (CASSIRER 1998, S. 41). Mit solch einem dynamischen Kraftbegriff ließen sich dann auch herausragende Leistungsphänomene erklären. Woraus geht „jede grosse That und jeder genievolle Gedanke" hervor, fragte etwa der preußische Gelehrte Wilhelm von Humboldt (1767–1835): aus inneren, tief liegenden Triebfedern, das sind „Kräfte, die das eigentliche Wesen des Individuums ausmachen und ursprünglich alles in Bewegung setzen" (HUMBOLDT 1980, S. 476).

Humboldt ist als einer der maßgeblichen Bildungs- und Schultheoretiker des 19. Jahrhunderts bekannt dafür, dass er sich für eine allseitige, proportionierliche Kräftebildung stark machte. In den allgemeinbildenden Unterrichtstätten sollte nach seiner Vorstellung die „Uebung der Kräfte auf jeder Gattung von Schulen allemal vollständig und ohne irgend einen Mangel" vorgenommen werden (HUMBOLDT 1993, S. 172). Damit wollte er – wirklich gelungen ist ihm das nicht – eine Entwicklung aufhalten, die das Schulsystem in lauter unzusammenhängende berufs-, fähigkeits- oder begabungsspezialisierte Einheiten zersplitterte. Für Talentunterschiede war Humboldt nicht blind, und auch für fachliche Spezialisierung und berufliche Qualifikation war er durchaus aufgeschlossen. Doch der für ihn entscheidende Gesichtspunkt war, dass individuelle Lernvoraussetzungen, Interessenschwerpunkte, unterschiedliche Berufswahlperspektiven erst zum Zuge kommen dürfen, wenn zuvor bei allen Kindern ein in etwa gleiches „Fundament" (ebd., S. 189) der Bildung gelegt wurde. Um es so zu sagen: Die „allgemeine Menschenbildung" (ebd. S. 188) stärkt, verbindet, verfeinert die emotionalen, moralischen und kognitiven Kräfte aller Kinder, so dass von der anschließenden begabungs- und berufsspezifischen Spezialisierung keine Gefahr für die ausgeglichene Gesamtpersönlichkeit zu erwarten ist.

Humboldt: allgemeine Menschenbildung

J. H. Campe:
ausgleichende
Kräftebildung

Der Philanthrop und kurzzeitige Erzieher Humboldts Joachim Heinrich Campe (1746–1818) hat 1785 eine programmatische Abhandlung geschrieben, deren Titel die Marschroute der aufgeklärten bürgerlichen Pädagogik auf den Punkt bringt: *Von der nöthigen Sorge für die Erhaltung des Gleichgewichts unter den Kräften.* Um sich dem Alltagsverstand, wie Campe sagt, verständlich zu machen, verzichtete er auf philosophische Feinheiten im Begriffsgebrauch. Als Kräfte sollen ohne Unterschied sämtliche Körper- und Seelenvermögen gelten, die entweder ursprünglich und angeboren oder abgeleitet und erworben sind. Die ursprünglichen Kräfte besitzen demzufolge alle Menschen von Natur: Vernunft, Einbildungskraft, Gedächtnis, Sensibilität, sinnliches Begehren, Körperkraft. Die abgeleiteten Kräfte hingegen sind unterschiedlich verteilt, je nach Erziehung und Übung. Dieses duale Schema hat Campe dazu bewogen, die jeweiligen Steigerungsformen der Naturkräfte, die nur bei wenigen Menschen anzutreffen seien – Scharfsinn, Empfindsamkeit, Witz usw. –, samt und sonders als abgeleitet zu klassifizieren. Unüblicherweise werden deshalb „alle Arten von Talent" (Campe 1996, S. 8), einschließlich der künstlerischen, als nachträglich erworbene Sekundärmerkmale eingestuft. Feind der Extreme und Freund der Ausgewogenheit, versichert Campe, dass es für das Kind kein gutes Gedeihen gäbe, wenn die Erziehung versäume, das Verhältnis der natürlichen Kräfte in der Balance zu halten.

3.2.6 Mittelmaß und Exzellenz

Nun gab es kritische Stimmen, die befürchteten, diese Erziehungsmaxime würde entweder nur Durchschnittstypen und keine Spitzenleistungen hervorbringen, oder sie würde den niederen Ständen mehr Bildung zugestehen als zur Erledigung grober Arbeitsdienste vorteilhaft sei. Campe versuchte die Gemüter zu beschwichtigen. Der „Kloakenreiniger" (ebd., S. 34) werde nicht auf Teufel komm raus zum Schöngeist hochgezüchtet, und das „Partikulargenie" brauche seine „ausserordentlichen Talente und Fertigkeiten" nicht verstecken (ebd., S. 39). Schließlich würde man ja lediglich die allgemeinen *Grundvermögen* kompensatorisch ausgleichen, was dem einen nichts von seiner Arbeitskraft und dem anderen nichts von seiner Größe nehme. Im Übrigen mochte es sich Campe, ähnlich wie Rousseau, nicht verkneifen, der epidemisch zunehmenden Exzellenzerziehung einen Seitenhieb zu versetzen: „Der Erzieher soll es nicht darauf anlegen, außerordentliche Menschen zu bilden", das nämlich, beteuert Campe (das eigene Talentverständnis kurzzeitig ausblendend), „hat die Natur sich selbst vorbehalten" (ebd., S. 40).

Zur höchsten
Bildung unbegabt

Und die Natur vergibt hervorragende Kräfte und Talente ausgesprochen sparsam, das war unter den Philanthropen allemal unstrittig. „Der größte Theil der Menschen hat mittelmäßige Naturanlagen. Der ganz schwachen und der ganz starken giebt es wenige, weder in Ansehung der Empfindsamkeit noch der Denkkraft", gab Ernst Christian Trapp, Deutschlands erster Pädagogikprofessor, 1780 bekannt (Trapp 1977, S. 155). Diagnostische Verfahren zur Skalierung der Anlagestärke besaß er freilich nicht, und auch die Gaußsche Glockenkurve, mit der heutzutage vergleichbare Aussagen zur

Normalverteilung von Begabungsgraden abgebildet werden, debütierte in der Statistik erst viele Jahrzehnte später. Trapps Urteil beruhte in der Hauptsache auf Intuition, besaß also keine besonders tragfähige wissenschaftliche Grundlage. Gleichwohl baut darauf eine schwerwiegende pädagogische Schlussfolgerung auf: Der Mehrheit der Menschen stellt Trapp das Testat aus, ihre beschränkte Beschaffenheit exkludiere sie aus dem Kreis der gehobenen Bildung: „Mittelmäßigen Naturanlagen läßt sich nie der Grad von Vollkommenheit in irgend einer Sache mittheilen, den die zu dieser Sache von Natur besser ausgerüsteten Menschen sich erwerben können" (ebd., S. 156). Die institutionelle Selektion der Schülerpopulation nach mutmaßlichen Anlage- oder Begabungsgraden war damit theoretisch angebahnt, lange bevor im Schulsystem Leistungsvoraussetzungen der Schüler stärker gewichtet wurden als Standesprivilegien.

Die Philanthropen haben nicht durchschaut, dass ein naturalistisches Anlageverständnis, das den meisten Menschen lediglich durchschnittliche Bildungsmöglichkeiten bescheinigt, am Ende zu einer selbsterfüllenden Prophezeiung wird, da die auf eben diese Mittelmäßigkeit zugeschnittenen Bildungsangebote schwerlich etwas anderes zu Wege bringen können als das, was sie voraussetzen: Mittelmaß. Den Männern der Aufklärung war das aber gar nicht unrecht. Trapp etwa präsentierte sich als ein authentischer Parteigänger des soliden Durchschnitts: „Man hüte sich also, mittelmäßige Menschen zu verachten. Sie machen den größten und brauchbarsten Theil der Gesellschaft aus" (ebd.). Fast widerwillig akzeptierten die Philanthropen die Einrichtung von exklusiven Schulen, die von ihnen nachdrücklich aufgefordert wurden, Rechenschaft über ihren *Gemeinnutz* abzulegen. Johann Bernhard Basedow (1724–1790), das Urgestein unter den Philanthropen, stellte 1770 die Regel- und Ausnahmebestimmung auf, alle Kinder seien in pädagogischer Hinsicht „in gleichem Grade" zu behandeln, „außer in solchen seltenen Fällen, in welchen wir dem menschlichen Geschlechte und dem Vaterlande mehr dienen, wenn wir die innerlichen und äußerlichen Vorzüge einiger Kinder mehr zu befördern suchen als der andern" (BASEDOW 1880, S. 42).

Durchschnitt oder Exklusivität?

3.2.7 Bildung und Begabung: soziales Kapital

Die Unsitte, der natürlichen Anlageentfaltung manipulativ auf die Sprünge zu helfen, „Kinder früh gelehrt zu machen" (ebd., S. 93), war auch Basedow ein Dorn im Auge. Hinter den Meisterstücken kindlicher Virtuosität, die zu den Attraktionen in den Salons der besseren Gesellschaft gehörten, unterstellte Basedow als Antriebsfeder die rücksichtslose Eitelkeit der Eltern, deren Spätfolgen er abschreckend ausmalte: „Das kurze Vergnügen, die Wissenschaft und Kunst der Kinder zur Schau zu stellen, bezahlt manche Familie ohne ihr Wissen mit dem Leben und der Gesundheit derselben" (ebd.).

Der Theologe und Pädagoge August Hermann Niemeyer (1754–1828) formulierte die Sache in seinem 1796 erstmals aufgelegten Erziehungsbuch weniger schockierend. Er zeigte mehr Verständnis für das Anliegen der Eltern, ihren Kindern eine anspruchsvolle Lehre in möglichst kurzer Zeit zu ermöglichen. So verlangten es nunmal die Gesetze des Marktes. Doch künst-

Warnung an die Eltern

Unnatürliche Frühreife

lich herbeigeführte und folglich „unglückliche Frühreife" (NIEMEYER 1970, S. 106) zahle sich am Ende nicht aus. Der beschleunigte Bildungsprozess – Akzeleration, wie es heute heißt – werde nach einer Weile mit dem genauen Gegenteil bestraft: Die Heranwachsenden ermüdeten und blieben hinter den Gleichaltrigen und ihrem Leistungsvermögen zurück.

Soziales Kapital

Die wiederholt laut gewordene Kritik an Elternhäusern, die Bildungswege abzukürzen versuchten und das Leistungsvermögen der Kinder forcierten, um daraus Kapital im Sinne sozialer Anerkennung zu schlagen, bringt den Sachverhalt ans Licht, dass sich gesellschaftliches Renommee im gesteigerten Maße der symbolischen Kraft von „Bildung" bediente. In jenem Tempo, wie die geburtsständische Gesellschaft der bürgerlichen Leistungsgesellschaft Platz machte – ein langwieriger Vorgang, der sich über das 19. Jahrhundert hinzog – gewannen auf den ersten Blick standesunabhängige Kategorien der sozialen Differenzierung – Bildung, Talent, Fleiß u. a. – an Bedeutung. Dies umso mehr, als sich deren Wert nicht allein in symbolischer Form von Reputationsgewinn auszahlte, sondern auch zählbare Vorteile materiell-ökonomischer Art einbrachte. Tendenziell ließ sich anhand der Qualität des Schulabschlusses, der Bildungszertifikate und Leistungsbeurteilungen immer zuverlässiger vorhersagen, welche wirtschaftliche (berufliche) Position jemand in der Gesellschaft einnehmen wird.

3.2.8 Schulkonzepte

Talent und Bildungs-gerechtigkeit

Unter diesen Bedingungen gewann die Problematik der Bildungsgerechtigkeit, die schon bei Comenius angeklungen war, an Wichtigkeit. Müssten nicht prinzipiell alle Menschen von rechtswegen die Gelegenheit erhalten, ihre Eignung, ihr Talent, in annähernd gleichen Umständen unter Beweis zu stellen, so dass die Schullaufbahnen tatsächlich vom Geburtsstand entkoppelt werden? In Frankreich, dem Mutterland der politischen Gleichberechtigung, haben einige der zur Zeit der Französischen Revolution diskutierten Schulprogramme diese Forderung erhoben.

Begabungsgerechte Schule

Die Vorstellung eines begabungsgerechten Schulwesens, welches, so Mirabeau (1749–1791), alle Heranwachsenden ermuntere, „ihre natürlichen Gaben zu vervollkommnen" (MIRABEAU 1949, S. 37), leistete ihnen hierbei gute Dienste. Man dachte an ein Bildungssystem, das den Lehrern und Schülern bei der inneren Ausgestaltung weitgehende Freiheitsspielräume gewährte. Das Postulat von der Gleichheit der Bildung lief hier nicht, wie kurz darauf in dem Schulentwurf Michel Lepeletiers, auf eine strikt egalitäre Internatsbildung hinaus. Mirabeau würdigte vielmehr die ungleichen Lernvoraussetzungen der Schüler, deren kunterbunte „Vermögen" und „Naturgaben" (ebd.) flexible Lernstrukturen und keine starre Einheitsbildung benötigten.

Condorcets differen-ziertes Schulkonzept

Diese Überzeugung hat dann auch den Marquis de Condorcet (1743–1794) bewogen, der Gesetzgebenden Versammlung 1792 seine revolutionären Vorschläge zur Neugestaltung des Schulwesens vorzutragen. Sein Plan – der in der Politik des Revolutionsregimes allerdings nicht wirklich zum Zuge kam – sah ein vereinheitlichtes, horizontal gegliedertes System von miteinander verbundenen Schulen vor, das auf jeder Stufe gleichzeitig den Ansprüchen allgemeiner Bildung und den heterogenen Lernbedürfnissen der Schüler zu genügen versuchte. Den Spagat zwischen fundamentaler und anlagespezifischer Bildung sollte auf den höheren Stufen ein Kurssystem bewerkstelligen, dessen Grundidee erstaunlich aktuell ist:

> „Die Einteilung wird derart sein, daß ein Schüler gleichzeitig an vier Kursen oder auch nur an einem einzigen teilnehmen kann: daß er er in einem Zeitraume von ungefähr fünf Jahren den gesamten Lehrstoff durchgenommen haben kann, wenn er eine leichte Auffassungsgabe hat, daß er sich in demselben Zeitraum nur auf einen einzigen Zweig beschränken kann, wenn er weniger glückliche Anlagen besitzt. Man könnte sogar in jedem Fach an dem oder dem Punkt haltmachen, ihm mehr oder weniger Zeit widmen; derart, daß diese verschiedensten Kombinationen für alle Abarten der Begabungen, für alle persönlichen Verhältnisse passen" (CONDORCET 1949, S. 83).

In den Nachbarländern nahm man aufmerksam zur Kenntnis, was sich in Frankreich an Umwälzungen und politischen Debatten zutrug. Allerdings haben sich nur die Wenigsten getraut, ähnlich kompromisslos das Gleichheitsrecht auf Bildung einzuklagen. Kant ging schon sehr weit, als er 1793 vom Gleichheitsprinzip aus zu der Schlussfolgerung gelangte, den Untertanen eines Staates dürften keine Steine in den Weg gelegt werden, um ihren individuellen Möglichkeiten entsprechend in die höchsten Gesellschaftspositionen aufzusteigen – auch an den Grenzen des eigenen Standes dürfe der Aufstieg der Tüchtigen kein Ende nehmen. Jedes Gesellschaftsmitglied, forderte der Philosoph aus Königsberg ein bisschen umständlich, müsse „zu jeder Stufe eines Standes in demselben (die einem Untertane zukommen kann) gelangen dürfen, wozu ihn sein Talent, sein Fleiß und sein Glück hinbringen können" (KANT 1992, S. 24).

Sozialer Aufstieg der Talentierten

Die preußische Schulverwaltung verhielt sich daran gemessen um einiges konservativer. Die Begriffe „Anlage", „Gabe" und „Talent" standen hier weniger im Zeichen einer an Chancengleichheit oder Gleichberechtigung interessierten Bildungspolitik, vielmehr wurden sie aufgegriffen, um das bestehende gesellschaftliche Grundmuster zu erhalten. Das lässt sich stellvertretend an dem federführenden Minister Karl Abraham von Zedlitz (1731–1793) verdeutlichen. Der Freiherr, der gemeinsam mit Friedrich Gedike in den 1780er Jahren unter anderem die erste staatliche Schulaufsichtsbehörde organisiert und das bereits angesprochene Abiturreglement in die Wege geleitet hatte, rückte von der ständisch gebundenen Schul- und Begabungskonzeption nur unwesentlich ab. Er favorisierte ein vertikal angeordnetes und pyramidal gedachtes Bildungssystem, das drei klar voneinander separierte Schultypen umfasste: Bauern-, Bürger- und Gelehrtenschulen. Da er davon ausging, dass in jedem Stand andere Gesinnungen und andere Begabungen vonnöten seien, die man auf keinen Fall durcheinanderbringen dürfe, versuchte Zedlitz institutionelle Vorkehrungen zu installieren, um den unbegrenzten Aufstiegsbewegungen einen Riegel vorzuschieben. Besonderen Anstoß nahm er (wie Legionen von Zeitgenossen) an der wachsenden „Studiersucht" der jungen Generation. Um den Ansturm auf die höhere Bildung aufzuhalten, erschienen Eignungsprüfungen ein probates Mittel. In

Konservative Begabungs- und Schulkonzeption

diesem Zusammenhang muss das Inkraftsetzen der Abiturientenprüfungen gesehen werden, die fortan das Nadelöhr zur Universität bildeten und mit der Abwehr der angeblich Talentlosen begründet wurde (vgl. PAULSEN 1921, S. 93 f.). Gedike (1754–1803), der geistige Vater des Abiturs, war um eine Spur liberaler und deutlich aufklärungsoffener eingestellt als der Minister. Er ahnte, dass in solchen Prüfungen die von Haus Privilegierten zwangsläufig besser abschnitten als jene, die Bildungsrückstände aufzuholen hatten, weshalb die Abiturszeugnisse eigentlich keine Aussagen über *Talente* treffen, sondern lediglich aktuelle Leistungsstände feststellen. Auch die Problematik, dass solch ein Bildungssystem eine Aristokratie reproduziere, die für das ohnehin genossene Glück einer vorteilhaften Herkunft noch einmal belohnt werde, blieb Gedike nicht verborgen (vgl. SCHOLTZ 1987).

Aufgebrochen wurde dieser Reproduktionsmechanismus nicht. Er überdauerte selbst den Niedergang der Ständegesellschaft. In der sie ablösenden Klassengesellschaft erhöhen sich zwar insgesamt die leistungsbasierten Mobilitätsdynamiken, aber die im Bildungssystem wirksamen Status- und Herkunftsvorteile werden im 19. und 20. Jahrhundert nicht außer Kraft gesetzt (vgl. NIPPERDEY 1990, S. 414 ff.) – und sie sind es bis heute nicht (vgl. STAMM 2009).

4 Paradoxien der Moderne

Ein Standardwerk der pädagogischen Geschichtsforschung trägt den Titel *Deutsche Schulgeschichte von 1800 bis zur Gegenwart* (HERRLITZ et al. 1993). Warum 1800? Für das Jahr ist keine historische Zäsur aktenkundig. Das Datum hat hauptsächlich einen symbolischen Charakter. Es steht für den ungefähren Beginn der „Moderne", jener schwer zu datierenden und noch schwerer zu definierenden Epoche, die meistens mit der Französischen Revolution, dem Übergang von der Stände- zur Klassengesellschaft, mit dem Bedeutungsschwund der Religion, mit Demokratisierungsbestrebungen, der Verrechtlichung von politischer Herrschaft und der Ausweitung von Technologie, Industrie und Wissenschaft in Verbindung gebracht wird. Dem folgen auch die Autoren der Schulgeschichte, die im deutschen Bildungswesen Modernisierungstendenzen (durchaus widerstreitender Art) am Werk sehen, die verschärft mit Ausgang des 18. Jahrhunderts einen bis in die Gegenwart andauernden „Kampf um die Liberalisierung und Demokratisierung von Bildungschancen" (ebd., S. 9) ausfechten. Einen besonderen Stellenwert nimmt in diesem „Kampf" das Postulat vom Menschen- oder Bürgerrecht auf Bildung ein, welches von demokratischen Kräften seit der Revolution in Frankreich gegen gesellschaftliche Bildungsbenachteiligungen ins Feld geführt wird.

Moderne

Die Forderung, dass allen Menschen ein freier Zugang zu den ihren Fähigkeiten entsprechenden Bildungsinstitutionen zustehe, kann als Ausdruck von Begabungsgerechtigkeit begriffen werden. Ein Bildungssystem wäre als gerecht zu bezeichnen, wenn es keinem Menschen Möglichkeiten verwehrt, vorhandene Begabungen weiterzuentwickeln sowie neue Begabungen zu entdecken und auszubilden. Ähnliche Formulierungen finden sich heutzutage in den meisten Landes- und Schulgesetzen; so heißt es in der 1953 verabschiedeten Verfassung Baden-Württembergs (Art. 11): (1) „Jeder junge Mensch hat ohne Rücksicht auf Herkunft oder wirtschaftliche Lage das Recht auf eine seiner Begabung entsprechende Erziehung und Ausbildung. (2) Das öffentliche Schulwesen ist nach diesem Grundsatz zu gestalten." Der Artikel lehnt sich an die Weimarer Verfassung von 1919 an, die mit der Forderung einer für alle Kinder gemeinsamen Grundschule einen Meilenstein in der Demokratisierung des Bildungswesens gesetzt hatte. Im Artikel 146 heißt es dort, dass für die Aufnahme eines Kindes in eine der weiterführenden Schulen nicht die sozio-ökonomische Stellung oder die Konfession der Eltern, sondern allein die Begabung des Kindes, „seine Anlage und Neigung", den Ausschlag geben dürfe. In der Weimarer Republik nicht anders als im Westdeutschland der Ära Adenauer ist der Verfassungscharakter von Begabungsgerechtigkeit erstritten worden gegen starke Stimmen, die soziale Statusprivilegien nicht nivellieren, sondern bewahren wollten (vgl. FRIEDEBURG 1989).

Begabungs-
gerechtigkeit

Wenn man davon spricht, dass Begabungsgerechtigkeit in demokratischen Gesellschaftsprozessen als ein Richtwert fungiert, dann darf man nicht davon schweigen, dass mit der Klassifikation begabt/unbegabt auch antidemokratische, elitaristische und rassistische Politik betrieben wurde. Die verheerendsten Folgen zeitigte die Diskriminierung von vermeintlich Unbegabten im Nationalsozialismus.

Begabungsideologie im Nationalsozialismus

Nach der NS-Ideologie besaßen Volksgruppen, die man in biologische „Rassen" einteilte, unterschiedlich ausgeprägte Erbanlagen, die sich unter anderem in Gestalt von höheren oder niedrigeren Begabungen zu erkennen geben (vgl. HEHLMANN 1941, S. 30f.). Solche Rassen- und Begabungsideologien waren im ersten Drittel des 20. Jahrhunderts, selbst in Verbindung mit aggressivem Antisemitismus, der im Zentrum des nationalsozialistischen Weltbilds stand, nicht ungewöhnlich. Im „Dritten Reich" erfuhren sie eine eskalierende Radikalisierung (vgl. GEISS 1988). Von früh an verstieg sich Adolf Hitler (1889–1945) – auch darin einem dominanten Zeitgeist folgend – zu eugenischen Phantasien von der technologischen Höherzüchtung der Menschen, die er im NS-Staat verwirklichen wollte. In *Mein Kampf* führte er wiederholt aus, „daß eine dauernde Erneuerung der bestehenden geistigen Schichten durch frische Blutzufuhr von unten" stattfinden müsse, woraus er das Recht des Staates zur instrumentellen Auslese der Begabten ableitete. Mit „Sorgfalt und Genauigkeit" sei „aus der Gesamtzahl der Volksgenossen das von Natur aus ersichtlich befähigte Menschenmaterial herauszusieben und im Dienste der Allgemeinheit zu verwenden" (HITLER 1941, S. 481f.). Das Regime stand den Werten der Aufklärung, dem Individualismus und dem Rationalismus allerdings radikal ablehnend gegenüber. Das 1939 gegründete *Begabtenförderungswerk des Deutschen Volkes* kann nicht über die Tatsache hinwegtäuschen, dass man kaum an der Förderung intellektueller oder individueller Begabungen interessiert war, dafür umso mehr an „Typenzucht" (KRIECK 1933, S. 359) und der kollektiven Formung von führertreuen Gefolgsleuten, die sich der völkisch-rassistischen Weltsicht auf Gedeih und Verderb verschrieben. Im womöglich schrecklichsten Kapitel, das die Geschichte der „Begabungsförderung" zu verzeichnen hat, ist die unmittelbare *Stimulierung* von kognitiven Fähigkeiten überhaupt kein Thema. Krude Vorstellungen von „der hohen Fruchtbarkeit minderwertiger oder wenigstens unbegabter Sippen" (EYDT 1939, S. 345), deren leistungsschwache Kinder das Schulniveau herabdrückten, wie NS-Pädagogen verbreiteten, mündeten in die Forderung, die angeblich „intellektuell und moralisch ‚Unbegabten'" (ebd.) auszusondern und „auszumerzen". Die mit Beginn der Diktatur abertausendfach verordneten Zwangssterilisationen – die auch in der davon nicht bedrohten Bevölkerung einiges Unbehagen erzeugten – wurden nachträglich als eine begabungspädagogische Maßnahme zur „Leistungssteigerung in der Schule" (ebd., S. 351) propagandistisch legitimiert. Dass man beim Wort „Ausmerzen", zumal am Vorabend des Holocaust ausgesprochen, überdies an die gezielte *Vernichtung* von Leben denkt, liegt nahe. Doch es ginge zu weit, wollte man behaupten, Euthanasie und Shoa wären praktische Konsequenzen der Begabungsideologie gewesen.

Paradoxien

Die Kontrastierung von demokratischer und diktatorischer Begabungspolitik vermittelt einen Eindruck davon, dass der moderne Werdegang von

„Begabung" so paradox verläuft wie die Moderne selbst. Es folgen Blitzlichter, die weitere Aspekte dieser Widersprüchlichkeit beleuchten.

4.1 Begabungsgerechtigkeit und Benachteiligung

An Bildungschancen mangelte es im 19. Jahrhundert allen voran den einkommensschwachen, unteren sozialen Schichten (das ist im 21. Jahrhundert immer noch so) sowie, strukturell bedingt, der Landbevölkerung. Zur Demokratisierung der Bildungschancen, die auf heftige Widerstände und eingefleischte Vorbehalte stieß, gehörte deshalb die Überzeugung, dass „bildungsferne" Milieus, wie man sich in jüngerer Zeit angewöhnt hat zu sagen, insofern ungerecht sind, als sie im Vergleich zu den „bildungsnahen" Milieus deutlich schlechtere Lernanreize, Qualifikationsmöglichkeiten und beschränktere Lebensperspektiven bieten. Den konservativen Positionen, die aus den offenkundigen Milieu- und Bildungsunterschieden keinen grundsätzlichen Veränderungsbedarf ableiteten, standen Auffassungen gegenüber, die das Recht eines jeden auf die optimale Entwicklung der eigenen Anlagen oder Begabungen forderten, Letzteres tat z. B. der Theologe Friedrich D. E. Schleiermacher (1768–1834). In seinen 1826 gehaltenen pädagogischen Vorlesungen kommt er zu dem salomonischen Schluss, die Erziehung habe primär „der inneren Kraft", den Anlagen und Talenten der Kinder, zur Hilfe zu kommen und die äußeren Umstände gewähren zu lassen – es sei denn, die Verhältnisse wären so, dass sie die „intellektuelle Kapazität" der Heranwachsenden einschränkten, was zu inakzeptablen Benachteilungen führe. „Denn es wäre frevelhaft, die Erziehung so anzuordnen, daß die Ungleichheit absichtlich und gewaltsam festgehalten wird auf dem Punkt, auf welchem sie steht" (SCHLEIERMACHER 1959a, S. 76).

Demokratisierung von Bildungschancen

4.1.1 Begabte werden gefördert – aber nicht alle

Dass einer großen Zahl von Menschen Bildungschancen vorenthalten wurden, erschien nicht nur ungerecht oder inhum, sondern zunehmend auch volkswirtschaftlich unvernünftig. Die industrielle Produktions- und Wettbewerbsgesellschaft erhöhte den Bedarf an ausgebildeten Fach- und Spitzenkräften. Begabungen wurden im merkantilen Verständnis zu *wertvoll*, um sie unentdeckt und ungefördert zu lassen. In den 60er Jahren des 20. Jahrhunderts spricht man in diesem Sinn von „Begabungsreserven" oder „hidden talents", die man diagnostisch erfassen, aktivieren, ausschöpfen müsse; das setzte entsprechende Forschungs- und Schulinitiativen in Gang (vgl. HELLER 2008). Auch im vorangegangenen Jahrhundert brauchte man auf institutionelle und schulpolitische Auswirkungen nicht lange zu warten. Goethe spendet 1823 jüngst gegründeten Einrichtungen seine Anerkennung, „wo die Talente erforscht, die Fähigern gefördert und zum Zwecke geführt werden können" (GOETHE 1832, S. 218).

Begabungsreserven ausschöpfen

Das Stipendienwesen begann zu blühen. In Württemberg, Bayern, Preußen und anderen Ländern richtete man Fonds ein, um besonders begabten Gymnasiasten das Studium zu ermöglichen. Maximillian II., König von Bay-

Studienstiftungen

ern, ging 1852 in der gezielten Begabtenförderung noch einen Schritt weiter. Mit der Grundsteinlegung des Königlichen Maximilianeums in München stellte er den besten Schulabgängern des Landes komfortable Studienbedingungen zur Verfügung, darauf vertrauend, dass er in die Ausbildung einer monarchietreuen Elite investierte. Wir erinnern uns dabei an Valentinian I., können darin aber auch den institutionellen Vorläufer der Studienstiftungen und Elite-Akademien (vgl. FREY et al. 2007) unserer Tage erkennen.

Soziale Begabungs-
verteilung

Während allen quer durch die politischen und ideologischen Gesinnungslager im 19. Jahrhundert einleuchtete, dass Personen mit besonderen Fähigkeiten entsprechend zu fördern seien, blieb umstritten, ob die Talentsuche auch auf die ärmeren und armen Bevölkerungsgruppen ausgedehnt werden sollte. Ein Dauerbrenner in der Begabungsdiskussion hatte wieder Konjunktur: Sind die natürlichen Veranlagungen in unteren wie oberen Sozialschichten gleichverteilt? Daran zweifelte man am wenigsten in den politisch links oder sozialistisch ausgerichteten Lagern. Für Wilhelm Liebknecht (1826–1900), Sozialdemokrat der ersten Stunde, gehörte die Doktrin von der grundsätzlichen Gleichverteilung der Begabungen zur unverzichtbaren Substanz des Demokratieprinzips: „Die Talente sind gleichmäßig unter den Menschen ausgestreut – es ist dies eine Wahrheit, die durch die Wissenschaft über jeden Zweifel erhoben wird und an der wir festhalten müssen, weil sie die Basis sozialistischer und demokratischer Weltanschauung bildet" (LIEBKNECHT 1891, S. 37).

4.1.2 Soziale Verteilung von Begabungen

Der wissenschaftliche Beweis der These war jedoch bei weitem nicht so gesichert, wie Liebknecht meinte. Im 20. Jahrhundert häuften sich sogar Untersuchungen, die Belege für die gegenteilige These in die bildungspolitische Öffentlichkeit trugen; diese methodisch zumeist fragwürdigen Studien operierten fast ausnahmslos mit einem erbtheoretischen Begabungsbegriff. Der Stadtschulrat und sächsische Staatsminister Wilhelm Hartnacke (1878–1952) beispielsweise hat zunächst in der Weimarer Republik und dann im Nationalsozialismus ein ums andere Mal Statistiken bemüht, denen er entnahm, dass sich geistige Begabungen wie Physiognomien vererbten, und dass den meisten Arbeiterkindern die intellektuellen Voraussetzungen zu höherer Bildung aus eben diesen erbbiologischen Gründen fehlten (vgl. HARTNACKE 1917; 1937). Das soziale Milieu sollte bei der Entstehung und Bildung von Begabungen keine Rolle spielen? Eine recht unwesentliche, versicherte der demokratieskeptische Verfechter von Eugenik und Führertum (HARTNACKE 1930) – eine überaus wesentliche hieß es dagegen unter den demokratischen Reformkräften. Der sozialistische Reformpädagoge Paul Oestreich (1878–1959) spottete 1926 über Hartnacke, weil dieser „‚Begabung' als Erbgut und als Schichtenbesitz" betrachtete, obgleich doch ersichtlich sei, dass das einzige, was sich im übertragenen Sinn vererbe, die ungerechten Sozialbedingungen seien, die es den unteren, hart arbeitenden Volksgruppen kaum erlaubten, ihre volle „Potenzialität" auszuleben (OESTREICH 1978, S. 96f.). Oestreich gehörte zu jenen, die im Kampf um die Liberalisierung und Demokratisierung des Bildungssystems dafür eintraten, das gegliederte Schulwesen durch eine Einheits- oder Gesamtschule zu ersetzen. Seine Vorstellungen werden nach 1945 in der DDR zum Teil aufgegriffen (zur Begabtenförderung in der DDR vgl. KLEIN 1986; OLBERTZ 2007).

In der Bonner Republik hingegen hielt man an der Dreigliedrigkeit fest, was nicht zuletzt mit der sozialen Verteilung von Begabungen begründet wurde. In den ersten Jahrzehnten nach dem Zweiten Weltkrieg sind es vor allem die „begabungssoziologischen" Studien Karl Valentin Müllers (1896–1963), die einmal mehr mit einem biologistisch-erbgenetischen Begabungsverständnis soziale Ungleichheiten rechtfertigten. Den mit Datenmaterial gestützten Sachverhalt, dass im höheren Bildungssystem Kinder aus verdienstschwachen Familien kaum anzutreffen waren, registrierte Müller mit Genugtuung. Es bestätigte sich für ihn, dass die „biologische Sozialsiebung", wie er sich nicht scheute auszudrücken, funktioniere und dass das streng gegliederte Schulwesen seiner selektierenden Aufgabe nachkomme (vgl. DREWEK 1989a).

Männer wie Liebknecht oder Oestreich dachten, wenn sie die „höchstmögliche Summe der Bildung für alle" (LIEBKNECHT 1891, S. 37) forderten, in erster Linie an soziale Gruppen, denen Bildungsmöglichkeiten vorenthalten wurden: Bauern, Arbeiter, Frauen. Aus ihrer Kritik am Bildungssystem spricht aber auch die Überzeugung, dass Schule und Erziehung generell, soweit es die kapitalistische Gesellschaft betrifft, in der Förderung von Talenten versage. In Liebknechts berühmter Rede, die er 1872 vor dem Dresdner Bildungsverein gehalten hatte, erklärte er gegenwartskritisch, aber zukunftsoptimistisch: „An Talenten fehlt's nicht, nur an der Entwicklung. Was in außerordentlichen Epochen den elementaren Kräften ruck- und stoßweise gelingt, das kann zu *allen* Zeiten durch systematische Organisation der Erziehung *regelmäßig* und *sicher* erreicht werden" (LIEBKNECHT 1967, S. 87).

Diese Aussage wäre 70 Jahre früher insofern undenkbar gewesen, als erst die verwaltungstechnische Zentralisierung, Vereinheitlichung und Regulierung des Schulsystems sowie die Realisierung der Schulpflicht in der zweiten Hälfte des 19. Jahrhunderts einen Grad erreicht hatten, der überhaupt an eine *systematische* Begabungsförderung *aller* Schulkinder denken ließ. Auch dass Liebknecht Schule und Erziehung geradewegs für die Entwicklung von individuellen Talenten zuständig erklärt, wäre den Pädagogen zu Beginn des Jahrhunderts noch merkwürdig vorgekommen. Zwar wurde von pädagogischer Seite seit Jahrzehnten darauf aufmerksam gemacht, dass man in Familie und Unterricht die guten Anlagen, Kräfte, Talente oder den „Genius" der Heranwachsenden beachten und bilden müsse. Doch zugleich wollte man vermeiden, dass damit subjektivistische, hedonistische oder utilitaristische Werte in der Erziehung Auftrieb erhielten. Von der Höhe des Bildungsideals aus betrachtet, das Anfang des 19. Jahrhunderts in bürgerlich-liberalistischen Gesellschaftsschichten seinen Siegeszug antrat, galt die Entwicklung von Talenten nicht als Gut an sich. Einen moralischen Wert sprach man Begabungen erst im Verbund mit einer moralischen Lebensführung zu. Ein mehrfach aufgelegtes *Lehrbuch der Erziehungs- und Unterrichtslehre* aus dem ersten Drittel des 19. Jahrhunderts übersetzt diese Ansicht in einen pädagogischen Merksatz: „Die Erziehung hat die Entwicklung

Systematische Talententwicklung

Talenterziehung und Moralität

der Talente, und wo es sich zeigt, des Genies, wie auch des Charakters, in allem aber des sittlichen Strebens zum Ziele" (SCHWARZ 1968, S. 50).

4.1.3 Schulentwicklungen

Gymnasium: die
Schule der Besten

Kurz nach 1800 setzten vor allem im Königreich Preußen politische Veränderungen und Bildungsreformen ein, die die Schul- und Universitätslandschaft nachhaltig veränderten. Wilhelm v. Humboldt, der wichtige Ideen zur Neustrukturierung des Bildungswesens beisteuerte, wollte den Schulaufbau so ineinander verzahnen, dass allen, bei nachgewiesener Eignung, der Aufstieg zur gymnasialen Bildung und darüber hinaus frei stünde. Sein Kollege Schleiermacher, der bei der Schulreform ebenfalls ein gewichtiges Wort mitsprach, sagte 1808 über das Gymnasium, es sei der Ort, der „Knaben von besserer Natur und hervorstechenden Gaben" vereine, begabte Knaben, die die Einseitigkeit eines herausragenden fachlichen Geschicks (ein „bestimmtes Talent") mit einem stattlichen Sinn für übergreifende philosophische Zusammenhänge produktiv ausbalancierten (SCHLEIERMACHER 1959b, S. 245). Dieser Anspruch an die Leistungsfähigkeit der Gymnasiasten war so hoch und exklusiv, wie man sich das Gymnasium wünschte. Es sollte die Unterrichtsstätte der Besten des Landes werden, und sie wurde tatsächlich zu einer international bewunderten Renommierinstitution. Weil die Vordenker des Gymnasiums in der Eignungsfrage auf exklusive Gaben und nicht auf aristokratische Privilegien vertrauten, hat man die Geburtsstunde der protestantischen Einrichtung, ein wenig übereifrig, als einen deutlichen Gewinn an Demokratie interpretiert: „Das neue Gymnasium hatte damals eine ausgesprochen demokratische Tendenz: die eine und allgemeine Schule für alle höher Beanlagten, und diese Schule nunmehr der einzige Weg zu den wissenschaftlichen Studien und auch zu den höheren Staatsämtern" (PAULSEN 1921, S. 686).

Untere Schichten
benachteiligt

In der Folge davon gewannen Eignungsprüfungen, Leistungsnachweise, Zeugnisse und zertifizierte Schulabschlüsse bei Laufbahnentscheidungen weiter an Gewicht. Dass dadurch Begabungsgerechtigkeit verwirklicht worden wäre, kann man indes nicht behaupten. Die Söhne der Oberschicht wurden bis ins letzte Drittel des Jahrhunderts hinein, ob begabt oder nicht, vom Herrschaftssystem bevorzugt (vgl. TITZE 1998). Da die enorme Sogwirkung der höheren Bildung immer mehr Menschen ins Gymnasium und auf die Universitäten zog – anders als zu Luthers Zeit konnte man mittlerweile wirklich von einem Massenphänomen sprechen –, wusste sich die Staatsraison oftmals nicht besser zu helfen, als Restriktionen zu erlassen, die vor allem Kinder und Jugendliche aus finanziell schlechter gestellten Verhältnissen zu spüren bekamen; so geschehen beispielsweise 1880, als der Reichskanzler Otto von Bismarck die sog. „Überfüllungskrise" an akademischen Institutionen damit zu überwinden suchte, dass er Stipendien strich sowie Schulgeld und Studiengebühren erhöhte.

Standardisierung
der Schule

Der unter staatlicher Hoheit vorangetriebene Ausbau und die bürokratisierte Verwaltung des Bildungswesens schufen ohne Frage organisatorische Bedingungen einer begabungsgerechteren Schule für Kinder aller Gesellschaftsschichten. Die steigende Bürokratisierung und Vereinheitlichung des

Schulsystems brachten den Schülern gleichwohl nicht nur Vorteile. Mit dem Inkrafttreten von Verordnungen, Lehrplänen und Übergangsvereinbarungen verlor die Bildungslandschaft an Flexibilität und Vielfalt, sie wurde unnachgiebiger, reglementierter „mit Härte gegen individuelle Neigung und Begabung" (PAULSEN 1921, S. 293).

Bis ins zweite Drittel des 19. Jahrhunderts hinein gab es an höheren Schulen fast ausschließlich Fachklassen und Niveaukurse, die mit der Etablierung des Jahrgangsklassensystems und der Einführung schematischer Versetzungszeiten wegfielen. Konnte das alte System auf unterschiedliche Lernvoraussetzungen, Interessen und Begabungen der Schüler Rücksicht nehmen, so trug das standardisierte System „zur Nivellierung individueller Präferenzen" bei (MÜLLER 1981, S. 50).

Nivellierung von Begabungen

Bis dahin war es keine Seltenheit, dass man leistungsstarken Schülern gestattete, Schulstufen schneller als üblich zu durchlaufen: zwei Jahre Tertia in neun Monaten oder ein Jahr Secunda in der Hälfte der Zeit – das Lehrerkollegium durfte von Fall zu Fall entscheiden. Mit der amtlichen Reglementierung des Bildungswesens wurden diese beschleunigten Schullaufbahnen seltener. Weil man dies gegen Ende des Jahrhunderts als einen Nachteil begriff, wurden Bestimmungen erlassen, die das Überspringen von Klassen ordnungsgemäß regelten. Etwa zu selben Zeit tauchten hier und dort auch wieder Leistungskurse und leistungshomogene Arbeitsgruppen im höheren Schulwesen auf, um den individuellen Präferenzen mehr Raum zu geben (vgl. SCHWARTZ 1928, S. 412). In der Gegenwart diskutiert man solche Fördermethoden, ihre Vor- und Nachteile für die Schüler, unter den Anglizismen „Akzeleration", „Enrichment", „Grouping". Besonders in der sog. Hochbegabtenpädagogik gehören sie zum Repertoire (vgl. TRAUTMANN 2005). Ihr methodischer Sonderstatus ist einem lange Zeit undifferenzierten und unflexiblen Regelschulsystem geschuldet.

Akzeleration und Enrichment

4.2 Begabung und Hochbegabung

4.2.1 Begabung, Genie, Eugenik

In der zweiten Hälfte des 19. Jahrhunderts ließen etliche Spielarten von Evolutions-, Abstammungs- und Entwicklungslehren die Hoffnung aufkommen, die Gesetzmäßigkeiten der Menschheits- und Individualentwicklung, die Phylo- und Ontogenese, stünden kurz vor der Entschlüsselung. Große Aufmerksamkeit erhielten die Vererbungstheorien (Lamarck, Galton, Mendel). Die darin für die Begabungsthematik bedeutsame Frage lautete: Können erworbene Eigenschaften auf biologischem Weg von einer Generation auf die nächste übertragen werden? Die Forschungs- und Theorieansätze ließen eine seriöse Antwort darauf eigentlich nicht zu. Ungeachtet dessen zeigten sich selbst anfängliche Skeptiker unter den Wissenschaftlern wie Charles Darwin (1809–1882) schließlich überzeugt: Fähigkeiten *sind* vererbbar! Selbst die außerordentlichen intellektuellen Gaben und geistigen Talente – das „Genie"? Dies sei gewiss der Fall, erklärte Darwin 1871 in seinem Furore machenden Werk *The Descent of Man, and Selection in Relation to Sex*

Begabung vererbbar?

(*Die Abstammung des Menschen und die geschlechtliche Zuchtwahl*). Insbesondere „die bewunderungswürdigen Arbeiten" Francis Galtons hätten alle Zweifel ausgeräumt, „daß das Genie, welches eine wunderbar komplexe Kombination hoher Fähigkeiten umfaßt, zur Erblichkeit neigt" (DARWIN 1982, S. 30).

Francis Galton – Eugenik

Der mit Darwin verwandte Galton (1822–1911) – ein Pionier der verhaltensgenetischen Intelligenzforschung – hatte im 1865 veröffentlichten Aufsatz *Heriditary Talent and Character* und vier Jahre später in seiner Studie *Hereditary Genius* in der Tat entsprechende Belege vorgelegt. Seine praktischen Vorschläge zur staatlichen Steuerung der Fortpflanzung „genialer" Personen haben der Eugenik oder Rassenhygiene, wie sich die Disziplin auch nannte, den Anstrich der Wissenschaftlichkeit gegeben (vgl. WEINGART et al. 1988). Auch unter Pädagogen und Pädagoginnen waren die Anhänger seiner Ideen zahlreich. Ellen Key beispielsweise, die mit ihrem Bestseller *Das Jahrhundert des Kindes* zur Wortführerin der sog. Reformpädagogik und der Pädagogik „vom Kinde aus" avancierte, bekannte sich gleich auf den ersten Seiten ihres Buches zur „Rassenveredlung" nach den Vorstellungen Galtons (KEY 1904, S. 18ff.). Lediglich der Geniebegriff hatte mittlerweile einen etwas vorgestrigen Beigeschmack angenommen (vgl. SCHMIDT 1985).

Genie – Talent

Mit der Zuschreibung „Genie" verhält es sich im Übrigen ähnlich wie in neuerer Zeit mit der Bezeichnung „Hochbegabung". Beide Ausdrücke sind Exzellenzkategorien, die jeweils eine andere Beschreibungsform überbieten: Hochbegabung ist mehr als Begabung und Genie mehr als Talent. Für G.W.F. Hegel (1770–1831) bestand der kategorielle Unterschied zwischen Talent und Genie in der Qualität der produzierten kulturellen Güter; der Philosoph sah auch eine Gemeinsamkeit: Talent und Genie sind Potenziale, sie verkümmern, wenn sie nicht erzogen werden: „Beide Worte drücken eine bestimmte Richtung aus, welche der individuelle Geist von Natur erhalten hat. Das Genie ist jedoch umfassender als das Talent; das letztere bringt nur im Besonderen Neues hervor, wogegen das Genie eine neue Gattung erschafft. Talent und Genie müssen aber, da sie zunächst bloße Anlagen sind [...], nach allgemeingültigen Weisen ausgebildet werden" (HEGEL 1995, S. 71).

Genie – Begabung

Im 20. Jahrhundert wird der Geniebegriff für die Wissenschaft zu nebulös, aber man findet ihn noch in der alten Gegenüberstellung zum Talent in psychologischen Intelligenzlehren, die nun auch als Begabungsforschung firmieren und meistens die Überzeugung vertreten, „daß echte Begabung primär doch erbgebunden sei" (WENZEL 1934, S. 110). Auch in der deutschsprachigen Übersetzung von Ellen Keys Buch ist im Kontext der darin angeschnittenen „Erblichkeitsfrage" und Eugenik zwar gelegentlich von Genie die Rede, daneben taucht aber ein Ausdruck auf, der sachlicher, zeitgemäßer klang: „Begabung".

4.2.2 Wie die Pädagogik den Begriff „Begabung" entdeckte

„Begabung" eine Randerscheinung

Im pädagogischen Schrifttum bis Ende des 19. Jahrhunderts war der Ausdruck eine Marginalie. Die Pädagogen griffen auf die eingeführten Ausdrücke Anlage, Kraft, Naturell zurück, um auf die Fähigkeitspotenziale der Kinder und die angeblich „natürlichen" Differenzen unter ihnen hinzuweisen. Ohne von spektakulären theoretischen Innovationen begleitet zu werden, tritt allmählich der Begabungsbegriff hinzu. Tuiskon Ziller etwa zieht ihn in seiner *Allgemeinen Pädagogik* von 1876 unauffällig im Kapitel „Die Anlage überhaupt" heran. Das Wort „Begabung" steht bei ihm in einer Reihe mit Talent, geistiger Natur, Befähigung, Ausdrücke, die er beliebig austauscht, um den, wie er meint, festgelegten Radius der „Bildsamkeit" des Individuums zu erklären (ZILLER 1892, S. 56).

Um die Jahrhundertwende ist der Begriff aber unaufhaltsam im Kommen. Der Psychologe Richard Baerwald (1867–1929) legte 1896 eine systematische *Theorie der Begabung* vor, in der er die populäre Erblichkeitsdoktrin kritisierte und den Wert formaler Bildung herausstrich. Unter Begabung wollte er ein hervorragend veranlagtes Vermögen verstanden wissen, das sich zu einem „Ausgezeichnet-sein des Könnens" (BAERWALD 1896, S. 2) ausbilden ließe. In Baerwalds Begabungstheorie erlebte die ältere Vermögenspsychologie eine Neuauflage. Auch die damit verbundene Idee, in der Erziehung ginge es um die Stärkung bestimmter psychischer *Kräfte*, kommt als Begabungsbildung zu neuen Ehren. Beides, die Vermögenspsychologie und die formale Kräftebildung, hatten insbesondere im Pädagogen, Psychologen und Philosophen Johann Friedrich Herbart (1776–1841) einen scharfen und wirkungsvollen Kritiker besessen. Sein Einwand war, man könne Kräfte weder wecken noch fördern, weil es so etwas wie Seelenkräfte in Wirklichkeit gar nicht gebe. „Die Frage betrifft nicht Kräfte, sondern Vorstellungsmassen und deren allmähliche Bildung" (HERBART 1831, S. 105). Baerwald machte die an Herbart anschließende Psychologie dafür verantwortlich, dass man für die Bildung herrausragender Kräfte zu wenig tue, weil man für die individuellen Vermögen der Kinder keine Wahrnehmung, kein Vokabular, kein Interesse besaß. Mit dem nun u.a. von Baerwald als Begabungsförderung bezeichneten Programm verband sich die Absicht, in der Exzellenzbildung neue Zeichen zu setzen.

Nachdem die in Entstehung begriffene experimentelle oder pädagogische Psychologie – neben Baerwald obenan Ernst Meumann (1962–1915) – mit begabungsanalytischen Arbeiten hervorgetreten war (vgl. DREWEK 1989b), hatte der Begriff im deutschen Sprachraum gewissermaßen seine wissenschaftliche Feuerprobe bestanden. Auch die Pädagogen bedienten sich seiner nun häufiger. Der Reformpädagogik nahestehende Autoren erkannten in der Begabung eine Kategorie, mit der sie auf die in Erziehung und Schule vernachlässigte Individualität der Kinder aufmerksam machen konnten – aller Kinder, nicht nur der Leistungsstarken: „Jedes einzelne Kind hat aber seine Begabung und erfordert deshalb auch seine eigene Beurteilung", schrieb Ludwig Gurlitt (1855–1931) in seiner *Erziehungslehre* (GURLITT 1909, S. 242). Zugleich erlaubte der Begriff, die individuellen Stärken der Kinder als Resultate überindividueller Prozesse zu deuten. Dadurch konnte man die im Schwange befindlichen Vererbungs- und Entwicklungsideen aufnehmen, die ihrerseits anschlussfähig für völkische oder rassische Spekulationen waren. Gurlitt, durchaus ansprechbar dafür, schickte seiner Bemerkung über die individuellen Begabungen unmittelbar seine Auffassung hinterher, dass jedes Subjekt Teil einer Schicksalsgemeinschaft sei: „Jedes Kind

Richard Baerwald: Theorie der Begabung

Individualisierung und Rassedenken

stellt den Abschluß einer unendlich alten und mannigfaltigen Entwicklung dar; in jedem Kinde prägen sich die ererbten Merkmale seiner Rasse aus, also des Blutes, der geistigen und körperlichen Anlagen und Betätigungen seiner Vorfahren, väterlicher sowohl wie mütterlicher, sogar die Leidenschaften und Verfehlungen der Eltern wirken im Kinde nach. So ist das Kind Träger einer Entwicklung, der es gar nicht entrinnen kann und für die es mit keinem Worte verantwortlich zu machen ist" (ebd.).

4.2.3 Hochbegabung: Signalwort ohne Konzept

Hochbegabung

Die bis dahin üblichen Bezeichnungen von überdurchschnittlichen Dispositionen und Fähigkeiten verloren mit dem Aufkommen des Begabungsbegriffs nicht an Geltung. Die meisten Autoren verwendeten wahllos diesen oder jenen Ausdruck, ohne dabei auf semantische Trennschärfe zu achten. Nicht anders verhielt es sich mit den Ausdrücken „hochbegabt" und „Hochbegabung", die bereits Ausgang des 19. Jahrhunderts in den Quellen anzutreffen sind. Zudem bürgerten sich allerlei ähnliche Vokabeln ein, man sprach von Ausnahmebegabungen, Sonderbegabungen, Minderbegabten, Bestbegabten usw. Die sprachlichen Neuschöpfungen verraten ein wachsendes Bedürfnis nach qualitativen und quantitativen Abgrenzungen und graduellen sozialen Differenzierungen. Friedrich Nietzsche (1844–1900), dessen philosophisches Werk von großer pädagogischer Bedeutung ist (vgl. HOYER 2002), hat in den 1880er Jahren *vertikale* Gradabstufungen von Begabungen ins Gespräch gebracht. Die „höher Begabten" (NIETZSCHE 1988a, S. 510) waren für den von hierarchischen Modellen faszinierten Philosophen Personen mit auffällig günstigen Lernvoraussetzungen, die ihrerseits in den wahrhaft „hochbegabten Naturen" (NIETZSCHE 1988c, S. 204) ihren Meister fänden.

Nietzsche: Lernen als Selbstbegabung

Überhaupt gilt es in Friedrich Nietzsche noch den vielleicht tiefsinnigsten Begabungstheoretiker des 19. Jahrhunderts zu entdecken. In *Menschliches, Allzumenschliches I* (Aph. 263) verdichtet er z. B. die Erkenntnis, dass das in modernen, komplexen Kulturen bei allen Menschen anzunehmende Talentpotenzial erst zur Performanz einer Begabung werde, wenn weitere psychische Faktoren hinzukommen: *„Begabung. –* In einer so hoch entwickelten Menschheit, wie die jetzige ist, bekommt von Natur Jeder den Zugang zu vielen Talenten mit. Jeder hat *angeborenes Talent*, aber nur Wenigen ist der Grad von Zähigkeit, Ausdauer, Energie angeboren und anerzogen, so dass er wirklich ein Talent wird, also *wird*, was er *ist*, das heisst: es in Werken und Handlungen entladet" (NIETZSCHE 1988a, S. 219).

Im Unterschied zu den meisten Begabungstheoretikern der folgenden Jahrzehnte, die sich unter Begabung eine Art endogene Anlagesubstanz vorstellen, vertritt Nietzsche bereits eine dynamische Sichtweise, die H. Roth oder J. Renzulli vorgreift. Es sei zu einfach gedacht, erklärte Nietzsche, wenn man sich Lernen als einen Prozess und Begabung als eine Veranlagung vorstelle, wo doch beides untrennbar ineinanderspiele: „Was ist denn Begabung Anderes, als ein Name für ein *älteres* Stück Lernens, Erfahrens, Einübens, Aneignens, Einverleibens, sei es auf der Stufe unserer Väter oder noch früher! Und wiederum: Der, welcher lernt, *begabt sich selber* [...]"

(NIETZSCHE 1988b, S. 309). Heute erkennen wir die Scharfsinnigkeit dieser Überlegungen, damals erlangte Nietzsches Begabungs- oder Hochbegabungsverständnis keine Breitenwirkung.

Mit den Ausdrücken „Hochbegabung" und dem Attribut „hochbegabt" verbanden sich um die Jahrhundertwende weder spezifische Theorie- noch Praxiskonzepte. Die Worte hatten aber Signalcharakter, sie signalisierten Besonderheit. Beim konservativ-völkischen Bestsellerautor Julius Langbehn (1851–1907) war die verschrobene Entwicklungstheorie zu lesen, dass sich die „tieferen Charaktereigenschaften" eines Volkes „zu einem hochbegabten Individuum" verdichten könnten, „das nicht minder überraschend wirkt als eine Blume von seltenem Duft oder ein phosphoreszirendes [sic] Tiefseewunder" (LANGBEHN 1891, S. 266).

Die Begriffe Begabung und Hochbegabung blieben austauschbar. Dass in Thomas Manns *Buddenbrooks* (1901) der wenig talentierte Oberlehrer Doktor Mantelsack „einen Hochbegabten" (MANN 1986, S. 734), wie es an einer Stelle heißt, unbehelligt lernen ließ, sagt über den fraglichen Schüler nicht viel mehr, als dass er beim Lernen nicht im Geringsten der Hilfe bedurfte. Selbst die um wissenschaftliche Expertise bemühten Organisatoren der unter dem Eindruck des Ersten Weltkriegs ins Leben gerufenen *Berliner Begabtenschulen* (MOEDE et al. 1919) folgten in dieser Hinsicht keiner klaren Sprachregelung. In ihrer Darstellung der Schulorganisation werden die zugleich nach kognitiven und charakterlichen Merkmalen gründlich ausgesiebten Volks- und Gemeindeschüler, die man für geeignet hielt, das Abitur zu erlangen (ca. 1,5 %), mal als „Begabte", mal als „Hochbegabte" bezeichnet; auch die Einrichtungen selbst trugen neben der amtlichen Bezeichnung den inoffiziellen Namen „Hochbegabtenschulen".

Hochbegabung ohne Konzept

4.2.4 „Ökonomie der Menschenkräfte"

Nimmt man die vom *Deutschen Ausschuß für Erziehung und Unterricht* in Auftrag gegebenen Publikationen *Der Aufstieg der Begabten* (PETERSEN 1916a) und *Begabung und Studium* (SPRANGER 1917) hinzu, dann verdichtet sich, dass in den Wirren des Ersten Weltkriegs „Begabung" zu einem Schulpolitikum geworden ist. Je heftiger sich die ungeheuren Verluste der nicht enden wollenden Gefechte ins Bewusstsein drängten, desto lauter wurde in Deutschland der Ruf nach einer staatlichen Mobilisierung der Leistungsträger von morgen. „Denn nur durch Staatskunst und Gesetzgebung kann planmäßig dahin gewirkt werden, daß die hervorragenden Einzelleistungen dem Ganzen der Nation, ihrem Gedeihen und ihrer Macht zugute kommen" (ebd., S. 1). Das von dem Pädagogen Eduard Spranger (1882–1963) verwendete Leistungs- und Machtvokabular hört sich nach geistiger Aufrüstung an und war auch so gemeint. Wenn man die Schätze der Bildungsnation, die Begabungen, verkümmern ließe, dann schwäche man das ohnedies lädierte Volk dauerhaft von innen, anstatt es langfristig zu stärken. Parolen von der „Ökonomie der Menschenkräfte" (GÖTZE 1916a, S. 9) und der „Volkswirtschaft des Talents" (GÖTZE 1916b, S. 50) machten die Runde.

Volkswirtschaft des Talents

Überlegungen dieser Art hielten auch nach dem Ersten Weltkrieg den Begabungsdiskurs in Schwung. Auf der Vorderbühne ging es dabei um schulische Auslese und die Förderung der Besten, auf der Hinterbühne gaben nicht selten nationalstaatliches Konkurrenzdenken, volkswirtschaftliche und revanchistische Motive den Ton an. Die 1919 von Hermann Lemke verfasste *Theorie der Begabungsauswahl vom pädagogisch-medizinischen Standpunkt* ist ein Beispiel für diese Motivverflechtung. Lemke, der es aus „rassenbiologischem" Blickwinkel für bewiesen hielt, dass sich exzellente Fähigkeiten generativ vererben, leitete seine Ausführungen mit den alarmierenden Worten ein:

> „Der erbarmungslose Krieg vernichtet nicht nur Körperkraft in Form von Individuen, die in gewissen Grenzen durch vermehrte Geburten nach dem Kriege wieder ersetzt werden können, sondern auch *Talente*, und das ist für das Fortbestehen eines Volkes von schwerwiegendster Bedeutung. Dasjenige Volk nämlich, welches die größte Menge von Talenten eingebüßt hat, wird hinter den andern Völkern im Kulturwettbewerb zurückbleiben, wenn es ihm nicht gelingt, diesen Verlust durch geeigneten Ersatz wieder auszugleichen.
> Von diesen Gesichtspunkten aus lassen sich die pädagogischen Strömungen verstehen, die darauf abzielen, schlummernde Talente zu entdecken und Begabungen zu fördern"
> (LEMKE 1919, S. 1).

4.2.5 Leistungsauslese und Testverfahren

Leistungsauslese Seit Anfang des 20. Jahrhunderts ist es nicht mehr opportun, die Schule als eine Institution zu verteidigen, die Schüler, ungeachtet ihrer Fähigkeiten, nach der sozialen Herkunft selektiert. Als ein faireres Verteilungskriterium bot sich das Leistungsprinzip an. Die formalisierte, obrigkeitsstaatlich kontrollierte Leistungsauslese ist im Laufe des 19. Jahrhunderts in Preußen und anderen Staaten eingeführt worden. Die in Gang gesetzte Entwicklung erschwerte es, Ansprüche des Standes und der Geburt bei Bildungslaufbahnentscheidungen in Anschlag zu bringen. Die Schulen sollten, zumindest den öffentlichen Bekanntmachungen nach, den individuellen Fähigkeitsprofilen gerecht werden und die Leistungsmöglichkeiten der Schüler und Schülerinnen beurteilen, ausschöpfen, so gut es eben ging. Um das in moderne Worte zu kleiden, bot sich die Begabungsrhetorik an. Der in Schule und Schulpolitik engagierte Georg Kerschensteiner (1954–1932) z.B. unterstrich während der Schulstrukturdiskussionen der Weimarer Republik, dass Begabungsförderung das Gebot der Zeit sei, von der letztendlich die ganze Nation profitiere.

> „Ja, als Kulturgemeinschaft hat die Staatsgemeinschaft sogar das allergrößte Interesse daran, daß jeder soweit gefördert wird, als es seine Begabung erlaubt, daß jeder eine Erziehungsleiter vorfindet, auf der er geistig und moralisch so hoch steigen kann, als es sein individuelles Wesen gestattet. Der Kulturstaat würde sich selbst schädigen, der von seinen hohen Schulen Kinder aus anderen Gründen ausschlösse, als wegen mangelnder geistiger oder moralischer Begabung"
> (KERSCHENSTEINER 1922, S. 14f.).

Man stolpert in diesem Zitat über die Wendung „moralische Begabung", die der intellektuellen Begabung kommentarlos zur Seite steht. Ein paar Jahre zuvor hatte Kerschensteiner noch von sittlichen Charakteranlagen gesprochen: angeborene „Seelenkräfte", welche die Individualität und das Verhalten der Person prägen (KERSCHENSTEINER 1912). Dass Menschen zum wert- und normbezogenen, also moralischen Denken und Handeln unterschiedliche Veranlagungen (Begabungen) besitzen, war freilich reine Spekulation und, wie man sagen muss, eine falsche dazu: Moralität ist keine Angelegenheit der Gene. Das hätte Kerschensteiner womöglich auch zugegeben. Doch um Schullaufbahnentscheidungen unabhängig vom sozialen Status der Kinder begründen zu können, waren prognosestarke Aussagen über deren „individuelles Wesen" oder eben über deren Begabungen sehr willkommen.

Umso mehr, als zahlreiche Pädagogen, Psychologen und Bildungspolitiker daran festhielten, dass der soziale Stand die Leistungsmöglichkeiten und Bildungskarrieren quasi von Natur aus vorherbestimmten: Kinder kommen sozusagen als Volksschüler auf die Welt oder als Mittelschüler oder als Gymnasiasten – und so sollte es nach dem Willen konservativer Gruppen auch bleiben (vgl. WÄCHTER 2006). Diese Botschaft ließ sich nun auf weniger anstößige Weise verbreiten, wenn man sie in die Begabungsdiktion verpackte, was ebenfalls zur Konjunktur des Begriffs beitrug. Wer Begabungen als sozio-biologische Determinanten begriff, konnte als Befürworter von Begabtenselektion und Begabungsförderung auftreten, auch den sozialen „Aufstieg der Begabten" fordern, *ohne* die bestehenden Schulstrukturen und die herkunftsorientierten Verteilungsmechanismen in Frage zu stellen. Schulentwicklung ließ sich auf die Verfeinerung der Ausleseverfahren *innerhalb* der bestehenden Verhältnisse reduzieren. Selbst ein Mann wie Peter Petersen (1884–1952), der sich in der Weimarer Republik in die erste Reihe der Schulreformer stellt, den Bankrott des Jahresklassensytems ausruft und sich gegen die Segregation von „Begabten" und „Hochbegabten" in sog. Begabtenschulen ausspricht (PETERSEN 1927), hat sich zunächst einmal damit zufrieden gegeben, dass „zur rechten Förderung jeder Sonderbegabung" (PETERSEN 1916b, S. 84) die gewohnten Schulformen ausreichen.

Mit der Ausrichtung des Bildungssystems auf die Selektion und Segregation von „Begabten" oder „Hochbegabten" schlug die Stunde der standardisierten Diagnoseverfahren, der Intelligenztests. Der französische Psychologe Alfred Binet (1857–1911) hatte 1905 den Prototypen entwickelt, in den USA machte der Psychologe Lewis M. Terman (1877–1956) daraus ein massentaugliches Schnellverfahren, mit dem binnen weniger Jahre hunderte Menschen (Schüler, Rekruten etc.) auf ihre intellektuelle Tauglichkeit untersucht wurden. In Deutschland führte vor allem William Stern (1871–1831) – Schrittmacher der angewandten und differentiellen Psychologie sowie Urheber des (von ihm ungeliebten) Intelligenzquotienten –, Begabungsexpertisen und Eignungstests im großen Umfang durch (vgl. TSCHECHNE 2010). Ob Straßenbahnfahrerinnen, Maschinenbauer, Damenschneiderinnen, Kraftfahrer, Grundschulabgänger – in welchem Berufs-, Ausbildungs- und Bildungsbereich man sich auch befand, an Eignungstests war seit den 1920er Jahren kein Vorbeikommen mehr.

Moralische
Begabung

Begabtenselektion
im Schulsystem

Begabungs- und
Intelligenztests

Sterns rastlose Aktivitäten sind nicht frei von Paradoxie: Er entwarf ständig komplizierter aufgebaute Testbatterien, obgleich, nein, *weil* er der Messbarkeit von Intelligenz und Begabung im Grunde skeptisch und immer skeptischer gegenüberstand. Im Umgang mit dem sozialen Konstrukt Begabung ist diese Skepsis angebracht.

5 Zeitgenössische Perspektiven

Die Phänomene der Begabung und der Hochbegabung sind seit über hundert Jahren, wie die vorangehenden Kapitel gezeigt haben, nicht nur auf den Begriff gebracht worden, sondern auch verstärkt in die Diskussion gekommen. Dabei sind manche Motive, wie etwa die Debatte um Anlage und Umwelt oder die besondere Förderung von Begabungen, nach wie vor aktuell. Gleichzeitig sind aufgrund sozialwissenschaftlicher, insbesondere psychologischer Forschungen und aktueller gesellschaftlicher Bedarfe spezifische Theorie- und Praxiskonzepte neu entstanden, die zum einen zur Schärfung der Begriffe Begabung und Hochbegabung (in Verbindung mit Intelligenz) beigetragen und zum anderen zu einer Vielfalt neuer, separierter und integrativer Förderformen geführt haben. Nicht zuletzt lenken die im Zuge gesellschaftlicher Veränderungen geführten Diskurse zu Heterogenität und Diversität den Blick auf soziale Differenzen und Ungleichheiten und fordern Begabungsgerechtigkeit und Teilhabe ein. Damit wird Begabungsförderung für alle Heranwachsenden zu einem generellen bildungspolitischen und pädagogischen Thema, von der frühen Kindheit über die Schulzeit bis in die Berufsbildung und neuerdings in das intergenerationelle Lernen (vgl. ÖZBF 2013) hinein.

Wenn im Folgenden Perspektiven auf Begabung vorgestellt werden, so gehen wir davon aus, dass sich keine klaren Grenzziehungen zwischen Begabung und Hochbegabung herstellen lassen. Die beiden Begriffe sind seit jeher weder in der Alltagssprache noch in der wissenschaftlichen Literatur oder in erzieherischen und schulischen Handlungskontexten klar voneinander unterschieden. Vielmehr werden Bezeichnungen wie Begabte, besonders Begabte und Hochbegabte früher wie heute häufig synonym verwendet (vgl. VOCK/PRECKEL/HOLLING 2007, S. 11ff.; dazu kritisch ROST 2007). Manche sprechen daneben auch von hoch intelligenten, von herausragenden, besonders befähigten oder auffallend talentierten Kindern, wobei die Bezugsnormen der Vergleich zur Peergruppe oder auch gesellschaftliche und kulturelle Übereinkünfte und Werte darstellen können. Mit Blick auf den internationalen Status quo besteht zwar Übereinstimmung in der Auffassung, dass sich Begabung und Hochbegabung keinesfalls einseitig über den Intelligenzquotienten bestimmen lassen, darüber hinaus gibt es jedoch in der wissenschaftlichen Diskussion ebenso wenig wie in der Praxis eindeutige, unumstrittene Festlegungen.

Unklare Grenzziehung zwischen Begabung und Hochbegabung

5.1 Konzepte und Modelle

5.1.1 Naturalistische und integral-dynamische Konzepte im Widerspruch

Wie wir bereits gesehen haben, hat der statische, naturalistische Begabungsbegriff eine lange Tradition. Er diente noch bis in die 1950er und

Der statische, naturalistische Begabungsbegriff

1960er Jahre zur Rechtfertigung eines Schulsystems, das Kindern unterer sozialer Schichten Aufstiegschancen vorenthielt (vgl. HERRLITZ et al. 1993). Der bildungs- und gesellschaftspolitische Rekurs auf den (hohen) Erbfaktor der Begabung wurde dazu benutzt, die Auslese im Bildungswesen und die Dreigliedrigkeit des Schulsystems zu rechtfertigen (MÜLLER 1951; HUTH 1956/57).

Integral-dynamische Begabungskonzepte

Demgegenüber gehen integral-dynamische Begabungskonzepte (HOYER 2012a) von der komplexen Wirklichkeit des Begabungsfeldes aus und gründen ihre Urteile über den Lern- und Leistungsstand auf möglichst reichhaltige Beobachtungen der individuellen Prozesse des Lernens und der Persönlichkeitsentwicklung. Ferner beziehen sie die sozio-kulturellen Ausgangs- oder Rahmenbedingungen sowie die Austauschprozesse, die zwischen dem Einzelnen und seiner Umwelt vor sich gehen, in ihre Analysen ein, um so zu vorsichtigen Aussagen über das vorläufige „Begabungs"-Profil der jeweiligen Person zu gelangen. Die Gestaltung einer anregungsreichen Lernumwelt verfolgt hier das Ziel, tunlichst alle Akteure des pädagogischen Feldes nach ihren Möglichkeiten zu begaben (ROTH 1952). Theodor Ballauff sprach in diesem Zusammenhang von Befähigung: „Der Lehrer weckt keine schlummernden Anlagen, keine verborgenen ‚Begabungen‘, keine geheimnisvollen, vererbten Kräfte, sondern er befähigt den Schüler, etwas zu lernen" (BALLAUFF 1970, S. 27).

Heinrich Roth: Anlage, Umwelt und das Ich

Der Erziehungswissenschaftler Heinrich Roth hat in den 1950er, 1960er und 1970er Jahren im Rahmen einer empirisch und handlungstheoretisch ausgerichteten integrativen pädagogischen Anthropologie (ROTH 1969) einen entsprechenden integral-dynamischen Begabungsbegriff entwickelt, der „Erbe, Umwelt und das Ich" umfasst (ROTH 1966, S. 263). Dabei bezog er gleichermaßen Position gegen verkürzte Vererbungstheorien wie gegen fehlinterpretierte Milieutheorien und deutete Lernen und Entwicklung als Prozesse, an denen die drei Faktoren beteiligt sind: „Es kommt nicht auf das Erbe und die Umwelt, sondern auch auf das Zusammenstimmen (die Korrelation) beider Größen an, auf die Einsicht einer ihrer selbst mächtigen Person in diese Zusammenhänge" (ebd., S. 263 f.). Roths Versuch zielt darauf, die statischen Begabungsbegriffe der Anlagen- und Milieutheorien in ein dynamisches Begabungsverständnis zu überführen.

Begabung und Begaben

In seinem programmatischen Aufsatz *Begabung und Begaben* (1952) mit dem bezeichnenden Untertitel „Über das Problem der Umwelt in der Begabungsentfaltung" (ROTH 1967, S. 18) fordert Roth ausdrücklich „einen pädagogischen Begabungsbegriff". Im ersten Satz heißt es: „Es geht in dieser Untersuchung um die problematische Frage, inwieweit Begabung so etwas ist wie Begaben, eine Gabe verleihen, Erweckung von außen, Aufwecken" (ebd., S. 18). Explizit dringt er auf die Unterscheidung von Intelligenz und Begabung. Während er Intelligenz als eine „Anfangsleistung neuen Aufgaben gegenüber" beschreibt, wird Begabung prospektiv gesehen: Begabung als „Möglichkeit zu Endleistungen bestimmter Art und Höhe" – als potenzielle Energie, als produktive Lernfähigkeit (ROTH 1973, S. 129 ff.). Dabei ist die Frage danach, was Begabung sei und woher sie komme, nicht bedeutsam. Vielmehr geht es zukunftsgerichtet um das, was jemand aus seinen Möglichkeiten macht und wie er dabei gefördert und unterstützt werden kann. Von daher erhalten Lehr- und Lernprozesse eine zentrale Bedeutung. Roth fragt explizit danach, wie der Unterricht beschaffen sein muss, um Schüler/innen zu „begaben". Die Diskussion um den Begabungsbegriff verlagert sich auf das pädagogische Handeln.

In diesem Verständnis von Begabung und Begabungsentfaltung kommt zum Ausdruck, dass Begabung nicht als Eigenschaft, sondern als Prozess der Begabungsentfaltung zu betrachten ist. Begabung erweist sich in der Entfaltung menschlicher Betätigungen, als Aufnehmen und Übernehmen von Aufgaben, als die Fähigkeit zu lernen und Erfahrungen zu machen. Im Endergebnis führt diese Auffassung zu einer Umkehrung der Einschätzung dessen, was psychologisch betrachtet unter Begabung zu verstehen ist: Nicht die Persönlichkeit entwickelt sich, sondern Menschen übernehmen Aufgaben, stellen sich Herausforderungen, zeigen sich leistungsbereit.

Begabungsentfaltung

Potenzial, Umwelt und Person

Bereits im Begabungsbegriff steckt die dreifache Dimension des Wortes „Gabe" als Potenzial, Umwelt und Person. Auf der einen Seite ist diese „Gabe" die Voraussetzung für mögliche Lern- und Bildungsprozesse, also gewissermaßen das Potenzial, das in dem einzelnen Menschen steckt. Die andere Seite deutet Gabe als ein Geben von außen, ist Anregung, Herausforderung, Dialog, Welt. „Das Schulleben ist eine Gabe", formuliert Walter Hammel in seinem Bildsamkeitsbuch (HAMMEL 1970, S. 72). Diese Perspektive betont den nachhaltigen Einfluss und die Vielfalt möglicher Ausgestaltungen, die Bildungserfahrungen beim Einzelnen bewirken und in welcher Weise sie auf dessen Leistungs- und Begabungsstruktur Einfluss haben können. Beide Seiten beinhalten sowohl kognitive als auch emotionale und soziale sowie zahlreiche weitere Komponenten, die aus dem jeweiligen Zusammenspiel auch jeweils erst entstehen können. Wenn davon gesprochen wird, dass sich Begabungen in Leistungen zeigen, dann erscheint dies vielfach als Ergebnis dieses Prozesses einer vielfältigen Wechselwirkung zwischen Potenzial und Umwelt.

Gabe als Potenzial, Umwelt und Person

Der entscheidende Faktor, der aus pädagogischer Sicht hinzukommt, ist die dritte Dimension, die Person selbst, das Ich, wie es Heinrich Roth genannt hat oder das Self, wie es Georges Herbert MEAD (1978) vom I und Me unterscheidet. Diese Dimension umfasst die Aufgeschlossenheit und Bereitschaft, das Vermögen und den Willen des Kindes, auf die Angebote der Umwelt einzugehen, aber auch die Fähigkeit zur Reflexion und begründeten Handlungsorientierung. Ein Kind erweist sich vor diesem Hintergrund als bildsam, wenn es auf Unterstützung und Förderung, auf Anspruch und Aufforderung einen Zuwachs an Begabung zeigt. Denn „Begabung besagt nicht eine Ausstattung und ein Vermögen, das ein Mensch ein für allemal fix und fertig besitzt und mit dem er schalten und walten könnte, wie es ihm paßt, sondern eine Gabe, die ihm gewährt wird, wenn er sich mit Fleiß und Ausdauer einer Sache hingibt und sich um ihr Wesen, um ihr Sein bemüht" (BALLAUFF o. J., §15).

Begabung hat demnach diese drei, in sich wiederum hochkomplexen Komponenten: Sie ist auf der einen Seite ein Potenzial und auf der anderen

Dialektik und Dialogik

Seite das dem Menschen Entgegengebrachte, die „Welt" (W. v. Humboldt) und Umwelt, und schließlich ist sie Eigenaktivität des Menschen. Sie ist also nicht einseitig, sondern immer dialektisch oder dialogisch zu verstehen. Das Dialogische im Begabungsprozess verweist zudem darauf, dass Menschen lebensnotwendig auf Beziehungen und soziale Zusammenhänge angewiesen sind. Als eine „Grundform der Menschlichkeit" (BARTH 1958) ist der Dialog eine Voraussetzung für personales Leben und somit auch für gelingende Bildungs- und Begabungsprozesse. Die Fähigkeiten und Möglichkeiten, zu anderen Personen, aber auch zu Sachen „in Beziehung" (BUBER 1984, S. 65) zu treten, beeinflussen in hohem Maß auch eine der zentralen Fragen der Begabtenförderung, nämlich ob und wie es Menschen gelingt, Potenziale in Leistungen umzusetzen (vgl. HAUBL 2012).

Dynamischer Prozess
Und gleichzeitig handelt es sich um einen dynamischen Prozess der Begabungsentfaltung und -gestaltung. Dieser Prozess ist in Kindheit und Jugend besonders bedeutsam, letztlich aber auf ein ganzes Leben hin angelegt. Entscheidend ist, dass zu den im Menschen vorhandenen Kräften ein Gegenüber (zum Beispiel eine förderliche schulische Lernumgebung, individuelle Förderung, personale Begleitung) hinzukommen muss, damit der Einzelne sein Potenzial überhaupt entfalten kann. Umwelt und Umgebung oder – bildungstheoretisch gesprochen – die Art und Vielfalt der Auseinandersetzung mit der Welt beeinflussen die Begabungsmöglichkeiten des Menschen.

Dabei verläuft dieser Prozess nicht linear, sondern ist in Veränderung begriffen. So können die einmal entfalteten und geförderten Potenziale eines Menschen sich je nach Art und Intensität der Anregungen und Forderungen weiterentwickeln und aktiv vom Einzelnen gestaltet werden oder sich auch zurückentwickeln und verkümmern. Sie bieten in jedem Fall den (mehr oder weniger günstigen) Ausgangspunkt für weitere Lern- und Bildungsmöglichkeiten.

Bildsamkeit
In diesem Zusammenhang spielt das Verständnis der Bildsamkeit eine Rolle. Die Bildsamkeit gehört seit Johann Friedrich Herbart (1776–1841) zu den Grundbegriffen der Pädagogik, wobei Herbart nicht der Erste und Einzige war, der den Begriff verwendet hat, er hat ihn aber wohl am stärksten geprägt. Erziehungs- und Unterrichtshandlungen setzen die „Bildsamkeit des Zöglings" voraus (HERBART 1835/1841, § 1). Herbart bezeichnet damit die prinzipielle Möglichkeit, dass pädagogisches Handeln überhaupt Wirkungen erzielen kann und sieht den Erziehungsprozess – wir können Begabungsprozess hinzufügen – mit einer prinzipiellen Offenheit, Selbstbestimmungsfähigkeit und -möglichkeit verbunden. Damit wird auch allen essentialistischen Begabungsvorstellungen eine Absage erteilt, die von einem Substrat „Begabung" im Menschen ausgehen, das nur darauf wartet, entdeckt und aktiviert zu werden. Ebenso erweisen sich jene Auffassungen als zu eng, die Begabungen in Kausalzusammenhängen sehen und linear zielgerichtet in dem Sinn, dass sie bei entsprechender Förderung ausgeprägt und nach gewisser Zeit abgeschlossen vorlägen. Begabungen sind auch mehr als ein bestimmtes Merkmal, mehr als eine sogenannte Spezialbegabung oder ein Talent, das zielgerichtet zu fördern wäre und dann als konkretes Ergebnis, als sichtbare Leistung vorhanden ist.

Begabung als personale Bildungsaufgabe

In dieser Perspektive wird vielmehr angenommen, dass der Einzelne an dem, was aus seiner Begabung wird – entscheidend selbst mitwirkt. Dementsprechend zielt die Frage der Begabungs- und Begabtenförderung nicht nur auf Maßnahmen zur Förderung einzelner Fähigkeiten, sondern auf die Ermöglichung umfassender Bildung und auf den Anteil des Subjekts an diesem Prozess. Dies impliziert ein Verständnis von Subjekt und Person, in dem der Mensch nicht als abgeschlossenes Faktum gesehen wird, sondern vor der Aufgabe steht, sich an der Verwirklichung seiner Begabungen aktiv zu beteiligen. Erziehungs- und Bildungsprozesse sind vor diesem Hintergrund von der frühen Kindheit an und über die Schulzeit hinweg so zu gestalten, dass die individuell vorhandenen Potenziale gefördert werden und der Einzelne die Möglichkeit erhält, seine Begabungen zu entfalten, sich mit ihnen reflexiv auseinanderzusetzen und sie verantwortungsvoll zu gestalten.

Der Prozesscharakter von Begabung und das Werden der Person verweisen auf die Dimension der praktischen Gestaltung des menschlichen Lebens (eines je einmaligen konkreten Lebens) in Raum und Zeit. In dieser Hinsicht wird Begabung zu einer besonderen Aufgabe. Der Mensch ist aufgerufen, zum Autor seines eigenen Lebens zu werden, ist verantwortlich für seine Biografie. Mit Blick auf die Praxis ist daraus eine aktive Begabungs- und Begabtenförderung zu folgern, die von der Person des Kindes ausgeht und diese aktiv als Akteur des eigenen Begabungsprozesses unterstützt (WEIGAND 2004).

Anteil des Subjekts am Begabungsprozess

5.1.2 Modelle der Begabung und Hochbegabung

In Wissenschaft und Praxis besteht seit langem Konsens, dass außerordentliche Fähigkeiten oder eine hohe Intelligenz nicht ausreichen, damit aus einem Potenzial, aus einer möglichen Leistung eine wirkliche entsteht. Vielmehr wird Begabung zum einen als Interaktion von Anlage und Umwelt und zum anderen als ein dynamischer Prozess der Begabungsentfaltung angenommen. Dabei spielen individuelle Faktoren (Motivation, Interessen, Arbeits- und Lernstrategien, Wille und Ausdauer, Stressbewältigung, usw.) sowie Umweltfaktoren (anregendes Familien- und Klassenklima, hohe Instruktionsqualität oder kritische Lebensereignisse usw.) eine wichtige Rolle, damit Begabung in Gestalt von Leistung zutage treten kann (z.B. HELLER 2008, S. 66ff.).

Individuelle und Umweltfaktoren als Moderatoren von Begabungsentwicklung

Diese Position wird mit gewissen Variationen in allen, trotz ihres älteren Entstehungsdatums immer noch vorherrschenden multifaktoriellen Begabungs- und Hochbegabungsmodellen vertreten. Dazu gehören das (weiter unten ausgeführte) Drei-Ringe-Modell von Joseph Renzulli (vgl. RENZULLI 1986; in Abwandlung: MÖNKS 1992), das Begabungs- und Talentmodell von François Gagné (2004), das Modell von Christian Fischer (2003) oder das hierzulande weit verbreitete „Münchner Hochbegabungsmodell" von Kurt Heller, Ernst Hany und Christoph Perleth (1994). Die Wirkfaktoren im Feld der Entwicklung von (Hoch-)Begabungen und Leistungen lassen sich exem-

Multifaktorielle Begabungs- und Hochbegabungsmodelle

plarisch an dem Münchner Hochbegabungsmodell illustrieren (HELLER/PERLETH/HANY 1994).

Münchner Hochbegabungsmodell

Die Autoren gehen nicht von einer engen Begrenzung auf den akademischen Bereich aus, sondern von einer Reihe von Begabungsfaktoren, zu denen auf der einen Seite Umweltbedingungen und auf der anderen Seite sog. nicht-kognitive Persönlichkeitsmerkmale hinzukommen müssen, damit aus Begabungsfaktoren entsprechende Leistungen oder auch Leistungsexzellenz entstehen können. Hinsichtlich der Begabungsfaktoren schließen sich die Autoren an Howard GARDNER (2001) und dessen „Multiple Intelligenzen" an. Sie veranschaulichen in ihrem Modell darüber hinaus gewisse internale und externale Moderatoren, welche für die Ausprägung von Leistungen verantwortlich sind, und zeigen damit die Notwendigkeit und die Vielfalt möglicher Wechselwirkungen auf.

Begabte Kinder finden und fördern

Falsch wäre es, hierbei an eine schlichte Addition von isolierbaren Größen zu denken, nach dem formelhaften Muster: Begabungsfaktoren + Motivation + förderliche Umwelt = Leistung. Ein solcher Formalismus ist irreführend. Selbst die weit verbreitete Broschüre des Bundesministeriums für Bildung und Forschung *Begabte Kinder finden und fördern* leistet dem Vorschub, wenn darin z. B. erklärt wird: „Die musisch-künstlerische Begabung befähigt ein Kind zu Leistungen auf musischem Gebiet, wenn dem Kind entsprechende Möglichkeiten der Ausübung und Förderung geboten werden" (BUNDESMINISTERIUM FÜR BILDUNG UND FORSCHUNG 2010, S. 9). Begabung und Umweltbedingungen werden hier wie zwei künstlich in Beziehung zu setzende Welten behandelt, von denen nur die erste, die Begabung, direkt zur Leistung beiträgt, falls das äußere Arrangement dies zulässt.

Das Münchner Modell weist über die Vorstellung bloß monokausaler und additiver Modelle hinaus und besitzt eine hohe analytische Qualität, die auf jedes schulische Lern- und Förderszenario zutreffen und nicht nur speziell auf Hochbegabung angelegt werden kann. Gleichzeitig verlangt es eine kritische Betrachtungsweise. Zwei Aspekte erscheinen dabei besonders wichtig: Zum einen werden die Dynamik und Prozesshaftigkeit von Begabungsprozessen in dem Modell nicht ausreichend sichtbar und zum anderen fehlt das ICH, die Person des einzelnen Kindes und Heranwachsenden als entscheidender Akteur jedes Begabungsprozesses. Darüber hinaus werden die fehlende theoretische Fundierung und die empirische Evidenzbasierung der einzelnen Faktoren sowie auch deren Zusammenwirken kritisiert. Und schließlich ist die Anbindung an die Tradition der Intelligenztestungen kritisch zu sehen, sofern die intellektuellen Fähigkeiten ausschließlich mittels IQ-Tests erfasst werden.

Kritik am individualistischen Hochbegabungskonzept

Unter Berufung auf internationale empirische Quellen kritisieren ZIEGLER und STÖGER (2009, S. 7 ff.) die Unzulänglichkeit der traditionellen Hochbegabtenforschung sowie die Beschränktheit der herkömmlichen Förderpraxis. Sie kritisieren die Intelligenz- und Individuumorientiertheit der Begabungsforschung und bemängeln hinsichtlich der Förderpraxis, dass die Einrichtung homogener Hochbegabtenklassen und -schulen, Enrichment,

Akzeleration, Pullout-Programme, Wettbewerbs- und Stipendienkultur ausschließlich auf vermeintlich homogene Gruppen von als (hoch)begabt getesteten Schüler/innen zielen und weithin ihre Wirkung verfehlen. Diese Negativbilanz führt das Autorenteam zu dem Vorschlag eines Paradigmenwechsels: Weg von der an homogenen Gruppen und Individuen ausgerichteten Begabtenförderung hin zu einer systemisch begründeten Begabungsförderung.

Der Begabungsbegriff wird in dieser systemischen Perspektive nicht mehr analytisch in seine Einzelkomponenten zerlegt, wie es das Münchner Hochbegabtenmodell zeigt oder wie es in der herkömmlichen psychologischen Begabtendiagnostik und -förderung der Fall ist, sondern ist vielmehr als Teil eines Gesamtsystems zu betrachten. Begabungen entwickeln sich demnach in Interaktion und Interdependenz mit dem Umfeld eines Individuums, das selbst wiederum Teil des Systems ist. Hochbegabung und deren Äußerung in Leistungsexzellenz, darauf kommt es den Autoren an, sind demnach in einem komplexen Handlungsfeld verortet.

> Systemisch begründete Begabungsforschung

Der Einzelne wird – als Aktiotop – inmitten eines Handlungsfeldes gesehen und ist in Abhängigkeit von den vorfindlichen Bedingungen und Unterstützungssystemen – mehr oder weniger – in der Lage, sein Handlungsrepertoire und damit auch seine Leistungen zu entfalten (vgl. ZIEGLER 2008, S. 53 ff.). Die These ist, dass es nicht genügt, das einzelne Individuum anzuschauen, sondern dass es auch darum geht, den Einzelnen in seiner Umgebung zu sehen – ein Gedanke, den auch das Schoolwide-Enrichment-Modell von Renzulli beinhaltet.

> Aktiotop-Modell

Die systemtheoretische Perspektive konzentriert sich hier auf die Frage, wie die einzelnen Elemente des Systems (Schule, Familie, Freundesgruppen, Vereine, usw.) so interagieren, dass das System zur Förderung des Einzelnen beitragen kann, sowie umgekehrt der Einzelne zur Funktionsweise des Systems beiträgt.

Beide Perspektiven, sowohl die traditionelle Begabtenforschung und -förderung als auch der systemische Ansatz, führen auf dem Weg zu einem pädagogischen Begabungsbegriff nur bedingt weiter. Die Hochbegabtenforschung und die daraus abgeleitete Praxis haben sich häufig einseitig auf Testungen gestützt und daraus für die ausgewählten Individuen und Gruppen entsprechende Fördermaßnahmen abgeleitet. Sie nehmen also die Heranwachsenden nur in einem Ausschnitt ihrer Persönlichkeit sowie auch nur einen Ausschnitt der Heranwachsenden überhaupt wahr.

> Einseitigkeiten der individuellen und systemischen Förderkonzepte

Die systemtheoretische Sichtweise vermag demgegenüber zwar zu einem gesellschaftskritischen Blick zu verhelfen, indem sie das Schulsystem als Teil des Gesellschaftssystems beschreibt, und darin Lehrer und Schüler als Teile dieses Systems, in dem, wie Luhmann kritisiert, „Lernende als Trivialmaschinen behandelt werden" (LUHMANN 2004, S. 35 ff.). Auch zeigt die Systemtheorie die Notwendigkeit auf, den Einzelnen im Kontext seiner Umwelt zu sehen. Gleichzeitig blendet sie die bildungstheoretische Sicht des Begabungsbegriffs aus. In der Systemtheorie sind weder Schüler noch Lehrpersonen Subjekte des Systems, vielmehr ist das System im Fokus und die Menschen sind darin einzelne Elemente neben anderen Elementen.

5.1.3 Intelligenz und „Intelligenzen"

Hochbegabung versus Intelligenz

Die enge Anbindung von Hochbegabung an die Intelligenz wird im internationalen Wissenschaftsdiskurs mit Ausnahme einiger weniger Positionen nicht mehr vertreten. Auffassungen, wonach ein hochbegabtes Kind geradezu als „Kurzbegriff für ein Kind mit hohem Intelligenzquotienten" (TORRANCE 1982, S. 44) galt, sind demnach überholt. Dennoch werden hierzulande sowohl in der Alltagssprache als auch in bildungs- und schulpolitischen Zusammenhängen sowie in einschlägigen Publikationen Intelligenz und Hochbegabung nicht selten synonym verwendet.

Wissenschaftlich sind die beiden Begriffe klar zu unterscheiden. Während Hochbegabung vielfach als ein „wenig präzises Konzept" (ROST/SCHILLING 2006, S. 233) angesehen wird, wird die Intelligenz als „das wahrscheinlich am besten beforschte Konstrukt innerhalb der Psychologie" (BERGER/SCHNEIDER 2011, S. 36) dargestellt. Intelligenz ist ein Konstrukt, „d.h. ein von Wissenschaftlern geprägter Begriff zur Beschreibung kognitiver Fähigkeiten, die nicht direkt beobachtbar sind, sondern nur aus bestimmten Anzeichen erschlossen werden können" (INGENKAMP 1989). Perspektiven der Intelligenzforschung finden sich bei STERN/GUTHKE (2001), Übersichten zu „Fakten und Mythen" der Intelligenzforschung bei ROST (2009), FUNKE/VATERRODT (2009) und STERNBERG (2003).

Psychometrische Intelligenzdefinition

IQ-Wert als Richtmaß

Gleichwohl hält sich bei manchen Autoren die Auffassung, wonach Hochbegabung auf hohe kognitive Intelligenz zurückgeführt und psychometrisch gemessen werden könne. Danach gelten solche Personen als hochbegabt, deren IQ den Wert 130 (– die besten 2 % der Normgruppe) bzw. 140 (= die besten 1% der Normgruppe) Punkten übersteigt. Der IQ-Wert wird hier als ein Richtmaß von Hochbegabung betrachtet. Begründet wird diese Auffassung nicht zuletzt, wie bei Detlev Rost, mit der Möglichkeit einer klaren quantifizierbaren Abgrenzung: „Im Gegensatz zu diesen Beliebigkeiten in der Verwendung des Begabungsbegriffs ist der Zusatz ‚hoch‘ geradezu eindeutig, da er sich auf eine quantitativ hinreichend weit vom Mittelwert entfernt liegende, hohe Ausprägung des zu spezifizierenden Merkmals ‚Begabung‘ bezieht" (ROST 2009, S. 162). Folgt man dieser streng psychometrischen Auffassung, so lässt sich Hochbegabung eindeutig als hohe Testintelligenz (eines individuellen Testwerts im Vergleich zu einer repräsentativen Vergleichsgruppe) definieren. Gleichwohl entsprechen solche Positionen, die Hochbegabung als allgemeine intellektuelle Leistungsfähigkeit definieren, also eine Übereinstimmung von intellektueller (Hoch-)Begabung und (allgemeiner) hoher Intelligenz annehmen, nicht mehr dem aktuellen Forschungsstand.

Intelligenz als Teilbereich von Begabung

Intelligenz als kognitives Potenzial

So vertreten einige Autoren die Sichtweise, „dass beide Begriffe (Intelligenz und Begabung) als Potenzial eines Menschen" bezeichnet werden können: „Während Begabung als eine Art Oberbegriff für das Potenzial in verschiedenen Bereichen oder Domänen (z.B. auch im sozialen, künstlerischen oder sportlichen Bereich) betrachtet werden kann, bezieht sich Intelligenz ganz eindeutig auf das kognitive Potenzial eines Menschen" (NEUBAUER/ STERN 2009, S. 244). Intelligenz wäre demnach ein Teilbereich von Begabung. Zu diesem Schluss kommt auch die iPEGE-Expertengruppe:

> „Als Begabung wird ... das Leistungsvermögen insgesamt bezeichnet. ... Spezieller ist mit Begabung der jeweils individuelle Entwicklungsstand der leistungsbezogenen Potenziale gemeint, also jener Voraussetzungen, die bei entsprechender Disposition und langfristiger, systematischer Anregung, Begleitung und Förderung das Individuum in die Lage versetzen, sinnorientiert und verantwortungsvoll zu handeln…"
> (iPEGE 2009, S. 17).

Und zur Intelligenz heißt es:

> „Zu den leistungsbezogenen Merkmalen eines Individuums gehört die Intelligenz, verstanden als allgemeine Denk- und Lernfähigkeit – mit unterschiedlichen individuellen Ausprägungen … Die genaue ‚Natur' der Intelligenz ist unklar; jedenfalls wird Intelligenz durch die Geschwindigkeit, Sicherheit, Effektivität und Effizienz mentaler Tätigkeiten definiert. Sie lässt sich durch standardisierte Tests relativ präzise erfassen und ist für schulische wie berufliche Leistungen bedeutsam"
> (iPEGE 2009, S. 18).

In dieser Richtung argumentieren Experten der Begabungsforschung seit geraumer Zeit. So hat der Münchner Psychologe und Begabungsforscher Franz Weinert (2000) nachgewiesen, dass die einseitige Orientierung an der Intelligenz die Hochbegabung nur unzulänglich erfasst. Seine Untersuchungen zeigen, dass herausragende kognitive Leistungen nicht nur gute Denkfähigkeiten, sondern auch ein reichhaltiges, komplexes Wissen erfordern. Danach komme es nach dem „Matthäus-Prinzip" („Wer hat, dem wird gegeben") nicht nur auf einen kognitiven Ausgangswert an, sondern auf eine Vielzahl an Faktoren, um gute Leistungen zu erbringen. Dazu zählen etwa Vorwissen, Qualität und Quantität der Informationsverarbeitung, Schnelligkeit und Abstraktionsniveau, Transformations- und Gedächtnisleistungen. Und er kommt zu dem Schluss, dass es einfache theoretische Modelle, aus denen sich eindeutige Folgerungen für das praktische Handeln ableiten lassen, nicht gibt. Dies dürfte auch auf die generelle Frage nach einer allgemeingültigen Bestimmung dessen, was Hochbegabung „wirklich" ist, zutreffen.

„Matthäus-Prinzip"

Erweiterte „Intelligenz"-Konzepte

Parallel zur Intelligenzforschung haben sich in den letzten Jahrzehnten Positionen gebildet, die einen erweiterten Intelligenzbegriff beinhalten (vgl. GARDNER 2003; STERNBERG et al. 2003; HELLER et al. 2000/2002). Gemeinsam ist ihnen die Kritik an der einseitig kognitiven Ausrichtung bisheriger Intelligenztheorien. Sie plädieren demgegenüber für weitere „Intelligenzen" oder Begabungsdomänen, etwa soziale und emotionale, und deren aufgaben- oder bereichsspezifische Betrachtung. Sie treffen sich mit jenen kritischen Stimmen aus der Soziologie, die gegenüber den üblichen Verfahren zur In-

Kritik an Intelligenzmessung

telligenzmessung einwenden, dass sich in ihnen „die kognitive Kompetenz und soziale Umwelt der mittleren und oberen Mittelschicht niedergeschlagen" habe und sie eine Form subtiler Diskriminierung all jener Menschen beinhalteten, in deren Sozialisation die kognitiven Fertigkeiten nicht vorkommen, auf die Intelligenztests abzielen (ILLOUZ 2011, S. 340f.)

Von manchen Intelligenzforschern werden die erweiterten Intelligenzauffassungen als „‚alternative' modernistische Konzepte" bezeichnet, die „unverdientermaßen ... eine hohe Popularität" genießen (ROST 2009, S. VII) und zu einer „Verwässerung und fast uferlosen Ausweitung" des Intelligenzkonzepts beigetragen hätten (ROST 2009, S. 16). In anderen wissenschaftlichen Kreisen sowie in schulischen und außerschulischen Zusammenhängen werden die Konzepte jedoch aufgegriffen, da sie sich von der Intelligenzmessung als Gradmesser für pädagogisches Handeln verabschiedet haben und zahlreiche weitere Faktoren (s. als Beispiel das SEM-Modell, Kap. 3) als die der kognitiven Intelligenz in den Blick nehmen.

Howard Gardner: Abschied vom IQ — Ein umfassendes Konzept sog. „multipler Intelligenzen" hat Howard Gardner vorgelegt. Der amerikanische Psychologe wendet sich in seinem Buch *Frames of Mind. The Theory of Multiple Intelligences* (GARDNER 1983; *Abschied vom IQ* 2001) gegen den einseitig auf abstrakte, kognitive Leistungsfähigkeit reduzierten Intelligenzbegriff und kritisiert ein Verständnis, welches den Menschen vom Abschneiden in Intelligenztests oder schulischen Leistungstests abhängig macht. Gardner erweitert deshalb den Begriff und definiert Intelligenz als „Fähigkeit, Probleme zu lösen oder neue Produkte zu schaffen, die in einem oder in mehreren kulturellen Zusammenhängen wertgeschätzt werden" (GARDNER 1983, S. 11).

Um seine „Theorie der vielfachen Intelligenzen" zu stützen, greift er auf unterschiedliche Quellen zurück. Neben der Psychologie sind nach seinen Angaben weitere Disziplinen beteiligt, wie die Neurobiologie, Soziologie, Ethnologie, Geistes- und Kunstgeschichte, aber auch Ergebnisse aus der Psychometrie, Fallstudien von herausragenden Persönlichkeiten, von sogenannten Savants (Menschen mit Inselbegabungen) oder Beschreibungen von Wunderkindern. Nicht zuletzt beruft er sich auf biografische Erfahrungen.

„Vielfache Intelligenzen" — In seinem Werk *Intelligence Reframed. Multiple Intelligences for the 21st Century* (1999) entwickelt Gardner sieben Intelligenzen, die er in der Folgezeit um weitere Fähigkeiten erweitert. Dabei handelt es sich um die Bereiche der „sprachlichen" (linguistic), logisch-mathematischen (logical-mathematical), visuell-räumlichen (spatial), körperlich-kinästhetischen (bodily-kinesthetic), musikalischen (musical), intrapersonalen (intrapersonal) sowie interpersonalen Intelligenz (interpersonal intelligence).

Weitere „Intelligenzen" — Als weitere „Intelligenzen" hat Gardner die ökologische (naturalistic), spirituelle (spiritual) und existentielle Intelligenz (existential intelligence) oder Lebensintelligenz entwickelt (vgl. GARDNER 2002, S. 63ff.). Dabei stellt er, die Kritik an der Wissenschaftlichkeit seiner Überlegungen vorwegnehmend, „den Lesern frei, (seine) Kriterien zu prüfen und zu entscheiden" (ebd., S. 85), ob von diesen und gegebenenfalls weiteren Intelligenzen gesprochen werden kann. Bei der „naturalistic intelligence" handelt es sich um eine hohe Sensibilität für ökologische und geologische Fragen und Zusammenhänge, wohingegen „spiritual" und „existential intelligence" eine besondere Fähigkeit für philosophisches Fragen oder auch religiöse, mystische und transzendentale Dimensionen beinhalten.

In seinem Buch *Five Minds for the Future* (2007) beschreibt er schließlich die fünf im deutschsprachigen Raum ebenfalls als „Intelligenzen" bezeichneten „minds", die seiner Ansicht nach für das 21. Jahrhundert entscheidend sein werden. Es handelt sich um Fähigkeiten, Einstellungen und Haltungen, „die wir beherrschen müssen, … um zu überleben" (GARDNER 2008). Es sind dies die strukturierende, die synthetisierende, die kreative, die respektvolle und die ethische „Intelligenz" (disciplined, synthesizing, creative, respectful, ethical mind).

„Five Minds for the Future"

Trotz oder auch wegen seines geradezu spektakulären Bekanntheitsgrades gibt es eine Reihe von Kritikern, die vor allem die fehlende Wissenschaftlichkeit seiner Überlegungen anmahnen und die bemängeln, dass seine Intelligenzen nicht oder zu wenig aus empirischer Forschung hervorgingen bzw. durch diese abgesichert seien. Der weltweite Zuspruch gerade in bildungspolitischen und schulischen Kreisen im Hinblick auf seine Forderungen scheint Gardner trotz aller Kritik allerdings Recht zu geben. Dem kann man wohl zustimmen, sofern es um die Gestaltung des gesellschaftlichen Zusammenlebens und die Verantwortung für eine lebenswerte Gegenwart und Zukunft geht, deren Verwirklichung auf die vielfachen „Intelligenzen" der Menschen, einhergehend mit ethischen Einstellungen und Geisteshaltungen („minds"), angewiesen ist.

Ein zumindest anfänglich eher in die neoliberale Richtung tendierender Ansatz einer alternativen Intelligenzkonzeption geht auf den amerikanischen Psychologen Robert Sternberg zurück. Sternberg zeigt, dass Erfolg im Leben intelligentes Handeln auf vielen Ebenen voraussetzt. Intelligenz sei mehr als EQ plus IQ (Emotionaler plus Intelligenzquotient) – nach seiner Auffassung kommt es letztlich auf die „Erfolgsintelligenz" an.

Robert Sternbergs Erfolgsintelligenz

Bei der Erfolgsintelligenz handelt es sich um ein triarchisches Intelligenzmodell, das aus einer Kombination von analytischer, kreativer und praktischer Intelligenz besteht. Sternberg macht darin deutlich, dass Erfolg nicht allein auf intellektuelle Tätigkeiten zurückzuführen ist, sondern sich auch über die Anerkennung in einer Gesellschaft definiert. „Erfolgsintelligenz heißt jedoch, zum richtigen Zeitpunkt auf alle drei Formen zurückgreifen zu können – ein Problem zu analysieren, eine kreative Lösung zu entwickeln und diese schließlich in eine praktikable zu verwandeln" (STERNBERG 1998, S. 157).

Seine triarchische Intelligenztheorie beruht auf den drei Annahmen: Erstens lebt jeder Mensch in einer spezifischen Kultur und verfügt somit über eine kulturspezifische Intelligenz. Diese ermöglicht es ihm, sich an bestehende Umgebungen anzupassen, soziale Kontakte zu knüpfen und sich in einer Gesellschaft zu entfalten. Somit ist Intelligenz stets an den soziokulturellen Kontext eines Individuums gebunden (Kontext-Subtheorie) (STERNBERG/GRIGORENKO 2005; vgl. PHILIPPSON/MCCANN 2007, S. X). Zum Zweiten geht der Autor davon aus, dass intelligentes Verhalten zwei Fähigkeitsaspekte erfordert (Zwei-Facetten-Theorie): einmal mentale Fähigkeiten (z.B. Problemlösestrategien) und zudem automatisierte Handlungsketten (z.B. das Einmaleins in der Mathematik). Und zum Dritten unterscheidet

Sternberg drei Komponenten von kognitiven Prozessen, die er als analytische Intelligenz bezeichnet (Komponententheorie): Dazu zählen Wissenserwerbs-, Performanz- und metakognitive Komponenten. Diejenigen Menschen, die diese Fähigkeiten beherrschen, sind nach Ansicht von Sternberg in der Lage, in ihrem jeweiligen Umfeld allgemein anerkannte Ziele zu erreichen und somit erfolgreich zu sein.

„WICS"-Modell   Eine Weiterentwicklung seiner Überlegungen bietet Sternberg mit seinem „WICS"-Modell an. Die Abkürzung steht für Wisdom, Intelligence, Creativity Synthetisised (STERNBERG 2003). Sternberg geht hier davon aus, dass begabte Erwachsene in der Regel Führungspositionen in ihren Domänen einnehmen und dafür neben einer differenzierten Intelligenzausprägung die Fähigkeit benötigen, kreative Ideen zu generieren, sowie insbesondere die „Weisheit", sich zu vergewissern, dass die Entscheidungen und deren Umsetzung dem Allgemeinwohl und allen Beteiligten zum Vorteil gereichen.

Bei aller Kritik an beiden Ansätzen lässt sich folgern, dass Gardner und Sternberg über die Intelligenzforschung hinaus sowohl auf der Ebene der Begabungskonzeptionen als auch hinsichtlich schulpraktischer und didaktischer Fragen der Begabungsförderung neue Impulse gegeben haben. Sie befinden sich in einem Umfeld, in das weitere, insbesondere US-amerikanische Wissenschaftler/innen wie Mihaly CSIKSZENTMIHALYI (1996) oder Ellen WINNER (1996) gehören (vgl. Abschnitt 6.7).

5.2 Initiativen und Förderprogramme

Obwohl die Ausdrücke „hochbegabt" und „Hochbegabung" bereits am Ende des 19. Jahrhunderts in den Quellen auftauchen, gewinnt das Konzept in den letzten beiden Jahrzehnten des 20. Jahrhunderts eine eigene Dynamik und neue Bedeutung. Es stößt auf ein zunehmendes öffentliches Interesse und findet seinen Niederschlag in überwiegend psychologischen Forschungen sowie in schulischen und außerschulischen Fördermaßnahmen und Spezialprogrammen für hochbegabte Kinder und Heranwachsende. Mit dem Entstehen spezifischer Theorie- und Praxiskonzepte scheint der Hochbegabungsbegriff eine eigene Dignität zu gewinnen.

5.2.1 Hochbegabung: Die ersten beiden Phasen der Expansion

Betrachtet man die Phasen der Expansion der Hochbegabung in der Bundesrepublik Deutschland für die Zeit ab 1950, so lassen sich nach HEINBOKEL (2001), gemessen an den einschlägigen Publikationen in Zeitschriften, Zeitungen und Büchern, im Wesentlichen drei Zeitabschnitte unterscheiden, die bis in die aktuelle Gegenwart durch eine vierte und gar fünfte ergänzt werden können. In einer ersten Phase (von 1950 bis 1977) war Hochbegabung kein Thema, weder in der Forschung und in der Lehrer(weiter)bildung noch im schulischen Alltag. Bis auf wenige Titel wurde bis in die 1980er Jahre hinein nichts über Hochbegabung publiziert.

Bildungs- und   Kurt Hellers Buchtitel Von der Aktivierung der Begabungsreserven zur
Begabungsreserven   Hochbegabtenförderung (2008) weist programmatisch auf die Entwicklung

der Begabungs- und Hochbegabungsdiskussion der letzten Jahrzehnte. Bereits in den 1960er Jahren gab es zwar – in Folge des Sputnikschocks und der Proklamierung der „deutschen Bildungskatastrophe" durch Georg Picht – Anstrengungen, sogenannte „Begabungs- bzw. Bildungsreserven" zu mobilisieren. Die bildungspolitische Diskussion der 1970er wurde jedoch vornehmlich durch Fragen der Breitenförderung bestimmt und reiht sich in die Perspektive des Deutschen Ausschusses für das Erziehungs- und Bildungswesen, der in seinem „Rahmenplan zur Umgestaltung und Vereinheitlichung des allgemeinbildenden öffentlichen Schulwesens" von 1959 empfahl, der „Schulaufbau" müsse „gestatten, alle kindlichen Begabungen zu wecken und sie nach Art und Grad auch an anspruchsvolleren Aufgaben zu erproben" (zit. n. MICHAEL/SCHEPP 1974, S. 376).

In der zweiten Phase (1978–1985) begann allmählich die Auseinandersetzung mit der „Hochbegabung". Erste Schulen, wie die Christophorusschule in Braunschweig, nahmen sich hochbegabter Kinder an, die Deutsche Gesellschaft für das hochbegabte Kind e.V. (DGhK) wurde 1978 gegründet. Der vom Stifterband für die Deutsche Wissenschaft (zunächst unter der Bezeichnung „Modellversuche im Bildungswesen") ins Leben gerufene Verein „Bildung und Begabung" wurde zur Durchführung von Schülerleistungswettbewerben, die noch heute als Bundeswettbewerbe in Mathematik und Fremdsprachen bestehen, etabliert. Dabei ging (und geht) es vorrangig um Leistungsanreize für leistungsstarke Schülerinnen und Schüler, um „Spitzenförderung auf der Grundlage der Breitenförderung" (Rasch in: WEINERT/WAGNER 1987, S. 9). Der Gedanke der Förderung von hochbegabten Kindern, der mit der zeitgenössischen Vorstellung einer ‚Elitebildung' auf Kosten der Breitenbildung einherging, war Anfang der 1980er Jahre allerdings noch kaum vermittelbar.

Verein „Bildung und Begabung"

Hochbegabung: Die weiteren Phasen

Die eigentliche Initialzündung und damit der Durchbruch einer ausgesprochenen Hochbegabtenförderung im deutschsprachigen Europa (dritte Phase) erfolgten 1985 mit dem 6. Weltkongress des World Council for Gifted and Talented Children in Hamburg, der von politischer Seite als herausragendes bildungspolitisches Ereignis gewürdigt wurde. Ab diesem Zeitpunkt wurde das Thema Hochbegabung allmählich in der Öffentlichkeit präsent und schien sich von der Vorstellung einer negativ besetzten Elitebildung und der Kritik an einer Privilegierung ohnehin schon bevorteilter Kinder und Jugendlichen zu lösen.

Initialzündung und Ausbreitung

Nationale und internationale Elternvereinigungen formierten sich und setzten sich für Hochbegabtenförderprogramme ein, die Politik begann sich dem Thema anzunehmen, Forschungsprojekte wurden initiiert. Initiativen zur Erkennung und Förderung besonders begabter und hochbegabter Kinder, Jugendlicher und Studierender fanden seit den 1980er Jahren in Politik und Öffentlichkeit breitere Zustimmung. In einzelnen Bundesländern wurden nach und nach Spezialklassen und Schulen eingerichtet sowie eine zunehmend größere Bandbreite an Möglichkeiten der Förderung etabliert. Im Zentrum stehen dabei nach wie vor Formen der Akzeleration (alle Formen

Elternvereinigungen

der Beschleunigung schulischer Lernwege oder auch einzelner Fächer, wie z.B. vorzeitige Einschulung, das Überspringen von Klassen oder das beschleunigte Unterrichten ganzer Klassen bei gleichzeitiger Konzentration des Curriculums – „Compacting") und des Enrichments (schulische und außerschulische Formen der Lernanreicherung, Bereicherung und Vertiefung, wie etwa Arbeitsgemeinschaften, Pluskurse, Wettbewerbe, Sommerkurse und Schülerakademien), die sich über die Jahre zu einer eigenständigen Förderkultur etabliert haben (Zu empirischen Forschungsergebnissen siehe VOCK et al. 2007; STUMPF 2012). Zudem widmen sich zahlreiche Stiftungen und Förderwerke dem Thema Begabung und Hochbegabung sowie deren Förderung (vgl. GROSCH 2011).

Stabilisierung oder Wende? Den drei Phasen von Heinbokel lassen sich eine vierte und gegenwärtig gar fünfte Phase hinzufügen. Als vierte Phase lässt sich die Zeit ab dem neuen Jahrtausend kennzeichnen. Diese ist – nicht zuletzt durch das mittlere Abschneiden der Schüler/innen bei den internationalen Schulleistungsstudien einerseits und die offensiveren Diskussionen in Bezug auf Elitebildung und Exzellenz andererseits (HELSPER 2009) – durch einen regelrechten Schub von Publikationen, Medienberichten, Diskussionen und der Etablierung neuer Fördermaßnahmen insbesondere zur Hochbegabtenförderung (z.B. Einrichtung von Hochbegabtenschulen, Begabtenklassen oder spezifischen Modellklassen an Gymnasien) gekennzeichnet.

Dagegen scheint sich derzeit, und das markiert die fünfte Phase, eine Wende abzuzeichnen, die nicht zuletzt aus dem Einfluss der internationalen Diskussion um *Gifted Education* resultiert (vgl. STERNBERG/LAUTREY/LUBART 2003). Diese Wende geht zum einen einher mit einem Nachlassen des Stellenwerts der Intelligenzmessung sowie einer erhöhten Aufmerksamkeit in Bezug auf eine breite Begabungsdiagnostik und -förderung. Auch die Begrifflichkeiten verändern sich. Mehr und mehr wird der Hochbegabungsbegriff wieder zurückgenommen zugunsten des Begabungs-, Fähigkeits-, Potenzial- oder auch Leistungsbegriffs.

Differenzierung der Begabungs- und Begabtenförderung

Integrativ oder inklusiv? Zwar gibt es weiterhin Anstrengungen zur Förderung bei Hochbegabung (STUMPF 2012), sei es in separierten oder integrierten Formen. Doch gewinnt gleichzeitig die Diskussion um eine integrative oder gar inklusive – systemintern durchaus höchst differenzierte – Begabungsförderung für alle Kinder an Bedeutung. Der bereits zitierte Franz Weinert hat in dieser Richtung vor Längerem argumentiert und sich für eine differenzierte Förderung ausgesprochen, man kann hinzufügen, gleich welcher Schulart, Schule oder anderen pädagogischen Einrichtung. Denn:

> „Wir wissen in der Regel nicht, ob es vorgegebene Begabungsschwerpunkte, ob es spontane Neigungen oder ob es extrem provozierte Interessen sind, die den einen zum sprachlich-ästhetischen Ausdruck, die andere zum mathematischen Grübeln, den dritten zum naturwissenschaftlichen Experimentieren und eine vierte zur Welt der Technik hinzieht. Begabung, Motivation, die Erfahrung eigener Leistung und die damit verbundene Anerkennung durch andere, stehen in einer dynami-

schen Wechselwirkung, schaukeln sich gegenseitig auf, verstärken sich und führen mittelfristig zu intelligenten ExpertInnen.

Unter diesen Umständen wäre es entwicklungspsychologisch, bildungspolitisch und individualpädagogisch völlig verfehlt, sich bei der Begabungsförderung auf eine kleine, rigide definierte Gruppe von hochintelligenten Kindern mit einem bestimmten IQ zu beschränken." (WEINERT 2001, S. 21).

Gegenwärtig ist die Begabungs- und Begabtenförderung in allen deutschen Bundesländern bildungspolitisch auf der Tagesordnung, wenn auch mit unterschiedlichen Akzenten und Ausprägungen sowie mit ungleich langer Tradition. In manchen Bundesländern reichen Fördermaßnahmen bis in die 1980er Jahre zurück, in anderen werden erst in den letzten Jahren gezielte Anstrengungen unternommen.

Gegenwärtige Situation

Wenn die Förderung von Hochbegabung gegenwärtig hinter die Begabungsförderung zurücktritt, so handelt es sich jedoch nicht um eine bloße Rückkehr zur Bevorzugung einer Breitenförderung der 1970er und 1980er Jahre. Ansätze zur Differenzierung und Individualisierung in (nicht nur kognitiv) anregenden schulischen Lernumwelten weisen einen, noch ausbaufähigen, Weg in Richtung einer individuellen und personalisierten Förderung aller Kinder und Jugendlicher, auch der hochbegabten.

Forschungsmäßig profitiert die Begabungs- und Begabtenförderung von der breiten Schul- und Unterrichtsforschung sowie der Lehr-Lernforschung, wobei weitere, insbesondere qualitative erziehungswissenschaftliche Forschungen, die etwa die Perspektive der Kinder und Jugendlichen untersuchen, erst am Anfang stehen (vgl. dazu HAUBL 2012; HOYER 2011; 2012b).

5.3 Heterogenität und Diversität

Der Begriff der Heterogenität dient zur Beschreibung der Zusammensetzung der Bevölkerung moderner Gesellschaften und bezeichnet die Vielfalt von Identitäten, Unterschieden und Zugehörigkeiten. Die begriffliche Unterscheidung zwischen Heterogenität und Diversität beruht auf unterschiedlichen Schwerpunktsetzungen. Während Heterogenität auf die Verschiedenheit der Lerngruppe gerichtet ist, bezieht sich Diversität auf die gesellschaftlichen und sozialen Hintergründe der Lernenden. Demzufolge ist die Thematik der Heterogenität und Diversität sowohl in Bezug auf Differenz wie auf Ungleichheit relevant (vgl. MESSERSCHMIDT 2005).

In pädagogischen Kontexten wird vielfach von einer heterogenen Schülerschaft ausgegangen und die Wechselwirkung zwischen individueller Vielfalt der Kinder und gesellschaftlicher Vielschichtigkeit ihrer Lebenswelten in den Blick genommen. Diversität betont hier – über Heterogenität hinausführend – die Mannigfaltigkeit der Schüler/innenpopulation aufgrund ihrer Zugehörigkeit zu unterschiedlichen Bevölkerungsgruppen und soziologischen Subkulturen innerhalb einer Gesellschaft. Dies umfasst kulturelle, ethnische und religiöse, soziale und ökonomische Unterschiede. Die Zugehörigkeit zu bestimmten sozio-kulturellen Milieus mit deren Sprachcodes, Weltsich-

Individuelle Vielfalt und gesellschaftliche Vielschichtigkeit

ten und Habitusformen prägt die Verschiedenartigkeit der Lernenden ebenso wie die pluralen, beruflichen und sozialen Lebenswirklichkeiten und Lebensentwürfe ihrer Familien (BOURDIEU 1987; BREMER 2007).

Die derzeit in schulischen und gesellschaftlichen Kontexten viel diskutierte Thematik der Heterogenität und Diversität hat im Rahmen der Begabungsforschung und -förderung eine besondere Bedeutung. Zum einen geht es hinsichtlich des Umgangs mit heterogenen Gruppen insbesondere um die Frage von begabungsgerechten lern- und leistungsdifferenten Unterrichts- und Schulformen. Zum Zweiten und darüber hinaus wird der Blick darauf gelenkt, das geltende Selbstverständnis der Begabungsforschung und -förderung im Hinblick auf die Frage sozialer Zugehörigkeiten und Gleichheiten kritisch zu prüfen. In der Konsequenz ergeben sich daraus nicht nur unterrichtsinterne, die Lehr- und Lernprozesse betreffenden Veränderungen, sondern auch Auswirkungen auf der Ebene der Institution in Richtung einer sich konstituierenden Schule der Vielfalt.

5.3.1 Heterogenität versus Homogenität

Lern- und Leistungs-gruppierungen

In der Begabungsdiskussion wird der Begriff der Heterogenität insbesondere zur Beschreibung unterschiedlicher Fähigkeits-, Lern- und Leistungsgruppierungen verwendet. Dabei geht man von Unterschieden vor allem in den Bereichen Wissensbasis, Motivation und Metakognition (WELLENREUTER 2005, S. 14ff.) und weiteren Faktoren aus. Demnach verfügen die Schüler/innen einer Klasse in bestimmten Wissensbereichen, oft einhergehend mit einem sog. bildungsnahen oder bildungsferneren Familienhintergrund, über unterschiedliche Vorerfahrungen und unterschiedliches Vorwissen. Sie unterscheiden sich ferner darin, wie viele Informationen sie in welcher Zeit aufzunehmen und zu verarbeiten vermögen und wie effizient sie neue Informationen in ihr bisheriges Wissen integrieren können. Zusätzlich lassen unterschiedliche Aufgabenbezogenheit, Motivation oder (Miss-)Erfolgserfahrungen sowie weitere motivationsbedingende Faktoren wie etwa Prüfungsangst die Lernenden unterschiedlich agieren. Und schließlich sind auch Unterschiede festzustellen in den Lernstrategien und Verfahrensweisen der Problembearbeitung, die den Lernenden zur Verfügung stehen, sowie in deren metakognitiven Fähigkeiten, ihr eigenes Lernen und Handeln zu reflektieren.

Homogene versus heterogene Lerngruppen

Hinsichtlich der optimalen individuellen Förderung und Leistungseffizienz zeigen empirische Untersuchungen widerstreitende Ergebnisse. So betonen manche Studien, dass eine Förderung leistungsstarker Kinder am ehesten in leistungshomogenen Klassen gelingt (vgl. HELLER 2008). Dagegen besagen andere Untersuchungen, dass diese sowohl vom Unterricht in leistungshomogenen Klassen wie von Leistungsdifferenzierungen profitieren. Für beides, für eine homogene wie für eine separierte Beschulung gibt es also empirische Nachweise. Die Entscheidung darüber, welche Formen schulpraktisch letztendlich umgesetzt werden, hängt demnach von anderen Faktoren ab, wie etwa von bildungspolitischen und pädagogischen Überzeugungen, von schulischen Konzepten und Zielvorstellungen. Ähnlich widersprüchliche Ergebnisse liegen zu leistungsschwächeren Schülerinnen und Schülern vor. Während Studien teilweise bescheinigen, dass diese stärker von Differenzierungen profitieren als wenn sie in den für homogen gehaltenen Settings unterrichtet werden, belegen die PISA-Untersuchungen für leistungsschwächere Kinder entweder keine oder aber negative Effekte in differenten Lerngruppen (vgl. BAUMERT/STANAT/WATERMANN 2006, S. 103).

Vor dem Hintergrund bestehender Lern- und Leistungsunterschiede von Kindern und Jugendlichen lassen sich unterschiedliche Traditionen bezüglich des Umgangs mit heterogenen Gruppen ausmachen. Während in zahlreichen internationalen Schulsystemen der Heterogenität der Schüler/innen in inklusiven Beschulungen entsprochen wird, setzt das deutsche Schulsystem noch weithin auf die Selektionspraxis und auf möglichst homogene Lern- und Leistungsgruppen durch Aufrechterhaltung eines mehrgliedrigen Systems (vgl. TILLMANN 2008).

Institutionell ist der Gegenbegriff zu Heterogenität nicht soziale Gleichheit, sondern Homogenität. Das in der Begabungsdiskussion mittlerweile klassische Postulat, der „Verschiedenheit der Köpfe" (J.F. Herbart, W. v. Humboldt) Rechnung zu tragen, zeigt seit Beginn des 19. Jahrhunderts die Ambivalenzen zwischen individueller Förderung des Einzelnen und der Beschulung der Massen. Jahrgangsklassen und separierte Schulzweige ab der Sekundarstufe sind bis heute Ausdruck von Homogenisierungsbestrebungen.

Institutionelle Traditionen

Neuerdings hat die Heterogenitätsdebatte den Blick gelenkt auf diese „Homogenitäts-Sehnsucht" (TILLMANN 2010, S. 18) und dabei kritisch die Auslesepraxis im deutschen Schulsystem herausgestellt. Gleichwohl ist die Situation ambivalent. Einerseits verhindert die Institution Schule in Deutschland traditionsgemäß die Heterogenität der Schülerschaft durch Verteilung der Schüler/innen nach der Grundschule in unterschiedliche Schulen der Sekundarstufe und durch Zuweisung in spezifische Sonderschulen. Andererseits widerspricht die Mehrgliedrigkeit des Schulsystems geradezu der Homogenitätsannahme, da die Argumentation für Mehrgliedrigkeit auf die zielgruppenspezifische Beschulung für eine jeweils spezifische Schülerklientel verweist (vgl. WENNING 2004). So werden die verschiedenen Schularten nicht selten mit Begabungsunterschieden unter den Schüler/innen gerechtfertigt und es wird angestrebt, zwecks individuell adäquater Beschulung möglichst homogen aufgestellte Klassen und Schulen zu bilden. Übersehen wird dabei, dass Faktoren wie soziale Herkunft und familiäre Bildungsnähe oder -ferne eine maßgebliche Rolle bei der Aufnahme bzw. Zuteilung spielen können.

„Homogenitäts-Sehnsucht"

Für die gängige Hochbegabungsforschung, die sich am Intelligenzquotienten orientiert, hat Margit Stamm herausgestellt, dass Begabung hauptsächlich mit akademischen Bildungsgängen verbunden wird, währenddessen selbst die berufliche Begabung vernachlässigt werde. Nach einer Schweizer Längsschnittstudie zu den Ausbildungsverläufen besonders befähigter Jugendlicher im Berufsbildungssystem kommt sie zu dem Schluss, dass zwar „der Anteil an Lehrlingen, die einen IQ von =130 aufweisen und damit gemäß dem gängigen Kriterium der allgemeinen Begabungsforschung als ‚hoch begabt' zu bezeichnen sind, … erwartungsgemäß gering" sei. Dennoch legitimiere „dieser Befund eine stärkere Konzentration auf die Berufsbegabungsforschung" (STAMM 2006, S. 127; 2007).

Berufliche Begabung

Partizipation und
gesellschaftliche
Teilhabe

Von daher ist die grundsätzliche Frage nach dem Ausmaß von Partizipation und gesellschaftlicher Teilhabe in der Begabungsförderung zu stellen. Diese Frage ist primär eine gesellschaftliche und erst sekundär eine pädagogische. Denn die Schule ist in der Regel eine Institution und in gewisser Weise auch ein Abbild der Gesellschaft und nicht ein Werk der Pädagogik. Schulen können zwar versuchen, durch die Transformation gesellschaftlicher Ansprüche in pädagogische Konzepte „das soziale und kulturelle Kapital unter Einbeziehung der Verschiedenheit kindlicher Lebenswelten (zu) mehren" (MILLER 2008, S. 43), aber sie können weder gesellschaftliche Differenzen ausgleichen noch die Armut von Kindern beheben.

5.3.2 Soziale Differenzen und Ungleichheiten

Bedeutung der
sozialen Herkunft

Die Berücksichtigung der gesellschaftlichen Dimension zeigt, dass der Blick auf die Lern- und Leistungsunterschiede innerhalb von schulischen Gruppen und die bloße Frage des Umgangs mit diesbezüglichen Heterogenitäten verkürzt ist. Seit den späten 1960er Jahren ist unumstritten, dass die soziale Herkunft der Schüler/innen einen zentralen Einfluss auf das Lernen und die Leistungen, auf die eigenen Erwartungshaltungen der Lernenden, aber auch auf die Bewertung von deren Lernleistungen durch die Schule ausübt. Die empirische Bildungswissenschaft hat zusätzlich deutlich gemacht, dass die Schulen die soziale Herkunft nicht auszugleichen oder positiv zu verändern in der Lage sind (EHMKE/JUDE 2010; STANAT/RAUCH/SEGERITZ 2010).

Schulleistungs-
studien

So haben etwa die Schulleistungsstudien gerade für die deutsche Gesellschaft ein großes soziokulturelles Gefälle in der Schulbildung gezeigt. Dies gilt besonders für den Bereich der Begabtenförderung. Während der Gymnasialbesuch überproportional deutschen Schülerinnen und Schülern höherer Sozialschichten vorbehalten bleibt, wird die Hauptschule zum Sammelbecken für Schüler aus „bildungsfernen" Familien (vgl. BAUMERT/STANAT/WATERMANN 2006, S. 174). Verschiedentlich ist nachgewiesen worden, dass sich mit Zuschreibungen von Begabungen nur allzu leicht Bevorzugungen und Benachteiligungen in der Gesellschaft und im Bildungswesen rechtfertigen lassen. Schulen reproduzieren demnach die gesellschaftlichen Gefälle mehrheitlich, indem sie bestimmte normative und zu erwartende Verhaltens- und Ausdrucksweisen belohnen, andere dagegen abweisen oder ignorieren.

Die *Illusion der
Chancengleichheit*

Der französische Soziologe Pierre Bourdieu (1987; 2001) hält der Begabungsdiskussion einen solchen gesellschaftskritischen Spiegel vor, wenn er argumentiert, dass hier allzu leicht soziale Privilegien in Verdienste umgewandelt werden. Bourdieu hat zusammen mit seinem Kollegen Jean-Claude Passeron am Beispiel Frankreichs die „Illusion der Chancengleichheit" (BOURDIEU/PASSERON 1971) aufgezeigt. Demnach ist das Bildungssystem, vor allem das Hochschulwesen, weit davon entfernt, soziale Ungleichheiten auszugleichen, vielmehr reproduzieren sich diese, insofern Kinder bildungsferner Schichten gegenüber privilegierten Gleichaltrigen in den entsprechend bevorzugten Schulen und Elitehochschulen weit unterrepräsentiert sind.

Dies hat nicht alleine mit schulischen Leistungen, sondern mit dem Habitus der Einzelnen zu tun. Mit dem Habitus-Begriff hat Bourdieu verdeutlicht, dass der Einzelne nicht unabhängig von seiner individuellen und kollektiven Geschichte, die wiederum durch die gesellschaftlichen Strukturen seiner Herkunft und Umgebung geprägt ist, betrachtet werden kann (BOURDIEU/ WACQUANT 1996, S. 147ff.). Ob und wie die „Kultur zum Bauern kommt" (BOURDIEU 2001, S. 38ff.), inwiefern Potenziale bei Fremdsprachigen oder bei Kindern aus niedrigeren sozialen Milieus erkannt und gefördert werden, sind Fragestellungen, die Schulen und Bildungspolitik seit Jahrzehnten beschäftigen.

Habitus-Begriff

Aktuelle Forschungsergebnisse stellen den Schulen unter dem Aspekt des „Anspruchs auf optimale Förderung" ein ausgesprochen unbefriedigendes Zeugnis aus. Die Befunde der PISA-Studie bestätigen wiederholt die Bedeutung der sozialen Herkunft und des sozioökonomischen Hintergrunds für die Schulleistung, sie zeigen auch, dass in manchen Ländern hohe Leistungen und ein hohes Maß an Chancengerechtigkeit erreicht werden (vgl. BOS/ WENDT 2008; OECD 2007). In Deutschland bleiben selbst die Schüler/innen in den Gymnasien hinter den erwarteten Leistungen zurück und befinden sich nicht im internationalen Spitzenfeld.

Befunde der PISA-Studie

Differenziert konnte auch nachgewiesen werden, dass die familiären sozioökonomischen Ausgangsbedingungen entscheidend sind und es weniger darauf ankommt, ob die Kinder aus Familien mit oder ohne Migrationshintergrund stammen. STANAT, SCHWIPPERT und GRÖHLICH (2010, S. 149) berichten in diesem Zusammenhang von der Maßnahme des sogenannten „School Busing" Ende der 1960er Jahre in den USA, wobei afroamerikanische Kinder aus ihrem Umfeld in andere Wohngegenden und dort in Schulen gebracht wurden, die überwiegend von weißen Schüler/innen besucht wurden. Das Ziel bestand darin, die Rassentrennung zu vermindern und die Schulleistungen der benachteiligten Schülerschaft zu erhöhen. Der Maßnahme lag die Annahme zugrunde, dass die Zusammensetzung der Schülerschaft für die Lern- und Leistungsentwicklung der Schüler/innen entscheidender ist als deren soziokulturelle Herkunft (vgl. COLEMAN et al. 1966).

Sozioökonomische Voraussetzungen

Diese und andere Untersuchungen scheinen „die Vermutung zu erhärten, dass es vor allem die leistungsbezogene Zusammensetzung der Schülerschaft ist, die sich auf die Lernentwicklung von Kindern auswirkt, während soziale und ethnische Kompositionsmerkmale offenbar sekundär sind" (STANAT/SCHWIPPERT/GRÖHLICH 2010, S. 149). Allerdings ist in diesem Zusammenhang zu berücksichtigen, dass die Schülerschaft in Schulen mit hohem Migrationsanteil in Bezug auf die sozioökonomische Situation und die kognitiven Grundfähigkeiten vielfach über weniger gute Ausgangsbedingungen verfügt und damit wieder eine Verbindung zwischen Migration und Leistung hergestellt werden kann (STANAT 2006. So werden trotz ausreichender Leistungsfähigkeit Kinder mit Migrationshintergrund nachweislich häufiger entgegen ihren tatsächlichen Fähigkeiten Haupt- oder Realschulen zugewiesen (BOS/WENDT 2008, S. 60) und haben die Folgen „institutioneller Diskriminierung" (GOMOLLA/RADTKE 2007) zu tragen. Auswertungen der neueren PISA-Daten zeigen für Deutschland in den gemessenen schulischen Bereichen Sprache, Naturwissenschaft und Mathematik eine Abnahme der herkunfts-

Migration und Leistung

bedingten Disparitäten im Bildungssystem, dennoch bestehen die Diskrepanzen nach wie vor (vgl. KLIEME et al. 2010).

5.3.3 Begabungsgerechtigkeit und Teilhabe

Sensibilitäten für das Anderssein

Die Differenzen, die sich aus den (Mehrfach-) Zugehörigkeiten zu unterschiedlichen Milieus ergeben, und auch die individuellen Unterschiede in den Voraussetzungen und Möglichkeiten der Lernenden können jedenfalls als soziale Tatsachen nicht übersehen oder ignoriert werden. Aus dieser Einsicht ist die Forderung nach einer Sensibilität für Differenzen und Heterogenität entstanden. Gleichzeitig besteht die Gefahr, dass das Beachten von Differenzen in Bildungs- und Begabungszusammenhängen zu stereotypen Sichtweisen, Stigmatisierungen und abgrenzenden Unterscheidungen führt, zumal dann, wenn eine Unterscheidungskategorie besonders hervorgehoben wird. Wenn das Anderssein von Anderen anhand spezifischer Kategorien wie z. B. Begabung (oder auch Geschlecht, Kultur, Hautfarbe, Nationalität) thematisiert wird, kann dadurch leicht ein stereotyper Blick auf die dadurch gekennzeichneten Anderen entstehen.

(Nicht)Beachtung von Verschiedenheit

So kann der „Bezug auf Heterogenität in pädagogischen Kontexten ... dazu führen, Personen und Gruppen als ‚anders' zu etikettieren, gerade weil Kategorien der Unterscheidung ins Zentrum der Aufmerksamkeit rücken. Die Nichtbeachtung von Verschiedenheit homogenisiert die Beteiligten in Bildungsprozessen und kann ihrerseits dazu führen, dass die verschiedenen Potenziale sich nicht entfalten können, weil keine Anknüpfungsmöglichkeiten eröffnet werden. Weder das Berücksichtigen noch das Ignorieren von Differenzen bieten einen Ausweg" (MESSERSCHMIDT 2012, S. 53f.). Deshalb kommt Astrid Messerschmidt zu dem Schluss: „Diversity ist kein Königsweg, sondern eine politische und soziale Praxis, die kritisch zu reflektieren und zu analysieren ist" (ebd., S. 52) – und sie fordert eine „heterogenitätssensible Pädagogik" (ebd., S. 54) in Bezug auf die Wahrnehmung und Erfahrungen von Differenzen, aber auch im Hinblick auf Diskriminierungen, Stigmatisierungen und Ungleichheitsstrukturen.

Begabungsssensible Pädagogik

Diese Forderung lässt sich nahtlos auf den Begabungskontext übertragen und entsprechend eine „begabungssensible" Pädagogik oder eine „heterogenitäts- und diversitätssensible Begabungsarbeit" einfordern. Vor diesem Hintergrund erscheinen auch die zahlreichen Bekundungen, die für einen konstruktiven Umgang mit Heterogenität und für eine positive Sicht auf Verschiedenheit und entsprechend auf Begabungen plädieren, in einem neuen, gesellschaftskritischen Licht. Dies schließt einen „produktiven Umgang mit Gleichheit und Differenz" (BRÄU/SCHWERDT 2005) in der erzieherischen und schulischen Praxis nicht aus, sondern kann ein vertieftes Verständnis für Situationen eröffnen, inwieweit „Heterogenität als Chance" tatsächlich für alle Heranwachsenden gilt oder nicht auch Exklusionen mit sich bringt. Gleiches gilt für den Vorschlag, Heterogenität in die Dimensionen „Verschiedenheit, Veränderlichkeit, Unbestimmtheit" (HEINZEL/PRENGEL 2002) aufzufächern und in Unterricht und Schule eine „aufgeklärte Heterogenität" mit der „Norm der gegenseitigen Achtung und Anerkennung der Verschiedenen" zu verwirklichen. Der Blick auf Diversität verdeutlicht, dass derartige Überlegungen nicht nur innerschulisch zu begreifen sind, sondern dass „egalitäre Differenz" (PRENGEL 2001) die gesellschaftliche Realität berücksichtigen muss, die sowohl in Unterricht und Schule hineinwirkt als auch vor den Schultüren wirkt.

Somit greift die Begabungsthematik in der Zusammenschau von Heterogenität und Diversität tiefer als der Blick auf Fähigkeits-, Lern- und Leistungsheterogenität innerhalb von Schulklassen und Einzelschulen. Sie geht über „Handlungsansätze zum pädagogischen Umgang mit Vielfalt" (BOLLER/ ROSOWSKI/STROOT 2007) ebenso wie über Maßnahmen von Individualisierung und Differenzierung, Akzeleration und Enrichment und generell über den innerschulischen Kontext hinaus. Letztlich beinhaltet sie die Forderung nach Überwindung der Bildungsbenachteiligung und Verwirklichung von Bildungsgerechtigkeit und Bildungsteilhabe für alle sowie die Ermöglichung gleicher Chancen zur Teilhabe am gesellschaftlichen Leben (LIEBAU/ZIRFAS 2008).

Die Frage stellt sich, ob und wie es gelingt, Heterogenität, Diversität und individuelle Begabungspotenziale wahrzunehmen, sie mit personaler Autonomie und Verantwortung zu vereinbaren und sie gleichzeitig zu „sozialem Kapital" (BOURDIEU 1992, S. 63) werden zu lassen, das der Selbstbestimmung der Einzelnen ebenso gerecht wird wie der Sorge um die Gemeinschaft und der Wohlfahrt und Weiterentwicklung einer pluralen, aber dennoch ungeteilten Gesellschaft. Die Forderung nach entsprechender Begabungsgerechtigkeit angesichts gegenwärtiger gesellschaftlicher Verhältnisse stellt eine pädagogische, aber auch eine große politische Herausforderung dar. Denn folgt man Heinz BUDE (2011), so ist die Gesellschaft derzeit eher von „Bildungspanik" beherrscht, in deren Folge Abgrenzungstendenzen gegenüber Bildungsaspiranten von unten greifen und die gesellschaftliche Spaltung eher verstärken als sie zu überwinden.

Begabungsgerechtigkeit

5.3.4 Begabungsförderung für alle

Insgesamt ist die Begabungsforschung ebenso wie die Begabungs- und Begabtenförderung in der aktuellen Debatte um den Umgang mit Heterogenität und Diversität gefordert, ihr Selbstverständnis zu überprüfen und einen kritischen und sensiblen Umgang mit Verschiedenheit zu praktizieren. Erst wenn die personalen Unterschiede in den Voraussetzungen und Möglichkeiten der Lernenden weder als naturgegeben hingenommen noch als soziale Tatsachen ignoriert werden, hat der Anspruch einer Begabungsförderung für alle Kinder und Jugendlichen eine Chance auf Realisierung. Neben differenzierten Unterstützungssystemen innerhalb und außerhalb der Schule setzt dies eine entsprechende Einsicht und Haltungsänderung bei den verantwortlichen Politikern wie auch bei den Akteuren vor Ort, den Schulleitungen und den Lehrpersonen, und letztlich in der gesamten Gesellschaft voraus. Die Konsequenzen sind erheblich, denn „der Begabungsbegriff entwickelt seine eigene Sprengkraft – gegen die soziale Benachteiligung, gegen die schulische Benachteiligung, für Chancengleichheit" (TENORTH 2001, S. 16f.). Der Ertrag ist nicht zu unterschätzen. Die Ermöglichung von differenziertem Lernen, hochwertigem Leisten und personaler Bildung aller

Schüler/innen in Schulen der Vielfalt (vgl. OSWALD/WEILGUNY o.J.). In dieser Perspektive vermag Begabungs- und Begabtenförderung als Motor für die weitere Entwicklung von Erziehungs- und Bildungsinstitutionen zu fungieren.

6 Gifted Education in den USA

Seit Beginn des 20. Jahrhunderts steht in den Vereinigten Staaten die Bega-
bungs- und Hochbegabtenforschung stärker im Fokus der nationalen Bildungspolitik als in anderen Ländern. Dies zeigt sich u. a. in der Existenz des
National Research Center on the Gifted and Talented (NRC/GT), das seit
Jahrzehnten eine breite Forschung zur Begabungsförderung betreibt und national koordiniert. Die daraus entstandenen Impulse und Modellvorstellun-
gen zur Unterrichts- und Schulentwicklung können auch für europäische
Länder Anregungen bieten. Das vorliegende Kapitel stellt die wichtigsten
Entwicklungslinien dar und will einen Beitrag dazu leisten, aktuelle Ansätze
der Begabungsförderung in ihrer Entstehung und bildungstheoretischen Begründung zu verstehen, kritisch zu reflektieren und konstruktiv weiter zu
entwickeln.

6.1 Gesellschaftliche Ambivalenz und Begabungsverständnis

Die Geschichte der Begabtenförderung in den USA weist lange Zeit zwei   Genie und Wahnsinn
gegensätzliche Strömungen auf: Einerseits befördert sie ein großes Interesse
an Innovationen in den Natur-, Kultur- und Geisteswissenschaften. Dadurch
werden Menschen ermutigt, herausragende Ideen zu generieren und zu realisieren. Andererseits begegnet sie kreativem Geist und dem „Traum vom
Unmöglichen" oft mit Argwohn. Insbesondere existieren Vorurteile gegenüber zahlreichen herausragenden Persönlichkeiten auf der Gratwanderung
zwischen Genie und Wahnsinn. Denker von Aristoteles bis Sigmund Freud
haben die Wahrnehmung bestärkt, dass die Natur geistige Einzigartigkeit oft
mit emotionalen oder physischen Mängeln ausgleiche. Im späten 19. Jahrhundert haben LOMBROSO und NISBET (1891) dieser Idee Glaubwürdigkeit
verliehen durch ihre Studien historischer Persönlichkeiten, die verhältnis-
mäßig häufig unter seelischer Instabilität oder Verhaltensbeeinträchtigungen
litten. Und selbst Francis Galton und William James sowie zahlreiche namhafte Vertreter der Psychoanalyse zeigten Sympathie für diese Auslegung
(vgl. BENTLEY 1937). Erst die nicht unumstrittenen Untersuchungen zur Intelligenz von Lewis M. Terman und seiner Forschungsgruppe (1925) konnten
die Unhaltbarkeit dieser Annahmen aufzeigen: Sie wiesen nach, dass entgegen bisheriger Vorurteile Kinder und Jugendliche mit hoher Testintelligenz
häufig nicht nur in kognitiven, sondern auch in weiteren Bereichen der Persönlichkeitsentwicklung akzeleriert sein können.
    Im Jahre 1869 veröffentlichte Francis Galton sein bereits weiter oben er-   Testing Movement
wähntes Werk *Hereditary Genius*. Aufgrund von Untersuchungen renom-
mierter britischer Familien schloss er, dass Begabung genetisch bedingt sei,

was die Grundsatzdiskussion zwischen Vererbung und Erziehung auf eine vermeintlich wissenschaftliche Ebene erhob. In diese Diskussion sollte BINETS Arbeit mit SIMON (1905) zur Untersuchung der besonderen geistigen Qualitäten von begabten Kindern mit den von ihnen entwickelten ersten psychometrischen Tests zur Intelligenz Klarheit bringen. Die Intelligenztestung nach Binet und Simon löste damit die Intelligenzforschung vom Vorurteil bedingungsloser Vererbung ab, indem sie feststellbare Fähigkeiten über die Definition eines sogenannten Intelligenzalters („was Personen zu einem bestimmten Alter können,) unabhängig von der familiären Herkunft auszuweisen vermochte. William Stern setzte dieses Intelligenzalter anschließend 1912 mathematisch in Bezug zum Lebensalter und formulierte damit den Intelligenzquotienten (IQ). Nach Stern wurde Intelligenz neu definiert als „die allgemeine Fähigkeit eines Individuums, sein Denken bewusst auf neue Forderungen einzustellen; als allgemeine geistige Anpassungsfähigkeit an neue Aufgaben und Bedingungen des Lebens" (STERN 1912, S. 3).

Folgt man der historischen Entwicklung, so versuchte man die Intelligenzstruktur meistens mit Hilfe eines statistischen Verfahrens, der Faktorenanalyse, zu erfassen. Uneinigkeit herrschte dabei unter den Intelligenzforschern hinsichtlich der Anzahl der postulierten Faktoren, die der Intelligenz zugrunde liegen. Charles Spaermann, einer der Väter der Intelligenzmessung, ging von einer generellen kognitiven Leistungsfähigkeit, einem Generalfaktor Intelligenz „g" aus, der allen intellektuellen Leistungen zugrunde liege. Auf seine Theorie kam er aufgrund von Beobachtungen, wonach Schulnoten in unterschiedlichen Fächern, wie z. B. Sprachen und Mathematik, teilweise hoch miteinander korrelierten (SPEARMAN 1904, S. 206). Nach heutigem Erkenntnisstand ist diese Generalfaktortheorie nicht unumstritten; dennoch ist sie für ihre Befürworter „keine Hypothese mehr, sondern das am besten gesicherte Ergebnis der Intelligenzforschung" (ROST 2009, S. 25).

Auch spätere Intelligenztheorien von Louis L. Thurstone (1931), mit dem Ansatz von sieben Primärfähigkeiten der Intelligenz, das Konzept von Raymond Bernhard CATELL (1971) sowie Joy Paul GUILFORDS (1967) elaboriertes Intelligenz-Struktur-Modell, das 120 Einzelfaktoren von Intelligenz in drei Dimensionen (Inhalte, Produkte, Operationen) zueinander in Beziehung setzt, kennzeichnen die Bestrebungen, „Hochbegabung" aufgrund unterschiedlicher Konstrukte der Intelligenz greifbar zu machen.

Terman-Studie   Von Terman wurde der Binet-Simon-Test 1937 zum Stanford-Binet-Test weiter entwickelt, der über lange Zeit die Intelligenzmessung hochbegabter Kinder prägte. In ihrem Werk *Genetic Studies of Genius* (1925) präsentierten Terman und seine Mitarbeiter der Stanford University CA die ersten Ergebnisse ihrer Studien. Untersucht wurden über 1528 kalifornische Kinder mit einem IQ von mindestens 130 oder 140 im Hinblick auf ethnische Herkunft, Geschlecht, Gesundheit, körperliche Entwicklung, Schulkarriere, spezielle Fähigkeiten, intellektuelle, soziale Interessen sowie Persönlichkeits- und Charakterzüge. Dabei ging es darum festzustellen, welche Merkmale Kinder mit herausragender Intelligenz kennzeichnen und welche Faktoren für Höchstleistungen, insbesondere im Bereich der Intelligenz, verantwortlich sind. Dafür wurde die Gruppe über sechs Jahrzehnte weiter verfolgt, wodurch ein klares Bild intellektuell herausragender Personen entstehen sollte.

Der Forschungsbericht *The gifted group at midlife* (1959), der nach Termans Tod erschien, berichtet über die Ergebnisse der Datenerhebungen nach 35 Jahren. Aufgrund der Fülle der Daten und der Kontinuität der Untersuchungen bildeten die Ergebnisse dieser Studie für lange Zeit den Kern der wissenschaftlichen Erkenntnisse über sogenannte „High-IQ"-Kinder; sie sind jedoch kritisch im Hinblick auf ihren Aussagewert zu betrachten. Die methodischen Mängel sind gravierend. Bereits wenige Jahre nach Beginn der Studie war ein Viertel der ursprünglichen Probanden durch andere ersetzt worden. „Das Auswechseln von Studienteilnehmern war auch in den folgenden Untersuchungsjahren gängige Praxis, so dass die Stichprobe tatsächlich weder als längsschnittlich noch als valide betrachtet werden kann. Sie war nichtsdestotrotz interessant und inspirierend" (FREEMAN 2010, S. 88). Das zentrale Resultat der Studie besagte, dass die „Hochbegabten" eine *positive* Abweichung von der Norm in fast *allen* Lebensbereichen aufweisen: Unter anderem waren die Kinder gesünder und weniger psychisch auffällig als „Normalbegabte". Erfolge in Bildung und Beruf ebenso wie ein geglücktes Familienleben waren unter Termans „Genies" überproportional häufig zu verzeichnen.

Interessant in Bezug auf den Zusammenhang von (gemessener) Intelligenz und Leistung ist die Studie insofern, als bei der ursprünglichen Auswahl der untersuchten Kinder zwei spätere Nobelpreisträger nicht die erforderlichen Kriterien als „Hochbegabte" erfüllten. Daraus lässt sich schließen, dass spätere, selbst exzellente Leistungen durch IQ-Messungen nicht unbedingt vorhersagbar sind. Derartige Überlegungen werden durch eine weitere Langzeitstudie belegt, die an der Hunter College Elementary School in New York durchgeführt wurde. Danach schlugen Kinder unter besten Voraussetzungen – Bildungsnähe, hoher IQ, optimale schulische Lernumgebung mit individuell zugeschnittener Förderung – im Erwachsenenstatus zwar durchaus gute und erfolgreiche Lebens- und Berufswege ein, traten später aber nicht als exzellente Leistungsträger hervor (FELDMAN/GOLDSMITH 1986).

[Marginalie: Zusammenhang von Intelligenz und Leistung]

Parallel zur Testentwicklung wurden in amerikanischen Schulen für Schüler/innen mit hohem IQ Schulversuche in speziellen „Hochbegabtenklassen" mit experimentellen Schulprogrammen und innovativen, angereicherten Curricula durchgeführt. Anlässlich dieser wissenschaftlich begleiteten Schulentwicklungen gelangte man zum Schluss, dass „Hochbegabung" nicht nur im Bereich generalisierter intellektueller Fähigkeiten zu situieren ist, sondern von diversen Ausdrucksformen von Talenten auszugehen sei, die durchaus unterschiedlich hohe Ausprägungen aufweisen können (vgl. HOLLINGWORTH 1926).

[Marginalie: Varietät von Begabungen]

Diese Erkenntnisse führten dazu, dass die Begabtenforschung in den USA – zumindest theoretisch – frühzeitig davon abrückte, dass hohe Begabung allein über Intelligenztestung feststellbar sei. Dennoch wurde lange Zeit in der Mehrheit der Spezialprogramme nur eine kleine Anzahl Schüler/innen, die als *gifted* bezeichnet wurden, in akademischen Disziplinen wie Mathematik, Sprache und Naturwissenschaften gefördert. Kunst, Handwerk und soziale Kompetenzen hatten auch in diesen Programmen allenfalls den Status von Wahlfächern, was deren geringere gesellschaftliche Wertigkeit zu erkennen gibt (vgl. TANNENBAUM 1983).

[Marginalie: Begabungsförderung ohne IQ-Testung]

6.2 Frühe Schulentwicklungen zur Begabtenförderung

Akzeleration Ab Mitte des 19. Jahrhunderts bis einschließlich der ersten beiden Jahrzehnte des 20. Jahrhunderts war akzeleretiertes, also beschleunigtes Lernen landesweit die favorisierte Art der Begabtenförderung. Dazu wurden zahlreiche Spezialklassen mit verkürzten Lernzeiten gebildet, die es den Schüler/innen ermöglichten, den regulären Lehrplan in *Rapid Advancement Classes* zu absolvieren.

Enrichment Ausgehend von Hollingworths Studien (1939) zur Effektivität von Lernen in den New Yorker Spezialklassen setzte sich allerdings schon früh die Erkenntnis durch, dass angereicherte Lernangebote (Enrichment) und eine vertiefte Auseinandersetzung mit den Inhalten bedeutsamere Lernerfolge zeigten als die Beschleunigung der Lernprozesse. Die Spezialklassen wurden in der Folge nicht mehr verkürzt, sondern durch zusätzliche Lernangebote ergänzt, in denen komplementär zur individuellen Beschleunigung einzelner Lernschritte Enrichment-Angebote zusätzlich zu den obligatorischen Unterrichtsinhalten angeboten wurden. Daran anknüpfend wurden Lernpläne zu individualisiertem Lernen entworfen, die den Schüler/innen ermöglichten, in ihrer eigenen Geschwindigkeit und nach eigener Initiative und Interessenleitung Fortschritte zu erzielen.

Ablehnung exklusiver Begabtenförderung Bemerkenswert ist, dass sich bereits ab den 1930er Jahren eine Ablehnung gegenüber Leistungsgruppen und Spezialklassen breit machte (HECK 1930; KELIHER 1931), und zwar mit der Begründung, dass Homogenisierung von Lerngruppen letztlich nicht möglich sei.

6.3 Gifted Education in der reformpädagogischen Tradition

Amerikanischer Pragmatismus Zeitgleich zu den frühen schulischen Entwicklungen zur Begabungsförderung entstehen in der Philosophie und Erziehungstheorie des amerikanischen Pragmatismus innovative Lerntheorien. Für die Pädagogik der Begabungsförderung besonders bedeutsam sind bis heute die Ansätze von George Herbert Mead und John Dewey, die – zusammen mit Charles S. Peirce und Williams James – als Hauptvertreter des amerikanischen Pragmatismus gelten.

G. H. Mead Der symbolische Interaktionismus G. H. Meads (1863–1931) enthält eine Vorstellung von Persönlichkeitsbildung, derzufolge sich das Individuum in Wechselwirkung mit der Gesellschaft entwickelt (MEAD 1934, S. 173 ff.). Dabei unterscheidet Mead zwei zentrale Instanzen, das „I" und das „ME", die im Zusammenspiel sowohl Handlungen koordinieren als auch Identität konstituieren. Das „I" als personale Instanz umfasst das einmalig Subjektive, Potenziale und genuine Personenmerkmale. Das „ME" gilt als die Verinnerlichung der Vorstellungen, die andere von einer Person haben. Das „Self" (Selbst) entwickelt sich aus dem Zusammenspiel zwischen dem ur-eigenen

„ICH" und der Verinnerlichung der Erwartung („ME") in einem dreischritti-
gen Prozess, der besteht aus
– dem eigensinnigen und impulsiven Handlungsentwurf des Individuums
  („I"),
– der Beurteilung aus der Perspektive des generalisierten, verinnerlichten
  Anderen („ME"),
– den Entscheidungen des Individuums („Self").

Dieses Konzept ist für die Begabtenförderung von hoher Bedeutung, weil es
einerseits Lernen als sozialen Prozess betrachtet und andererseits dem Individuum einen Eigensinn zu autonomen Entscheiden (auch in Bezug auf die
Gestaltung der eigenen Begabungen) zugesteht. An diese sozio-ökologische
Betrachtungsweise knüpfen innerhalb der derzeitigen Begabungsdiskussion
insbesondere die Überlegungen zu selbstgesteuertem und eigenverantwortlichem Lernen an.

Auch bei John Dewey (1859–1952), der das Bildungssystem der USA in   John Dewey
der ersten Hälfte des 20. Jahrhundert maßgeblich geprägt hat, finden sich
zentrale Aussagen zu selbstgesteuertem und interessengeleitetem Lernen,
die – zusammen mit seinen Impulsen zur Weiterentwicklung einer demokratischen Gesellschaft und des gesellschaftlichen Wohlstandes – für die Begabtenförderung von hoher Bedeutung sind.

Dewey deutet Lernen als Wechselwirkung von Mensch und Umgebung,
das sich im Handeln manifestiert. Erfahrungen werden dazu benutzt, um
neue und bessere Handlungsweisen für die Zukunft zu entwerfen. Eine
„integrale Intelligenz" (Dewey 1989, S. 153) dient nach Dewey dazu, Ziele
festzulegen und die richtigen Schritte beim Handeln zu tun. Wissen und
Erkennen werden so empirisch und experimentell zu einer Art intelligent
vollzogenen Handelns. Damit eng verbunden ist die Forderung nach Ge-
genwartsbezug und echten Problemstellungen. Lernen soll in Verbindung
stehen mit aktuellen Erfahrungen des Kindes.

In Bezug auf die Begabungsdiskussion ist neben dem lerntheoretischen
Ansatz auch Deweys Betonung des demokratischen Handelns relevant. Demokratie ist für ihn mehr als eine bloße Regierungsform. Er versteht darunter
eine Form des freien, an sozialen Werten orientierten menschlichen Zusammenlebens, in welcher Menschen eine demokratische Lebensweise mittra-
gen und mitgestalten (vgl. Dewey 2000). Zur Förderung einer demokratischen Lebensweise trägt nicht zuletzt eine nach demokratischen Prinzipien
organisierte Schule bei.

Die Reformbewegung der USA, mit ihrer starken Betonung des Zusam-   Progressive
menhangs von Individuum und Gesellschaft, gewann zu Beginn des   Education
20. Jahrhunderts in den amerikanischen Schulen großen Einfluss. Ausdruck   Movement
dieser Bewegung waren unter anderem die Entstehung der *Laboratory
School* von John und Alice Dewey in Chicago, die der dortigen Universität
angeschlossen war, aber auch die Entstehung zahlreicher Montessori-Schu-
len sowie die Entwicklung des *Dalton Laboratory Plans* durch Helen Parkhurst. Parkhurst verwirklichte eine Bildungskonzeption, in deren Mittelpunkt das selbstständige Lernen steht. Im Zentrum dieses Lernens befinden
sich die „Kontrakte", die wiederum in mehrere „Assignments" (Arbeitsan-

weisungen) unterteilt sind, die dem Kind ermöglichen, weitgehend in Eigenverantwortung zu arbeiten. Das Klassenzimmer hat den Charakter eines Laboratoriums mit unterschiedlichen Arbeitsplätzen und Nischen. Jedes Kind verfügt über seine eigene Lernbroschüre, welche die Kenntnisse zusammenfasst, die im Laufe des nächsten Zeitabschnittes zu bewältigen sind. Diese individualisierten Lernpläne können auch eigenständige Projekte der Schüler/innen beinhalten, die in einer durch Lehrpersonen begleiteten Lernumgebung bearbeitet werden können. Die pädagogischen Leitlinien des Dalton Plans heißen „Freedom with responsibility" sowie Zusammenarbeit und Selbsttätigkeit (PARKHURST 1922, S. 18ff.).

In die gleiche Zeit fällt die Entwicklung einer weiteren offenen Lernform, der Projektarbeit (DEWEY/KILPATRICK 1935). Alle diese reformpädagogischen Ansätze eines individualisierten und weitgehend personalisierten Lernens finden sich auch gegenwärtig in den unterschiedlichen Didaktiken integrativer Begabungsförderung.

6.4 Sputnikschock und Konsequenzen

Lack of knowledge

Weiteren Auftrieb erhielt die Begabtenförderung in den USA durch den sog. Sputnikschock. Der unerwartete Erfolg von Wissenschaftlern und Technikern der UdSSR, denen es 1957 erstmals gelang, einen Satelliten (Sputnik 1) in die Erdumlaufbahn zu entsenden, stellte den bis dahin sicher geglaubten Überlegenheitsanspruch der Regierungsform der Demokratie und der freien Marktwirtschaft des Westens gegenüber der kommunistisch und planwirtschaftlich organisierten UdSSR mit einem Schlag in Frage und erschütterte die Selbstwahrnehmung der US-Amerikaner aufs Heftigste.

Bildungsoffensive

In der Folge kam es zu einer umfassenden Bildungsoffensive und Reform des US-amerikanischen Bildungssystems. Im „Federal-Aid-to-Education-Program" wurden erhebliche Bundesmittel zum Bau von Schulen, für Stipendien für talentierte Nachwuchswissenschaftler und für die Aus- und Weiterbildung von Lehrpersonen bereitgestellt. Die Reformbemühungen bewirkten auch, dass sämtliche Lehrpläne neu ausgerichtet wurden: Neue naturwissenschaftliche Fächer wurden ebenso eingeführt wie Disziplinen der Politikwissenschaft oder „Social Sciences". Ziel war es, verantwortungsbewusste Führungspersönlichkeiten (*wise leadership*) heranzubilden, welche die Errungenschaften der Technik zum Wohle der Gesellschaft einzusetzen wüssten (TANNENBAUM 1983). Für die Begabtenförderung besondere Bedeutung erlangten die Taxonomien des Lernens nach Benjamin BLOOM (1956), aber auch der Aspekt der Kreativität, der als Problemlösefähigkeit oder als Quelle von „innovations and inventions" (Neuerungen und Erfindungen) bis heute ein zentrales Anliegen der Begabtenförderung darstellt.

Minoritäten als „Bildungsreserve"

Zusammen mit diesen Maßnahmen gelangte auch die Förderung von bislang unterprivilegierten Bevölkerungsschichten und ethnischen Minoritäten in den Fokus der Aufmerksamkeit. Die Separation bestimmter Bevölkerungsgruppen (eine nach wie vor ausgesprochen brisante Thematik) schien im „Great Talent Hunt" nicht mehr vereinbar mit der amerikanischen Verfassung. Das Augenmerk fiel deshalb auf die Förderung bislang vernachlässigter sozialer Gruppen, die gleichsam eine noch nicht „aktivierte Bildungsreserve" darstellten. Diese Bestrebungen führten – mit unterschiedlichem Erfolg – zur Entwicklung einer breiteren Frühförderung (Gründung von Vorschulen), zur Einführung eines nationenweiten Bildungsfernsehens, aber auch zur Erweiterung des Schulbusverkehrs, um den Zugang aller zur Bildung zu ermöglichen.

6.5 Lenkung durch den Staat – bildungspolitische Anstrengungen

Spätestens seit den frühen 1960er Jahren gilt Begabtenförderung in den USA als ein Anliegen von nationaler Bedeutung. Seitdem existieren zahlreiche Bundesgesetzgebungen und Erlasse auf allen bildungspolitischen Ebenen zur Förderung der „Gifted and Talented". Auszugsweise seien einige der wichtigsten Regelungen ausgeführt:

Dem Wissen um die Variabilität von Begabungen folgend wurde vom amerikanischen Kongress im Jahre 1971 ein Bericht zur Schulung Begabter verabschiedet. Als begabt gelten darin Kinder, „die aufgrund herausragender Fähigkeiten in der Lage sind, hohe Leistungen zu erbringen". Diese Schüler/innen benötigen, „differenzierte pädagogische Programme und Dienstleistungen, die über die regelmäßigen Schulprogramme hinausführen, damit sie ihre Selbstbestimmung und ihren Beitrag an die Gesellschaft realisieren können". Dies umfasst sowohl die „Kinder, die fähig sind, hohe Leistungen zu zeigen als auch diejenigen, die über potenzielle Fähigkeiten in einem oder mehreren der folgenden Bereiche verfügen":

Marland Report

– generelle intellektuelle Fähigkeiten (*general intellectual ability*)
– spezifische akademische Begabungen (*specific academic aptitude*)
– kreatives oder produktives Denken (*creative or productive thinking*)
– Führungsfähigkeiten (*leadership ability*)
– visuelle und gestaltende Künste (*visual and performing arts*)
– psychomotorische Fähigkeiten (*psychomotoric ability*).

Infolge des Marland Reports wurden alle Schulen aufgefordert, entsprechende Förderprogramme für Begabte umzusetzen, was bis 1977 von 75 % aller Bundesstaaten – zumindest offiziell – erfüllt wurde. Eine Untersuchung ergab, dass in zwei Dritteln der Staaten 50 % mehr Fördermittel zugunsten von 25 % mehr Geförderten sowie zusätzliche Investitionen von 110 % für die Weiterbildung von Lehrpersonen in Begabtenförderung zwischen 1976 und 1977 realisiert wurden (ZETTEL 1979).

Offenbar genügten diese Anstrengungen nicht. Denn im Jahr 1983, noch einige Zeit vor den internationalen Schulleistungsstudien, wurde ein Bericht der *National Commission on Excellence in Education* mit den alarmierenden Feststellungen publiziert, dass die Schüler/innen der USA im Vergleich zu anderen Industrienationen geringere Fähigkeiten aufwiesen und dass sich die Ergebnisse im landesweit gültigen Schulleistungstest SAT (Scholastic Achievement Test) zwischen 1963 und 1980 sowohl im verbalen wie im mathematischen Bereich deutlich vermindert hätten. Ferner wurde fest-

A Nation at Risk

gestellt, dass über die Hälfte der „gifted students" nicht ihren getesteten Fähigkeiten entsprechende Schulleistungen erbringen würden (1983, S. 8). Damit rückte das Phänomen der Minderleister (Underachiever) explizit ins bildungspolitische Bewusstsein.

Javitts Act   Als eine Konsequenz dieser Erkenntnisse finanziert das staatlich koordinierte Programm des Javitts Acts seit 1988 die wissenschaftlich fundierte Forschung und Entwicklung, um in Grundschulen und weiterführenden Schulen den besonderen Förderbedarf begabter und talentierter Schüler/innen zu erfassen, entsprechende Konzepte zu entwickeln und diese in allen Teilstaaten umzusetzen. Dabei liegt ein Schwerpunkt des Programms auf der Förderung Begabter aus traditionell unterrepräsentierten Gruppierungen, vor allem wirtschaftlich benachteiligter Bevölkerungsgruppen, Fremdsprachiger und Kinder mit Behinderung. Im Programm enthalten sind die

- Forschung zur Identifizierung und Unterrichtung begabter und talentierter Schüler/innen;
- Durchführung beruflicher Weiterbildung für das Lehrpersonal begabter und talentierter Schüler/innen;
- Entwicklung und Umsetzung von Modellprojekten und beispielhaften Programmen;
- Bereitstellung technischer Unterstützungsmaßnahmen zur Dissemination und Begleitung von Projekten zur Begabtenförderung;
- Bereitstellung von High-Level-Angeboten zur Verbreitung durch moderne Technologien (einschließlich Fernunterricht) sowohl für Lernende als auch für Lehrpersonen.

Die Bundesregierung beauftragte gleichzeitig die University of Connecticut als National Research Center on the Gifted and Talented (NRC/GT) unter der Leitung von Joseph Renzulli mit der Umsetzung dieses nationalen Programms und dessen Zielsetzungen.

6.6 Turning Point: Das „Three Ring Concept"

Begabung als dynamische Größe   Joseph Renzulli, amerikanischer Erziehungswissenschaftler und Psychologe, hat Ende der 1970er Jahre mit seinem „Drei Ringe-Modell" das erste weltweit rezipierte dynamische Begabungskonzept vorgestellt und damit einen Durchbruch in der Begabungsforschung bewirkt (RENZULLI 1978). Darin definiert er Begabung als eine dynamische Größe, die nicht allein in der Person angelegt ist, sondern je nach sozialer Umwelt und Bildung entwickelt werden kann – oder auch unentdeckt und ungefördert bleibt.

Das Drei Ringe-Modell erfasst Begabung als Zusammenwirken von „überdurchschnittlichen Fähigkeiten", „Engagement" und „Kreativität". Es nennt folgende Faktoren, die im Wesentlichen zur Entwicklung einer hohen Begabung oder, wie es auch heißt, einer Hochleistung beitragen:

- Potenziale einer Person;
- Interesse und Engagement in herausfordernden Situationen (wobei verschiedene Personen Unterschiedliches als herausfordernd erleben);
- Fähigkeit zu kreativem Denken und Schaffen;

– Unterstützung und Anerkennung durch die an der Bildung und Erziehung beteiligten Personen.

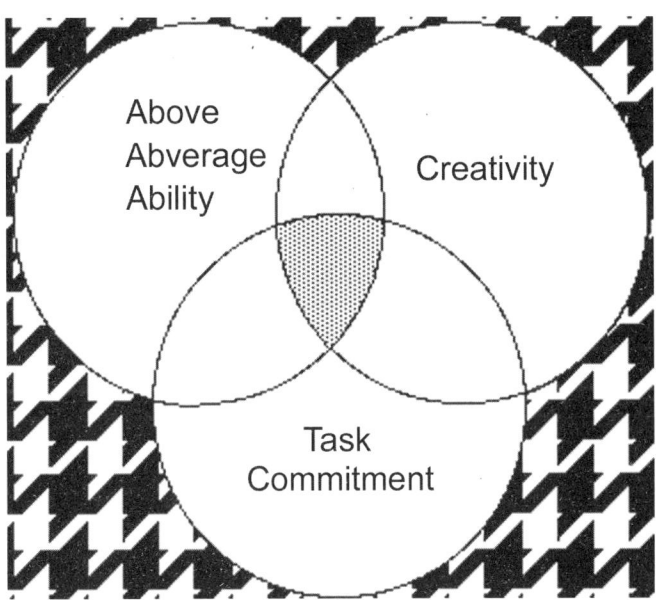

Abb. 1: Drei Ringe-Modell (Renzulli 1978, S. 180).

Entgegen zahlreicher deutscher Übersetzungen bezeichnet Renzulli den Kreis zu den kognitiven Voraussetzungen nicht mit „Intelligenz". Vielmehr signalisiert er mit seinem Konzept die Abkehr von jener einseitigen traditionellen Auffassung, die Begabungen als an einen akademischen IQ-Wert gebunden betrachtet. Er eröffnet damit eine Neuorientierung der Begabungsförderung in Bezug auf eine multifaktorielle und systemische Betrachtungsweise, die er als „Einladung verstanden wissen will, besondere Begabungen und Hochleistungsverhalten zu entwickeln" (Renzulli/Reis 1997, S. 8). Die Sichtweise wechselt damit von der Vorstellung eines genuin „begabten Schülers", einer genuin „begabten Schülerin" hin zur Herausforderung, eine begabungsfördernde Erziehung, Schule und Ausbildung zu schaffen.

Renzulli beschreibt sein Modell als wesentlich offener und durchlässiger als es die geschlossen wirkende grafische Darstellung vermuten lässt. Mit dem den Ringen hinterlegten Muster („Houndstooth") verweist er auf die systembedingte Abhängigkeit und Dynamik in der Entwicklung von Begabungen. Den Hintergrund bezeichnet er als symbolisch für das unauflösbar mit der Entstehung von Begabung verbundene soziale Umfeld (Personen, Institutionen, Gesellschaft und Kultur) und dessen Einfluss auf die Entstehung von (Hoch-)Begabungen. Jeder der drei Kreise steht in ständiger Interaktion mit der Umwelt. So wie überdurchschnittliche Fähigkeiten (*Above Average Ability*) als persönliches Potenzial in Relation zu einer Bezugsgruppe (und nicht auf einen statistischen Wert hin) verstanden wird, kann auch

Begabungsfördernde Erziehung, Bildung und Schule

Kreativität nur in Wechselwirkung mit Konventionen, Routinen, Normvorstellungen und im Spannungsfeld sozialer Akzeptanz bei entsprechenden personalen und sozialen Bedingungen entstehen. Und ebenso werden der Leistungswille und die Intensität (*Task Commitment*) nicht nur als gegebenes Personenmerkmal betrachtet, sondern auch als Produkt von erlernten Einstellungen und Haltungen.

Begabung und Potenzial

Mit den überdurchschnittlichen Fähigkeiten ist das Begabungspotenzial des Einzelnen angesprochen. Darunter versteht Renzulli sowohl allgemeine kognitive Fähigkeiten (*general abilities*), wie etwa abstraktes Denken, aber auch spezifische Fähigkeiten in unterschiedlichen, über die intellektuellen Fähigkeiten hinausreichenden, Begabungsdomänen (*specific abilities*). Dies trifft sich mit den Erkenntnissen der aktuellen Expertiseforschung, wonach überragende Leistungen in der Regel domänenspezifisch sind und auch deutlich unter dem zumeist als Hochbegabungsindikator definierten IQ-Wert von 130 liegen können (Sternberg 2011, S. 42).

Begabung und Engagement

Mit der Hingabe an eine Aufgabe (*Task Commitment*) ist die Fähigkeit und Motivation einer Person gemeint, sich intensiv und über längere Zeit einer Aufgabe zuzuwenden. Aufgabenverpflichtung beinhaltet sowohl kognitive, emotionale wie motivationale Aspekte. Um ein Ziel zu erreichen, muss sich jemand gedanklich damit intensiv auseinandersetzen, sich von diesem angezogen fühlen und es mit Einsatz und Willensstärke verfolgen (z. B. Üben bei musikalischer Begabung). „Die Aufgabenverpflichtung entspricht einer besonderen Energie bzw. Leidenschaft, die jemand einem bestimmten Problem oder einer klar begrenzten Fähigkeit/Fertigkeit entgegenbringt" (Renzulli 1997, S. 6). Merkmale sind u. a. Ausdauer, Glaube an die eigene Fähigkeit ein gestecktes Ziel erreichen zu können, oder eine ganz besondere Faszination für einen bestimmten Gegenstand oder eine Tätigkeit in einer besonderen Domäne.

Expertiseforschung

Um Hochleistung zu entfalten, stellen überdurchschnittliche Fähigkeiten eine Voraussetzung dar. Ebenso wichtig sind überdies ein längerfristiges Engagement und emotionales Involviertsein in die Sache (Ericsson/Krampe/Tesch-Römer 1994). Auch diese Annahme wird von der Expertiseforschung der letzten Jahre geteilt, die bestätigt, dass Leistungsexzellenz in der Regel auf langen Lernwegen beruht. In diesem Zusammenhang wird denn auch oft von einer „10-Jahres-Regel" und einer Lern- und Übungspraxis von mehr als 10000 Stunden ausgegangen (vgl. Ziegler 2008, S. 37 ff.).

Begabung und Kreativität

Unter Kreativität wird experimentierfreudiges, originelles, produktives und flexibles Verhalten verstanden. Während konvergentes Denken das folgerichtige Auffinden der Lösung eines Problems zum Ziel hat, ist divergentes (kreatives) Denken darauf ausgerichtet, möglichst viele und unterschiedliche Möglichkeiten zur Lösung eines Problems zu entwickeln. Personen sind kreativ, wenn sie Probleme lösen oder Werke und Taten vollbringen, mit denen neue Wege beschritten werden. Dies vor allem dann, wenn sie im jeweiligen kulturellen Kontext anerkannt werden. (Gardner 1999). „Kreativität ist die Fähigkeit, etwas zu produzieren, das neu (original und unerwartet), nützlich zum Erreichen eines Ziels und sowohl dem Einzelnen wie einer breiten Gesellschaft bedeutsam ist" (Sternberg 1999, S. 3). Diese beiden Definitionen von Kreativität weisen auf die Abhängigkeit der Kreativität von der Akzeptanz und Resonanz des sozialen Umfelds (Eltern, Mitschüler/innen, Lehrpersonen) hin.

Die drei Ringe hat Renzulli auf einem „Houndstooth"-Hintergrund dargestellt. Dieses Stoffmuster (in Europa heißt es Hahnentritt-Muster) symbolisiert das soziale Umfeld, in dem Begabungen sich in der Interaktion zwischen der Person und ihrer Umwelt ausgestalten können. „The hounds tooth background represents personality and environment, – factors that are inseparable related to each other and give rise to the three clusters of traits" (RENZULLI 1978, S. 180). Noch immer wird in zahlreichen deutschsprachigen Übersetzungen dieser wesentliche Aspekt des originären Modells ignoriert. Der niederländische Psychologe Franz MÖNKS (1992, S. 17 ff.) hat diese soziale Einbettung der Begabungsentwicklung verdeutlicht und als sog. Triadisches Interdependenzmodell in Europa bekannt gemacht.

Begabung in sozialer Interaktion

6.7 Weitere Begabungsmodelle und -konzepte

Bei aller Übereinstimmung in Bezug auf die vorgenannten Voraussetzungen zur Begabungsentwicklung gehen heute namhafte Expert/innen davon aus, dass Begabung nicht in einem einheitlichen Begabungskonzept fassbar sei, weil wir es mit einem ausgesprochen multifaktoriellen Phänomen zu tun haben (RENZULLI 2009, S. 324, STERNBERG 2012, S. 14). James H. BORLAND (2005, S. 2) bezeichnet Hochbegabung denn auch als „Chimäre". Diese Mehrperspektivität zeigt sich im nachfolgenden Überblick über den Diskurs und die aktuell diskutierten theoretischen Konzepte, die über verschiedene Zugänge versuchen, das Phänomen „Begabung" zu erfassen.

R. Sternberg und L. F. Zang definieren Hochbegabung unter fünf Gesichtspunkten:
– Exzellenz (*Excellence Criterion*)
– Seltenheit (*Rarity Criterion*)
– Produktivität (*Productivity Criterion*)
– Demonstrierbarkeit (*Demonstrability Criterion*)
– Werthaftigkeit (*Value Criterion*)

Sternberg/Zang – Pentagonal Theory

Als Exzellenz gilt, dass begabte Menschen in einer oder mehreren Domänen herausragende Fähigkeiten aufweisen und darin ihren Altersgenossen qualitativ weit überlegen sind. Seltenheit wird so verstanden, dass Begabte über ein oder mehrere Merkmale oder Fähigkeiten verfügen, die herausragend und im Vergleich mit anderen (in ihrem Alter oder Kulturraum) selten sind. Beim Produktivitätskriterium zeigt sich Begabung in der produktiven Umsetzung. Dabei wird aber auch schon ein nachgewiesenes Potenzial zur Umsetzung als Indiz außerordentlicher Begabung anerkannt. Demonstrierbarkeit ist dann gegeben, wenn die Begabung in einer oder mehreren Domänen ausgedrückt oder gezeigt werden kann (durch eine oder mehrere herausragende Leistungen oder in Tests). Werthaftigkeit meint, dass die herausragende Performanz durch die Gesellschaft als positiv bewertet wird. Dieses letzte Kriterium orientiert sich an gesellschaftlich anerkannten Konventionen und Werturteilen. So kann ein gesuchter Verbrecher zwar in seinen Aktionen einzigartig produktiv und kreativ agieren, er würde dennoch nicht als hochbegabt bezeichnet (STERNBERG/ZANG 1995, S. 88ff.).

Mihalyi Csikszentmihalyi – Abhängigkeit von Epochen

Hochbegabung kann – nach Mihalyi CSIKSZENTMIHALYI (1996) – nur auf der Basis strukturierter kultureller Erwartungen entstehen. Er bestätigt damit die Abhängigkeit der Entwicklung personaler Potenziale von den Interaktionen mit der sozialen Umwelt. Jemand mit hohem Potenzial zur Schriftstellerin wird in einem aliteralen Umfeld keine Hochbegabung im Schreiben entwickeln, genauso wenig wie jemand eine ausgezeichnete Musikerin werden kann in einer Gesellschaft, die eine religiös motivierte Abneigung gegen Musik zeigt. Zusätzlich weist Csikszentmihalyi auf die Abhängigkeit einer Begabungsentwicklung von einem entsprechenden Zeitgeist hin. Er zeigt dies an Beispielen berühmter Musiker/innen, Schauspieler/innen und Wissenschaftler/innen, für deren Performanz oder Entdeckungen es spezifische Zeitfenster gibt, in denen ihre Potenziale zur rechten Zeit am richtigen Ort auf soziale Resonanz treffen. In diesem Zusammenhang verweist er auch darauf, dass wenige Hochbegabte fähig seien, ihre Hochleistung über verschiedene Zeitperioden aufrechtzuerhalten. Er hält Hochbegabte in vielen Fällen als abhängig vom jeweiligen Umfeld.

Ellen Winner: Anders als die anderen

Hochbegabte Kinder unterscheiden sich nach der amerikanischen Psychologin Ellen WINNER (1996) von anderen Kindern in vier entscheidenden Punkten:

– Sie agieren in einem anderen *Zeitplan*. Sie weisen sich oft durch Frühreife aus und erfassen Wissen oft schneller und auf vertiefter Ebene.
– Sie verfügen über ein unterschiedliches *Antriebsverhalten* und zeigen oft einen inneren Zwang, Dinge meistern zu müssen. Darin sind sie oft unermüdlich.
– Sie haben einen anderen Rhythmus und *andere Wege* („They march to the beat of a different drummer") (WINNER 1996, S. 3). Sie tun Dinge früher, besser und/oder schneller. Oft lösen sie Probleme qualitativ vertieft und auf ungewohnte und unerwartete Weise.
– Sie *fühlen sich anders*. Sie realisieren, dass sie unterschiedlich agieren und oft auch anders behandelt werden. Dies kann sich entweder positiv auswirken oder Gefühle der Zurückweisung auslösen.

Howard Gruber – Positives Selbstkonzept

Nach den Forschungen von Howard Gruber, einem führenden Experten der Kreativität und Expertiseforschung, weisen Hochbegabte als gemeinsames Merkmal den Willen aus, Zeit in sie interessierende Projekte zu investieren. Gruber setzt sogenannten frühbegabten „Wunderkindern" einen anderen Typus Hochbegabter gegenüber: Persönlichkeiten, die aufgrund von oft jahrelanger Auseinandersetzung zu Exzellenz gelangt sind. Für die Entstehung von Hochleistung hebt er deshalb zwei besondere Merkmale hervor:

– die ausgeprägte Fähigkeit zur *Selbstmobilisierung*
– ein positives Gefühl, speziell zu sein. „I'm different, let this not upset you" (GRUBER 1986, S. 258). Das *Selbstkonzept* solcher Menschen kann durch drei Merkmale charakterisiert werden: Sie unterscheiden zwischen Aktuellem und Möglichem. Sie sind Visionäre, die das Mögliche mit hohem Engagement anstreben. Und sie verfügen über eine hohe Selbsterwartung bei gleichzeitiger Kühnheit (ebd., S. 259; vgl. STERNBERG 2011, S. 30).

Howard Gardners Konzept der „Multiplen Intelligenzen" (1983; 2006) wurde bereits weiter vorne (s. S. 74) beschrieben. An dieser Stelle soll deshalb auf seine Theorie der *kristallisierten Erfahrung* hingewiesen werden. Denn Walters & Gardner (1986) haben nachgewiesen, dass zahlreiche hochbegabte Erwachsene ihre Hochleistungen auf positive Schlüsselerlebnisse oder bedeutsame Begegnungen in ihrer Kindheit oder Jugendzeit zurückführen. Dieser Ansatz scheint insofern bedeutsam, weil Akzeleration und Enrichment nicht vermögen, positive frühe Erfahrungen oder faszinierende Begegnungen mit Vorbildern auszugleichen (STERNBERG/JARVIN/GRIGORENKO 2011, S. 31). Dieser Ansatz der Schlüsselerlebnisse oder Schlüsselbegegnungen findet seine Entsprechung in den Aktivitäten zu Type I und Type III des „Triad Model" von Renzulli (1978).

Howard Gardner – Kristallisierte Erfahrung

Der kanadische Forscher François Gagné hat mit dem *Differentiated Model of Giftedness and Talent* (DMGT, 2005) ein komplexes Begabungsmodell ausgearbeitet, das sechs Komponenten auf zwei Ebenen unterscheidet. Die erste Ebene bezeichnet er als „Core" (Kern) und die zweite Ebene als „Katalysatoren". Als natürliche Begabungskerne beschreibt er intellektuelle, kreative, sozioaffektive und sensomotorische Fähigkeiten. Ein Künstler wird sich durch besondere kreative, ein Basketballspieler über sensomotorische und ein Politiker würde sich vorzugsweise durch sozioaffektive Begabungen auszeichnen. Unter günstigen Bedingungen treffen diese Voraussetzungen auf förderliche intrapersonale Katalysatoren (Motivation, positives Selbstvertrauen u. a.) oder auf förderliche Katalysatoren der Umwelt (Personen, Ereignisse, Zufälle). Dieser Entwicklungsprozess kann in realisierten Hochleistungen in akademischen, künstlerischen, kommerziellen oder sportlichen Domänen resultieren (die Gagné als Talente bezeichnet). Gagnés Modell ist bedeutsam, weil es die dynamische Entwicklung von Hochleistung in Verbindung mit der persönlichen Autonomie des Begabten aufzeigt.

François Gagné – Differentiated Model of Giftedness and Talent

Ein neuer Ansatz zur Betrachtung von Hochbegabung bietet Robert Sternberg mit seinem „WICS"-Modell an. Die Abkürzung steht für *Wisdom, Intelligence, Creativity Synthetisised* (STERNBERG 2003). Sternberg geht davon aus, dass begabte Erwachsene in der Regel Führungspositionen in ihren Domänen einnehmen. „Zum Beispiel war Mozart ein führender Komponist, so dass andere Komponisten seiner Art des Komponierens folgten, und Musiker lernten, seine Kompositionen zu spielen; Picassos Stil als Künstler wurde von vielen Anhängern nachgeahmt" (STERNBERG 2011, S. 34). Hochbegabung wird damit zu einer gesellschaftlichen Funktion, kreative Ideen zu generieren, über analytische Intelligenz zu verfügen, die Qualität dieser Ideen zu überprüfen, praktischer Intelligenz, die Ideen umzusetzen und andere davon zu überzeugen, sowie der Weisheit, sich zu vergewissern, dass die Entscheide und deren Umsetzung für das Allgemeinwohl von Vorteil sind. Daraus ergibt sich, dass Hochbegabung sowohl Fähigkeiten als auch Einstellungen umfasst. Aus Fähigkeiten können Kompetenzen und Know-how entwickelt werden. Einstellungen entscheiden aber schließlich darüber, wie die entwickelten Fähigkeiten eingesetzt werden.

Robert Sternberg – Wisdom-Intelligence-Creativity Synthesised

Kreativität bezieht sich auf Fähigkeiten und Verhaltensweisen zum Generieren von Ideen und Produkten, die neu, qualitativ hochstehend und praktikabel sind. Sie ist gekoppelt mit dem Vermögen, jemand anderes mit einer

Idee beeinflussen zu können. Dabei handelt es sich um ein Bündel von Fertigkeiten (*skills*) und Einstellungen (*attitudes*), die weitgehend abhängig sind von Lernerfolgen sowie von bewussten Entscheiden und Verhalten der kreativen Menschen (STERNBERG & LUBART, S. 677). So wird Thomas Edison mit Bezug auf seine Erfindungen zitiert, sie seien „99% perspiration (Schweiß) und 1 % inspiration" (Eingebung) gewesen (nach STERNBERG, JARVIN L. & GRIGORENKO 2011, S. 36). Kreativität geht oft damit einher, gegen den Strom schwimmen zu müssen und unabhängig zu denken; bei gleichzeitiger Abhängigkeit von der Akzeptanz oder Nachvollziehbarkeit durch andere. Sie ist domänenspezifisch und steht nur schwach in Relation zur akademischen Intelligenz. STERNBERG und O'HARA (2000, S. 609 ff.) nennen dazu einen Schwellenwert von ungefähr IQ 120 oder gar geringer.

Intelligenz hat nach Sternberg (*Triarchic Theory of Intelligence*, 1985) drei Ausprägungen: „akademische Intelligenz", „kreative Intelligenz" und „praktische Intelligenz". Diese drei Teil-Intelligenzen zusammen ergeben das Konstrukt „Erfolgsintelligenz". Auch erfolgreiche Intelligenz in diesem Sinn verlangt nach Fähigkeiten, Fertigkeiten und Einstellungen, denn Personen mit Erfolgsintelligenz sind sowohl fähig, Sachverhalte analytisch und vernetzt zu überblicken, wie auch unterschiedliche Ideen zu generieren um Probleme zu lösen. Sie sind aber auch fähig, ihre Fähigkeiten im Rahmen des Machbaren und in der jeweiligen sozialen Umwelt richtig auszubalancieren durch Adaptation (Anpassung an die Umwelt), Shaping (Gestaltung der Umwelt) oder Selection (Wahl einer neuen Umwelt) (STERNBERG/JARVIN/GRIGORENKO 2011, S. 44).

Weisheit meint, dass eine hochbegabte Person ihre Intelligenz, Kreativität und ihr Wissen in Verbindung mit positiven ethischen Werten zugunsten des Allgemeinwohls so nutzt, dass sie dabei intrapersonale (ihre eigenen) und extrapersonale (institutionelle, organisatorische und geistige) Interessen berücksichtigt – und dies sowohl kurzfristig wie über eine längere Zeit betrachtet (ebd., S. 50). Hohe Begabung wird damit in Beziehung gesetzt zu werthaftem und positivem Handeln zugunsten einer Allgemeinheit.

7 Schulentwicklung und Didaktik der Begabungsförderung

Im Spiegel der gesellschaftlichen Entwicklungen einer zunehmend pluralen und heterogenen Gesellschaft einerseits und mit dem Ziel der Verringerung sozialer Ungerechtigkeit andererseits sind die Schulen aufgefordert, ihren pädagogischen Auftrag im Sinn einer „Schule der Vielfalt in der Gemeinsamkeit" (NESTLE 1996, S. 279) neu zu definieren. Die Herausforderung einer zukunftsoffenen Gesellschaft ohne Ausgrenzung, in der jedes Mitglied seine Bedeutung findet, und deren Potenzial und soziales Kapital in der „Verschiedenheit der Köpfe" (J.F. Herbart) liegt, findet damit ihr Abbild in einer diese soziale Realität ernst nehmenden und daraufhin vorbereitenden Schule der Inklusion (BOBAN/HINZ 2003; BÜRLI 1997 S. 55f.; WILHELM/BINTINGER 2001, S. 45).

Inklusion – Schulen der Vielfalt

Eine derartige Forderung steht in Übereinstimmung mit der UN-Kinderrechtskonvention und der Salamanca-Erklärung (UNESCO 1994), die 2008 anlässlich der 48. Weltbildungsministerkonferenz ausdifferenziert wurde: „Inklusive Bildung im Bildungsbereich bedeutet, dass allen Menschen die gleichen Möglichkeiten offen stehen, an qualitativ hochwertiger Bildung teilzuhaben und ihre Potenziale entwickeln zu können, unabhängig von besonderen Lernbedürfnissen, Geschlecht, sozialem und ökonomischem Status. Dabei muss sich der Lernende nicht in ein bestehendes System integrieren, sondern das Bildungssystem muss die Bedürfnisse aller Lernenden berücksichtigen und sich an diese anpassen" (Deutsche UNESCO-Kommission 2012). Ein differenziertes und gleichzeitig flexibel anwendbares Modell einer inklusiven Schul- und Unterrichtsentwicklung stellt das „schulweite Enrichment-Modell" von Joseph Renzulli dar, das im Folgenden vorgestellt wird.

7.1 Das „Schoolwide Enrichment Model" als Choreografie inklusiver Begabungs- und Begabtenförderung

Das „Schoolwide Enrichment Model" (SEM) nach RENZULLI (1978) und RENZULLI/REIS (2009) gilt als weltweit anerkanntes Modell der Begabungsförderung und der entsprechenden Unterrichts- und Schulentwicklung. Ausgehend vom „Drei-Ringe-Modell" entwickelten Renzulli und sein Team Instrumente der Identifizierung Hochbegabter (RENZULLI 2004), anschließend das „Multiple Menu Modell" (1988, 2009) zur Schulentwicklung, die „Operation Houndstooth" zu den co-kognitiven Faktoren der Begabungsförderung (2002, 2008) sowie das „Triad Model" (1976) und das „Parallel Curriculum"

J. Renzulli – Schoolwide Enrichment Model

(2002) als didaktische Ansätze. In den letzten Jahren kam ein onlinebasiertes „Renzulli Learning System" (2007) dazu. Das SEM stellt ein umfassendes Konzept einer begabungsfördernden Unterrichts- und Schulentwicklung dar, das vom Modell bis zur praktischen Umsetzung reicht. Es ermöglicht jeder Schule, entweder aus einzelnen Elementen oder aus dem gesamten Modell auf allen Schulstufen und den jeweils bestehenden Schulstrukturen entsprechend flexibel ihr eigenes Programm zu entwickeln.

Von Beginn an wird das SEM am *National Research Center on the Gifted and Talented* der USA auf der Grundlage von Ergebnissen umfassender Begleitforschung weiterentwickelt. Anliegen ist es, den Schulen erprobte Praktiken zur Verfügung zu stellen, die so aufeinander abgestimmt sind, dass sie beides ermöglichen: „High-end learning" für Hochbegabte ebenso wie ein integratives Modell breiter Begabungsförderung aller im Sinn von „A rising tide lifts all the ships" (RENZULLI/REIS 1997, S. 3). Das SEM wurde bislang in zahlreichen Ländern der Erde adaptiert und als Grundlage nationaler und lokaler Begabungskonzepte herangezogen. Die einzelnen Elemente des Konzepts werden im Folgenden genauer ausgeführt.

Schoolhouse Giftedness, Creative-productive Giftedness

Mit Blick auf die bestehende Praxis muss davon ausgegangen werden, dass zwei Arten von Begabung wahrgenommen und gefördert werden sollen: *Schoolhouse Giftedness* und *Creative-productive Giftedness* (RENZULLI 2009, S. 324). Die schulische Begabung drückt sich in guten Noten und Schulleistungen aus. Als „kreativ-produktive Begabung" wird diejenige Begabung bezeichnet, die oft erst im weiteren Leben erkannt wird. Sie umfasst erweiterte Fähigkeiten, wie die Anwendung von Inhaltswissen (*content*) ebenso wie prozedurales Wissen (*process, thinking skills*), aber auch unabhängiges und vernetztes Denken in integralen Problemlöse- oder Gestaltungsprozessen. Solche Begabung kann sich in der Schule eher in entsprechend offenen und diese Fähigkeiten stimulierenden Lernarrangements zeigen, weshalb solche für die Begabungsentwicklung bedeutsam sind.

Begabungsförderung auf mehreren Ebenen

Der reguläre Lehr- oder Bildungsplan einer Schulart gilt in der Regel als verbindliche Grundlage des Lernens. Er soll von allen Schüler/innen erreicht werden können. Das SEM als Maßnahme der Begabungsförderung schließt an die jeweils geltenden Lehr- und Bildungspläne an und will den Unterricht bereichern. Einerseits innerhalb des regulären Lehrplans durch eine Ausdifferenzierung von Lernmaterialien und Lernaufgaben auf verschiedenen Anspruchsebenen. Andererseits durch ergänzende Lernfelder und Möglichkeiten zusätzlichen Kompetenzerwerbs, insofern dies aufgrund der Potenziale der Lernenden möglich ist. Drei Fördermaßnahmen haben sich in über 40-jähriger Forschungsarbeit bewährt:

- Curriculum-Modifikation im Sinn von Lehrplanstraffung (*Compacting*) für Schüler/innen, die etwas bereits können resp. weniger Übungszeit benötigen. Dies beinhaltet auch zusätzliche Vertiefungsangebote innerhalb des Lehrplans;
- zusätzliche Lehr- und Lernangebote (*Enrichment*) über den regulären und normativen Lehrplan hinaus;
- das Total Talent Portfolio als Dokumentation individueller Begabungspotentiale, Interessen und Leistungen, das sowohl eine qualifizierende wie auch eine die Lernwege steuernde Funktion einnimmt.

Dabei gelangen diese drei Maßnahmen sowohl innerhalb des Klassenunterrichts zur Anwendung, als auch in zusätzlichen Lernangeboten für besonders leistungsstarke Schüler/innen (*Enrichment Clusters*), die mancherorts auch als Pull-Out-Programme oder Begabungsateliers bezeichnet werden.

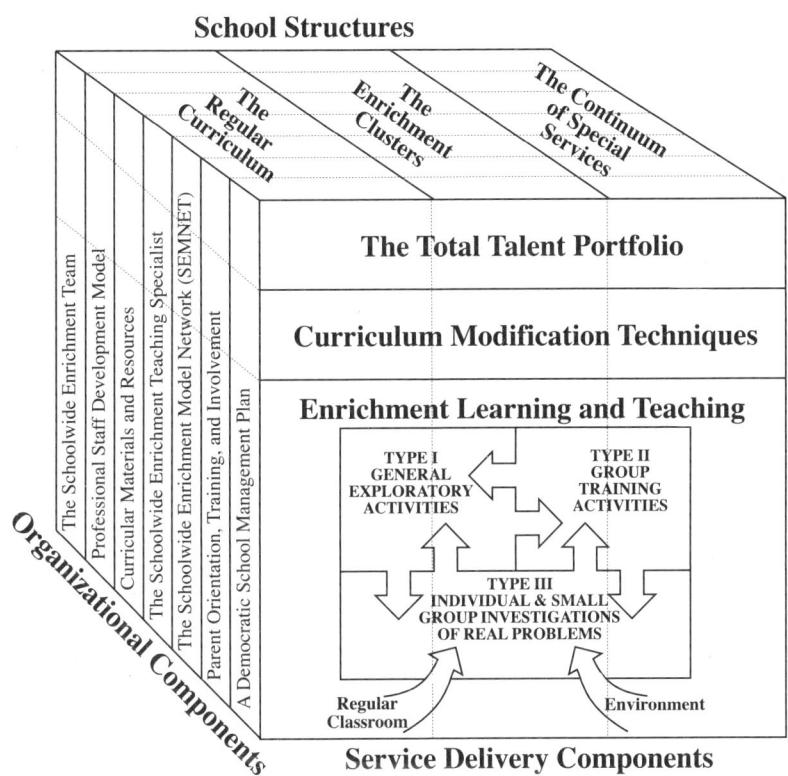

Abb. 2: Schoolwide Enrichment Model (nach Renzulli 1997, S. 23).

7.2 Orte der Begabungsförderung

Umfassende Begabungsförderung findet deshalb an unterschiedlichen Orten statt, denn es braucht eine Stammklasse, um festzustellen, wo eine Leistung im Vergleich zur Peergroup herausragt, und eine Bezugsgruppe mit besonders hohen Leistungsansprüchen, um sich gegenseitig herauszufordern und im Rahmen Gleichgesinnter anzuspornen. Die Lerngemeinschaft oder Klasse, in der Begabung als überdurchschnittliche Fähigkeit erkannt wird, ist deshalb nicht dieselbe Gruppe, in der sich Hochleistende in Resonanz zueinander auf hohem Niveau verstärken können. Diese Einsicht ist zentral für eine Definition von Inklusion, die davon ausgeht, dass es in einer inte-

Stammklasse und Zusatzförderung

grativen Schule der Vielfalt einander ergänzend beide Strukturen braucht: Diejenige der sozialen Bezugsgruppe, in der in der Stammklasse gelernt wird in einer gemeinsamen Gesellschaft – bei aller Unterschiedlichkeit– sein Bestes zu leisten und sich dabei gegenseitig zu unterstützen (kooperatives Lernen). Dazu ergänzend aber auch die Interessens- und Leistungsgruppen, in der Begabte einander in ihrer „Zone nächster Entwicklung" positiv beeinflussen und verstärken können (individualisiertes Lernen). Eine Schule der Inklusion wird demnach innerhalb der Schule als „Lernende Gemeinschaft" in einer Choreografie unterschiedlicher Lernangebote das Lernen in der sozialen Bezugsgruppe (Klasse) mit klassenübergreifend zusätzlichen Lernangeboten (*Enrichment Clusters*) für eine interessengeleitete, fähigkeitsbezogene und leistungsdifferente Förderung miteinander vereinen.

Enrichmentgruppen

Enrichmentgruppen (*Enrichment Clusters*) sind Lerngruppen außerhalb des regulären Lehrplans, in denen Schüler/innen mit überdurchschnittlichen Fähigkeiten und gemeinsamen Interessen innerhalb der regulären Schulzeit zu festgelegten Zeiten mit einer Person zusammenarbeiten, die über erweitertes Wissen, Expertise und einen entsprechenden Abschluss verfügt. Dabei wird davon ausgegangen, dass zwischen 15 und 20 % der Schüler/innen über Potenziale verfügen, die von besonderer Förderung in einem solchen Talent Pool profitieren würden. „Fünfzehn bis zwanzig Prozent einer Altersgruppe scheint eine vernünftige Größenordnung zu sein, weil wir davon ausgehen müssen, dass ein Teil der Spitzenleistungen später von Mitgliedern dieser Gruppe erbracht wird ..." (WEINERT 1990, S. 10).

Die Enrichmentgruppen schaffen eine Lernsituation, in der anspruchsvolle Methoden des forschenden Lernens, höher stehende Denkfertigkeiten sowie kreative Produktivität gefordert sind. Sie fördern kooperatives Lernen bei der Bearbeitung realer Problemstellungen und sollen den Aufbau eines positiven Selbstkonzepts begünstigen. „A major assumption underlying the use of enrichment clusters is that every child is special if we create conditions in which that child can be a specialist within a specialty group" (RENZULLI 1994, S. 70).

Spezielle Förderung

Schüler/innen, die Leistungen auf höchstem Niveau in einer oder mehreren Begabungsdomänen erbringen, sind – zusätzlich zur Förderung in den Klassen und in Enrichmentgruppen – auf eine weitergehende individuelle Beratung und Unterstützung angewiesen. Für sie können u.a. zusätzliche Abschlüsse (z.B. International Baccalaureate), die Teilnahme an nationalen Förderprogrammen und Wettbewerben sowie Sommerakademien angeboten werden. Weitere Fördermöglichkeiten sind Frühstudien, die bereits an zahlreichen Universitäten eingerichtet sind (zeitgleich zur vorbereitenden Schule), die spezielle Förderung an Musik- oder Sportakademien (neben dem regulären Schulbesuch) oder domänenspezifische Mentorate mit Künstler/innen, Wissenschafler/innen oder weiteren Expert/innen. Die Fachperson für Begabungsförderung einer Schule koordiniert die schulischen und die außerschulischen Fördermaßnahmen in Zusammenarbeit mit den Schüler/innen, Lehrpersonen und Eltern.

Drehtürmodell

Der ursprünglich von Renzulli eingeführte Begriff „Drehtürmodell" (*Revolving Door*) wird als Bezeichnung für eine flexible Form der Organisation individueller Förderanlässe verwendet. Aufgrund der Feststellung eines Förderbedarfs wird Schülerinnen und Schülern ermöglicht, partiell den regulären Unterricht zu ersetzen, um sich einer individuellen Aufgabe widmen zu können, im Talent Pool der Schule teilzunehmen, mit einer Mentorin oder einem Mentor in ihrer Begabungsdomäne zu lernen oder Kurse einer höheren Stufe außerhalb des regulären Stundenplans zu besuchen (vgl. RENZULLI/ REIS 2001, S. 55 ff.; RENZULLI/REIS/STEDTNITZ 2001, S. 57 ff.).

Zwischen der Lehrperson, deren Unterricht wegfällt, den Lernenden und der das Begabtenprogramm verantworteten Fachperson der Schule wird eine Art Lernvertrag abgeschlossen, der Folgendes enthalten sollte: Nennung der speziellen Aufgabe und der begleitenden Lehr- oder Mentoratsperson, Erklärung der Schülerin oder des Schülers bezüglich ihrer/seiner Selbstverantwortung für die Sicherstellung und Art der Kompensation der Lerninhalte der ausfallenden Unterrichtsstunden, Art des Nachweises der erbrachten Leistung aus dem individuellen Förderanlass (z. B. durch Lernjournal oder ein Leistungsportfolio) oder des Rückflusses der Ergebnisse der Zusatzförderung in die Klasse oder Schule (Präsentationen u. a.).

Die Bezeichnung „Drehtürmodell" signalisiert, dass Schüler/innen zwischen normalem Unterricht und individueller Förderung ohne aufwändige administrative Verfahren in hoher Flexibilität wechseln können, sofern das Basislernprogramm garantiert und eine zusätzliche Förderung angezeigt ist. Das Modell verlangt eine hohe Flexibilität von den Lehrpersonen und Schulen. Es leistet aber einen wertvollen Beitrag, dass Kinder und Jugendliche ihre Lernzeit optimal nutzen können und „Warteräume" durch Zurückhalten oder Beschäftigen (bis alle Schüler/innen einer Klasse das Lernziel erreicht haben) verhindert werden. In den Grundschulen wird es oft eingesetzt, damit die Kinder die Angebote im klassenübergreifenden Talent Pool, in Pull-Out-Stunden oder in Begabtenateliers wahrnehmen können; in fortgeschrittenen Schularten geben Freistellungen vom Normunterricht die Gelegenheit, mit außerschulischen Berufsleuten, Künstlern, Forschern und Fachmentor/innen zusammenzuarbeiten oder auf gymnasialer Stufe an Frühstudienprogrammen teilzunehmen. Schulen regeln dies auf vielfältige Art. Voraussetzung dazu ist stets, dass Lehrpersonen und die Schule als Institution erkennen, dass nicht alles im Rahmen auch des besten regulären Unterrichts leistbar ist, dass zusätzliche Lernaktivitäten über die Klasse hinaus oder außerhalb der Schule die individuelle Begabungsförderung von Schüler/innen unterstützen können und dass damit zusätzliche wertvolle Impulse in den Unterricht zurückfließen können.

Die flexible Handhabung nach dem Drehtürmodell entspricht in besonderem Maß dem dynamischen Verlauf von Begabungen. Auf diese Weise nehmen Lernende zu jener Zeit an Förderprogrammen teil, wenn Hochleistung zu erbringen möglich ist. Sie nutzen die Programme solange sie darin hohe Leistung erbringen und verbleiben dadurch auch nicht administrativ verordnet auf Schuljahresdauer in den Begabungsprogrammen, wenn sie die Lernzeit für anderes benötigen oder sich entwicklungsbedingte oder situative Veränderungen ergeben.

Flexibilisierte Begabungsförderung

7.3 Methoden der Begabungsförderung

Lehrplanstraffung

Lehrplanstraffung geht davon aus, dass nicht alle Lernenden die gleiche Zeit zur Aneignung von Inhalten benötigen. „Warteräume" sollen abgebaut und unnötig lange Übungsphasen für Schüler/innen anderweitig genutzt werden. Das Ziel ist, dass alle Lernenden ihre Lernzeit optimal einsetzen. Die Didaktik des *Curriculum Compacting* lässt sich in folgenden Schritten darstellen:

- Konkretisieren der Lernziele: Welches sind die minimalen Lernziele (Basiswissen), die alle Schüler/innen erreichen sollen? Welches wären ergänzende anspruchsvollere Vertiefungsinhalte?
- Identifizieren der Schüler/innen, welche die Lernziele bereits beherrschen oder in verkürzter Zeit erlernen können. Vorwissen aufnehmen. Durchführung von Vortests oder von Standortbestimmungen, die aufzeigen, welche Schüler/innen die entsprechenden Ziele bereits erreichen.
- Verkürzen von Lern- und/oder Übungszeit für Schüler/innen, die Inhalte bereits beherrschen oder mit einer komprimierten Vermittlungs- und Anleitungszeit fähig sind, die Lernziele zu erreichen. Dazu eignen sich in besonderem Maß verkürzte Inputs in Gruppen für schnellere Lernende, Minilektionen, aber auch Leittexte oder Selbstlernangebote.
- Weglassen von Übungsphasen, wenn die Lernziele bereits erreicht werden.
- Anbieten herausfordernder Alternativen. Die frei werdende Zeit kann unterschiedlich eingesetzt werden: Zur Defizitbearbeitung in anderen Domänen, zur zusätzlichen Vertiefung in einem Wissensgebiet, aber auch für interessengeleitete individuelle Projekte und Enrichmentangebote (vgl. RENZULLI/REIS/STEDTNITZ 2001, S. 73 ff.).

Parallel Curriculum

Beim *Parallel Curriculum* handelt es sich nicht um einen alternativen Lehrplan, sondern darum, die regulären Lehrpläne unter vier Gesichtspunkten begabungsfördernd anzureichern und auszudifferenzieren: „Basislehrplan" (*Core Curriculum*), „Vernetzung", „Anwendung" und „Bezug zur Identität". Der Basislehrplan gilt als Ausgangspunkt der schulischen Lernprozesse für alle. Dabei werden bereits dessen Inhalte je nach individuellen Fähigkeiten erhöht, z. B. indem „Begabten" schwierigere Texte und komplexeres Unterrichtsmaterial zur Verfügung gestellt werden, anspruchsvollere Bearbeitungsmethoden zum Einsatz gelangen, vertiefende Problem- und Fragestellungen herausgefordert werden, die Lerninhalte in erweiterte Kontexte überführt, Begegnungen und Zusammenarbeit mit erwachsenen Experten initiiert oder Reflexionsfragen zur Relevanz der Informationen und weiterführende Gedanken angeregt werden.

Der Aspekt der Vernetzung (*Curriculum of Connections*) regt Lernende stärkenorientiert an, verschiedene Schlüsselkonzepte aus dem Grundcurriculum miteinander zu verbinden und zueinander in Beziehung zu setzen. Dies geschieht etwa durch Variationen von Bedingungen oder Kontexten, durch das In-Beziehung-Setzen des Gelernten zu verschiedenen Fachdisziplinen, Zeiten, Orten oder Kulturen, durch die Diskussion verschiedener Perspektiven (z. B. soziale, ökonomische, technologische, politische) oder durch den Vergleich unterschiedlicher Aussagen von Personen mit differenzierten Sichtweisen auf die Lerninhalte.

Der Anwendungsaspekt (*Curriculum of Practice*) soll Lernenden helfen, ihr Wissen sicher und mit dem nötigen Selbstvertrauen in verschiedenen Situationen anzuwenden. Schüler/innen bauen – je nach ihren Fähigkeiten – Expertise in der Umsetzung von Wissen in Performanz (Handlungskompetenz) auf und lernen kennen, wozu das Wissen im Alltag oder in Berufen dienlich resp. notwendig ist. Sie entwickeln Fähigkeiten im praktischen Umsetzen, setzen sich aber auch mit dem Nutzen der Lerninhalte und dazugehörigen Sinnfragen auseinander. Sie lernen dabei Bedingungen der Umsetzung von Wissen in Praxis kennen und können selber zu kreativen Akteuren konkreter Anwendungen werden.

Durch den Bezug zur eigenen Identität (*Curriculum of Identity*) werden die Lernenden explizit dazu angehalten, die unterschiedlichen Lerninhalte zu den eigenen Interessen, Stärken, Förderbedürfnissen, Möglichkeiten der eigenen Lebensgestaltung und Zukunftsvorstellungen in Beziehung zu setzen. Sie sollen dabei sowohl eigene Interessen und Neigungen wahrnehmen als auch Bewusstsein über das in den jeweiligen Domänen Leistbare erlangen. Die Lerninhalte und Fächer sollen aber auch auf deren gesellschaftliche Bedeutung und Implikationen hin diskutiert und auf ihre Passung zu den persönlichen Einstellungen und Zukunftsvorstellungen überprüft werden (vgl. TOMLINSON et al. 2002).

Unter *Enrichment* wird die Anreicherung von Lehrinhalten über die normativen Vorgaben des Lehrplans hinaus verstanden. Dies kann als Verbrei-

Enrichment-programme

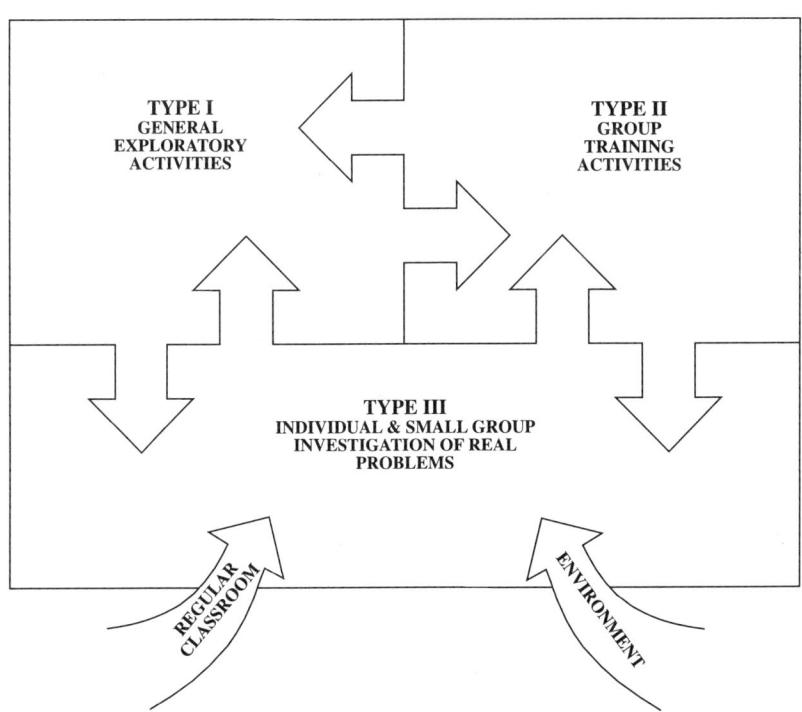

Abb. 3: The Triad Model (nach RENZULLI 1997, S. 33).

terung des Wissensfeldes, als inhaltlich vertieftes Lernen aufgrund komplexerer Problemstellungen oder als Erwerb erweiterter Kompetenzen stattfinden. Es grenzt sich explizit ab von rein quantitativem „Mehr-des-Selben" an Material- oder Aufgabenbearbeitung zum selben Inhalt oder anderen „Beschäftigungsaufgaben". Enrichment kann auf allen Ebenen, sowohl innerhalb wie außerhalb des Klassenunterrichts bzw. der Schule erfolgen. Das Enrichment baut auf drei didaktischen Ansätzen auf, die im Lernarrangement in Wechselbeziehung zueinander stehen und sich gegenseitig ergänzen. RENZULLI bezeichnet dies als *Enrichment-Triade* (Triad Model) und unterscheidet darin drei Aktionsformen, die im Prozess der Bereicherung in wechselseitiger Beziehung zueinander stehen:

Type I *Generelle explorative und Interessen weckende Aktivitäten:*

Darunter werden besondere Aktivitäten in der gesamten Schule, in den Klassen und im Fachunterricht verstanden. Diese speziellen Anlässe ermöglichen Schülerinnen und Schülern sowohl Begegnungen mit herausragenden Persönlichkeiten (Künstler, Politiker, Berufsleute, Forscher usw.) wie auch direkte Erfahrungen mit realen Themen, Problemstellungen, fremden Kulturen, Berufsfeldern, die so nicht als Wissensinhalte im Lehrplan vorgesehen sind. Ziel dieser Begegnungen ist es, neue Interessen zu wecken bzw. entdecken zu lassen und dadurch zum Lernen in dem speziellen Bereich anzuregen (vgl. REIS/RENZULLI 1997, S. 115–158).

Type II *Aufbau von Methodenkompetenzen, Lernstrategien und Praktiken:*

Bei Lernaktivitäten nach *Type II* geht es darum, Lernstrategien, Arbeits- und Denktechniken, aber auch Lerneinstellungen zur Bearbeitung anspruchsvoller Aufgaben, zu eigenständigem Arbeiten oder für individuelle Lernprojekte zu entwickeln. Der Aufbau dieser Kompetenzen erfolgt sowohl im regulären Klassenunterricht als auch in den ergänzenden Enrichment-Programmen. Er beinhaltet neben einer Vielzahl von Lern- und Arbeitsmethoden auch die Entwicklung von kreativem Denken, Problemlösestrategien und kritischem Denken sowie die Fähigkeit eines angemessenen Gebrauchs anspruchsvoller Informationsmedien wie Nachschlagewerke oder Internet. Einige Methoden sind als Techniken trainierbar, während andere erst im Zusammenhang mit Lerninhalten und im Verlauf individueller Lernprojekte auftreten und inhaltsgebunden erlernt werden müssen (vgl. ebd., S. 159–210).

Type III *Individuelle Freiarbeiten oder Gruppenprojekte:*

Type III beinhaltet begabungsspezifisches Arbeiten der Schüler/innen an individuellen Projekten – alleine oder in Kleingruppen – in ihren Interessensgebieten und Begabungsdomänen. Dabei ist diese qualifizierte individuelle Arbeit ziel- und ergebnisgerichtet. Sie kann in Freiräumen während des Regelunterrichts, im ergänzenden Talent-Pool (Pull-Out) oder in weiteren, freien Lernzeiten (z.B. frei zugängliches Ressourcenzimmer für Freiarbeiten und individuelle Projekte) in einer Schule stattfinden. Wichtig ist dabei die professionelle Lernbegleitung von Personen, die über die erforderlichen

Kompetenzen in den jeweiligen Begabungsdomänen verfügen (vgl. ebd., S. 211–294).

Das *Total Talentportfolio* dient als Sammlung individualisierter Leistungen von Schüler/innen. Dabei sollen anhand von schulischen und außerschulischen Leistungsnachweisen die Lernpotenziale, Interessen, aber auch Lern-, Denk- und Ausdrucksstile der Lernenden erfasst werden. Die zentralen Absichten des Talentportfolios sind:

(Marginalie: Talentportfolio)

- Sammeln von Informationen zu Bildungsbereichen, in denen Schüler/innen Stärken zeigen. Wahrnehmen von Begabungspotenzialen.
- Strukturieren der Informationen nach Fähigkeitsbereichen, Interessen und Lernstilen sowie weiteren Merkmalen erfolgreichen Lernens wie Organisationsfähigkeiten, Präferenzen in den Lerninhalten, personale und soziale Kompetenzen, Fähigkeiten der kreativen Produktivität und Methodenkompetenzen.
- Periodische Überprüfung und Analyse der Informationen als Grundlage für eine zielgerichtete Förderung innerhalb der Klasse und/oder in ergänzenden Enrichment-Angeboten.
- Aushandeln individueller Beschleunigungs- und Enrichmentmaßnahmen in einem partizipativen Vereinbarungsprozess zwischen Lehrpersonen und Schüler/innen und Festhalten individueller Lernzielvereinbarungen.
- Nutzen der Informationen als Grundlage der Lernberatung und zur Steuerung individueller Lernprozesse sowie für Elterngespräche über Fördermöglichkeiten und Lernerfolge ihres Kindes.

Das Talentportfolio nimmt hinsichtlich der Identifikation von Begabungspotenzialen eine wichtige Funktion ein, zeigt es doch anhand von Leistungen der Kinder oder Jugendlichen, was diese in den unterschiedlichen Begabungsdomänen zu leisten imstande sind. Die Leitfragen zur Arbeit mit dem Talentportfolio sind: Was können Lehrpersonen und Erziehende über die Interessen, Begabungen und Lernvoraussetzungen der Schüler/innen erfahren? Wie können Lehrpersonen und Erziehende diese Informationen für eine optimale Förderung der Begabungen der einzelnen Lernenden nutzen? In diesem Sinne ist das Talentportfolio ein wichtiger Eckpfeiler einer flexibilisierten und personalisierten Begabungsförderung. (vgl. ebd., S. 75–88; Müller-Oppliger 2013).

7.4 Lernpsychologische Grundlagen der Begabtenförderung

Das allgemeine Lehr-/Lernverständnis hat sich in den vergangenen Jahren drastisch verändert. Es hat sich ein Paradigmenwechsel vollzogen: Von einer normativen Didaktik des Gleichtaktes (Abbilddidaktik) und der Vorstellung, Bildungsgerechtigkeit sei, wenn für lauter Ungleiche das Gleiche mit der gleichen Methode dargeboten wird, hin zu einem konstruktivistischen Lernverständnis. Dieses bezieht die Person der Schüler/innen, ihre Herkunft und Lernvoraussetzungen, ihre Lernbiografie und ihren Eigensinn mit ein. Es ist

(Marginalie: Konstruktivistisches Lernverständnis)

klar geworden, dass bloße Anpassung an von Lehrpersonen vorstrukturiertes und didaktisch reduziertes Wissen nur ungenügend vermag, Lernende – und ganz besonders solche mit hohem Leistungspotenzial – zu autonomen, eigenständig denkenden, innovativen, selbst gestaltenden und mitverantwortenden Menschen heranzubilden.

Fünf Aspekte der Begabungsförderung
Die aktuelle Lernforschung mit Bezug auf den pädagogischen Konstruktivismus (REICH 2004; ARNOLD/GOMEZ 2007) weist in Übereinstimmung mit den Erkenntnissen der Neuropsychologie darauf hin, wie bedeutsam es ist, dass fortgeschrittenes Lernen auf individuellem Vorwissen basiert und anschlussfähig ist. Die Vorerfahrungen und Vorkenntnisse der Lernenden definieren weitgehend die Art, wie Lerninhalte aufgenommen, verarbeitet und allenfalls Vorwissen verändert oder weiter ausdifferenziert werden kann (vgl. SPITZER 2003; ROTH 2001). Lernen in diesem konstruktivistischen Verständnis bedeutet den Aufbau neuer und das Modifizieren bereits vorhandener Schemata, semantischer Begriffsfelder und individueller Wissensnetze. Für den Wissenserwerb sind dabei drei Schritte zentral: Die Aktivierung und Akzeptanz des Vorwissens, das Schaffen von Anregungen und Problemstellungen, in denen neue Informationen zum vorhandenen Vorwissen in Beziehung gesetzt werden, und dann die Gestaltung ermutigender und unterstützender Lernsituationen zum Herstellen neuer und zusätzlicher Verbindungen. Dies lässt sich vor allem in differenzierenden Lernarrangements verwirklichen, in denen Begabte Informationen, Problemstellungen und Simulationen auf ihre jeweiligen Lernniveaus bezogen erwarten dürfen. Dabei sind für personalisierte Lern- und Verstehensprozesse in begabungsfördernden Lernarrangements fünf Aspekte von zentraler Bedeutung: „Emotionen", „Motivation und Volition", „Kognition", „Aktion" und „Reflexion".

Emotionen
Über Emotionen wissen wir in Zusammenhang mit Lernprozessen, dass positive Emotionen (z.B. das Wissen, als Mensch mit all seinen Stärken und Schwächen und seiner Herkunft akzeptiert und respektiert zu sein sowie das Erleben von Wertschätzung und Sicherheit) holistische und kreative Formen des Denkens fördern. Spannungsfreie und positiv erlebte Lernsituationen begünstigen die Bereitschaft, „riskantere" und auch innovativere und kreativere Wege des Denkens und Handelns zu beschreiten. Dies beinhaltet auch eine Fehlerlernkultur, eine Lernsituation, in der Fehler weder Beschämung noch persönliches Versagen darstellen, sondern als unvermeidbare Normalität in Lernprozessen gelten und ein Durchgang zu besserem Verstehen sind.

Demgegenüber zieht ein negativ besetztes Lernklima, das durch Stresserleben, Prüfungs- oder Versagensangst, Leistungsdruck oder soziale Spannung geprägt ist, einen eher eingeengten, auf Sicherheit und auf Details fokussierten (fixierten) weniger beweglichen Denkstil nach sich. Die Konzentration wird in solchen Situationen auf einfache und sicher zu bewältigende Problemstellungen oder Handlungsweisen zurückgenommen. Lernen neigt in dieser Situation zum Bestehen oder Erfüllen normativer Anforderungen; experimentelles und exploratives Entdecken wird eher vermieden. Negative Emotionen wie die Angst vor Beschämung oder rivalisierenden Vergleichen (z.B. mittels einiger gängiger Leistungsbewertungsverfahren) aber auch das Erleben von Druck, sich oder anderen gegenüber bestehen zu müssen, können als Konsequenz den Einsatz weniger flexibler Problemlösestrategien und Denkleistungen und ein rigides und undifferenziertes „richtig-falsch-Lernen" nach sich ziehen (BLESS/FIEDLER 1999; ABELE 1996; BLESS 1997).

Zeitgenössische Motivationstheorien beinhalten den Aspekt des eigenen Entscheids des Lernenden, sich auf den Lernprozess und die Anforderungen einzulassen oder sich diesen zu verweigern oder zu entziehen. HECKHAUSEN (1989) bezeichnet dies mit dem „Überschreiten des Rubikon", nach dessen Entscheid, sich auf eine Sache einzulassen, es keinen Rückzug mehr gibt. Die „Erwartungs-mal-Wert"-Theorie (ATKINSON 1957) sowie nachfolgende „Use and Gratification"-Ansätze sind sich darin einig, dass sich die Handlungsbereitschaft eines Lernenden aus den Erfolgserwartungen (ob es gelingen mag oder nicht) und dem Wert der Handlungsfolgen (was es bringt; welche Konsequenzen es nach sich ziehen mag) zusammensetzt. Die Motivation Lernender entscheidet sich meist aufgrund folgender Fragen: Mit welchem Ergebnis ist zu rechnen, wenn ich handle bzw. nicht handle? Wie leicht/schwer fällt es mir, in dieser Situation die notwendigen Handlungen auszuführen? Kann ich das Ergebnis durch eigenes Handeln hinreichend beeinflussen? Inwieweit kann ich damit rechnen, dass ein bestimmtes Ergebnis die erwünschten Folgen nach sich zieht? (vgl. RHEINBERG 1997).

> „Motivation" beinhaltet „Volition"

In Bezug auf Motivation ist die „Selbstwirksamkeitstheorie" (DECI/RYAN 1993; WILD/KRAPP 1996; PRENZEL et al. 1996; PINTRICH/ROESER/DEGROOT 1994) von höchster Bedeutung für die Gestaltung schulischer Lernprozesse. Umso mehr erstaunt es, dass sie oft zu wenig konsequent den Eingang in die schulische Berufspraxis gefunden hat.

Die Selbstbestimmungstheorie besagt, dass Lernmotivation auf einer höheren Stufe zu erwarten ist,

> Selbstwirksamkeit

– je stärker die Lernenden sich als „Verursacher ihrer Handlungen" erleben
– je mehr sie sich von ihren Lehrpersonen akzeptiert fühlen
– je häufiger sie im Unterricht einen persönlichen Lernfortschritt erkennen
– je mehr Wert auf kooperatives Arbeiten und soziale Lernziele gelegt wird
– je mehr Mitbestimmungsmöglichkeiten sie wahrnehmen können.

Umgekehrt ist mit einer umso niedrigeren Motivation zu rechnen,

– je stärker Lehrpersonen ein kontrollierendes Verhalten an den Tag legen
– je weniger Mitbestimmungsmöglichkeiten eingeräumt werden
– je mehr Leistungsbeurteilung auf Wettbewerb im Sinn von Konkurrenz und sozialer Vergleich abzielt
– je mehr sich schulische Selektionsentscheide ausschließlich an formal erbrachten Leistungen orientieren.

Deutlich wird, dass Motivation letztlich aus eigenem Entscheiden, aus freiem Willen, der Volition des Lernenden entsteht. Dies in Abwägung der Erwartungen oder Risiken aufgrund der eigenen Lerngeschichte und in enger Verbindung mit dem eigenen Selbstkonzept sowie von der Vorstellung der eigenen Fähigkeiten, Erfolgsaussichten und Zielsetzungen. Und auch dies nur in Situationen, in denen sich Lernende als Urheber ihres Erfolgs oder eines vermeintlichen Misserfolgs als selbst wirksam erleben.

Kognition, Reflexion und Selbstbild stehen in engen Zusammenhängen zu den Emotionen und zur Motivation. Zum Aspekt der Kognition sei mit

> Kognition

Blick auf den Aufbau neuen Wissens an dieser Stelle noch einmal auf die Bedeutung der Anschlussfähigkeit von Lernaufgaben und Lernherausforderungen an das individuell unterschiedliche jeweilige Vorwissen der Lernenden hingewiesen. Dabei gehen wir davon aus, dass Lernaufgaben und Problemstellungen innerhalb einer „Zone nächster Entwicklung" von diesen als anspruchsvoll, herausfordernd und gleichzeitig erreichbar erlebt werden. Unter dieser *Zone of proximal development* (VYGOTSKY 1978) ist diejenige Zone zu verstehen, die mit Hilfe und Unterstützung Fortgeschrittener auf der Basis ihres bisherigen Wissens in einer bestimmten Zeit erreichbar ist. Da diese Zone nächster Entwicklung bei allen Schülern an biografisch unterschiedlichen (Lern-)Erfahrungen anschließt, sind mit monoton angelegten Lehranlässen nie alle Lernenden einer heterogenen Lerngemeinschaft gleichermaßen erreichbar. Für die Unterrichtsentwicklung bedeutet dies, einerseits Lernarrangements zu entwickeln, die vermögen, Schüler/innen auf unterschiedlichsten Lernniveaus, von Lernschwächeren bis hoch Begabten, anzusprechen und andererseits Lerndialoge zu inszenieren, in denen gegenseitiges Lernen voneinander (kooperatives Lernen) als Lernprinzip wirksam werden kann.

Higher Order Thinking

Im Zusammenhang mit der „kognitiven Wende" wurden in den USA eine Reihe von Modellen und über ein Dutzend Programme für die explizite Förderung höherer Denkfertigkeiten entwickelt und mit Studien ihre Effektivität belegt. Im angloamerikanischen Raum zählt deshalb die Vermittlung von *Higher Order Thinking Skills* seit Jahrzehnten zum pädagogischen Standard; ganz besonders im Rahmen von Begabungsprogrammen (COLANGELO/DAVIS 2002; COSTA 2002; VAN TASSEL-BASKA/STAMBAUGH 2006). ROGERS (2002, S. 271) führt dazu aus:

> „No matter what forms of enrichment the teacher decides to use, the key to enrichment lies in the maxim „HOTS not MOTS". In other words, whatever curriculum challenge the teacher offers, it must incorporate Higher Order Thinking Skills (HOTS) not More of the Same (MOTS)."

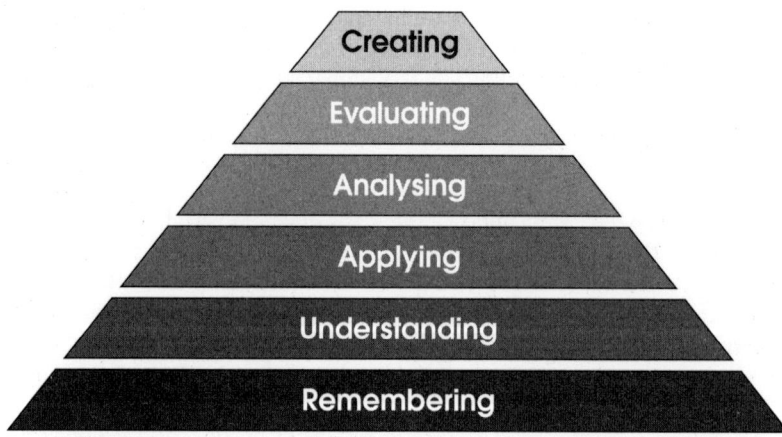

Abb. 4: Taxonomy of the Cognitive Domain (ANDERSON/KRATHWOHL 2001).

Benjamin BLOOM (1956) entwickelte zur Zeit der kognitiven Wende mit einer Gruppe von Erziehungswissenschaftler/innen eine Klassifikation kognitiver Lernstufen. Dabei wird unterstellt, dass höhere Lernstufen auf den darunterliegenden aufbauen und effektives höheres Lernen nur gegeben ist, wenn die basalen Fähigkeiten der jeweilig unteren Stufen gewährleistet sind. In den 1990er Jahren hat eine Gruppe von Kognitionspsychologen unter der Leitung von Lorin Anderson, einer früheren Studentin von Bloom, in Zusammenarbeit mit Krathwohl das Modell geringfügig überarbeitet und anstelle der Evaluation, die Stufe des konstruktiven kreativen Schaffens als höchste Kompetenz definiert.

Diese Taxonomiestufen für höhere Denkfähigkeiten stellen eine elementare Orientierungslinie dar, Lernaufgaben und Problemstellungen, aber auch die an Lernprozesse anschließende Reflexion über das eigene Lernen für alle Lernenden (und insbesondere für Schüler/innen mit hohem Leistungspotenzial) herausfordernd und anspruchsvoll im Sinn ihrer jeweiligen Zone nächster Entwicklung zu gestalten. In den Worten von VAN TASSEL-BASKA (2003, S. 174): „to turn a gifted learner's initial capacity for intellectual activity into mature competence for academic and professional accomplishment".

Anhand der vorangehenden Lerntheorien erschließt sich die Bedeutung des *Lerndialogs* und der *Reflexion* über das eigene Lernen und deren Effekte als Schlüsselstellen einer Begabungsförderung, die sich zum Ziel setzt, dass Begabte selbstbewusst und selbstgesteuert ihre Potenziale erkennen und in entsprechende Leistungen umsetzen können. Emotionen, Motivation, Denken und Reflektieren stehen in engem Zusammenhang mit dem Selbstbewusstsein der Lernenden, dem in der Begabungsförderung eine zentrale Bedeutung zukommt.

Reflexion und Selbstkonzept

Das *Selbstkonzept* kann als eine Gedächtnisstruktur definiert werden, die alle auf die eigene Person bezogenen Informationen beinhaltet. Es umfasst unter anderem das im Lauf des Lebens erworbene Wissen einer Person über ihre eigenen Kompetenzen, Bedürfnisse und Einstellungen (HANNOVER 1997; WILD 2006) und ist prägend für das Selbsterleben im Sinn von Persönlichkeitszuschreibungen („Ich bin …") und verhaltensbezogene Informationen („Ich kann …").

Für Lernprozesse generell und insbesondere für Lernprozesse besonders begabter Kinder und Jugendlicher scheint deshalb unverzichtbar, das Lernen und die Reflexion des Lernens neben der Sach- und Fachausrichtung auch auf Aspekte der Lerneinstellungen, des Selbstverständnisses und der Persönlichkeitsbildung zu erstrecken. Lernen wird so zu personalisiertem Lernen.

Personalisiertes Lernen

7.5 Begabungsförderung als personale Kompetenz und soziales Kapital

Die Ansätze innerhalb der Begabungsforschung mehren sich, die sich mit Gesichtspunkten zur Begabung jenseits einseitiger Eingrenzung auf ausschließlich hohes kognitives Potenzial auseinandersetzen. Vermehrt finden affektive, personale und soziale sowie moralische und ethische Aspekte Be-

Co-kognitive Kompetenzen

achtung als Voraussetzungen und Determinanten sich realisierender Begabung resp. Hochleistung. RENZULLI (2002, S. 33) bezeichnet diese Bedingungen als „intelligences outside the normal curve" oder als „co-cognitive traits".

Sechs Schlüssel-merkmale   Co-kognitive Personenmerkmale können über deren Bedeutung für die individuellen Lernprozesse des Einzelnen hinaus im Anschluss an Bourdieu und Passeron auch als „soziales Kapital" betrachtet werden (BOURDIEU, P. & PASSERON, L. C. 1986): als Vermögen von Mitgliedern einer Gesellschaft, zur Lösung von Problemen Einzelner oder der Gemeinschaft beizutragen. Sie sind dadurch untrennbar verbunden mit Wertefragen.

Soziales Kapital   Das soziale Kapital (neben intellektuellem und finanziellem Kapital) des Einzelnen und/oder einer Gesellschaft wird von RENZULLI (2002) als Bündel von immateriellen Werten oder personaler Ressourcen gefasst, die sich auf die kollektiven Bedürfnisse von Individuen und der Gesellschaft als Ganzes beziehen. Als Personenmerkmale werden diese sogenannten co-kognitiven Aspekte als Voraussetzung für sich entwickelndes (hoch-)begabtes Verhalten hervorgehoben. Es wird davon ausgegangen – und dies ist für Lernprozesse von hoher Relevanz –, dass co-kognitive Einstellungen mit den kognitiven Ressourcen von Menschen interagieren und deren Umsetzung in (Hoch-)Leistungen auf diese Weise erst ermöglichen oder auch behindern (RENZULLI 2006, S. 18).

Co-kognitive Personenmerkmale   Aufgrund einer breit angelegten Metaanalyse der zum Thema vorliegenden Forschungsliteratur, verbunden mit der eigenen Forschung mittels zahlreicher mehrstufiger Delphibefragungen, wurden vom NRC/GT (s. dazu S. 94) schließlich sechs hauptsächliche Komponenten oder Schlüsselmerkmale herausgearbeitet, auf die sich die weitere Forschung ausrichtet (RENZULLI 2002; SYTSMA 2003):
– Optimismus
– Mut
– Hingabe an ein Thema resp. Fach
– Sensibilität für menschliche Belange
– Körperliche und geistige Energie
– Zukunftsvision und das Gefühl, eine Bestimmung zu haben

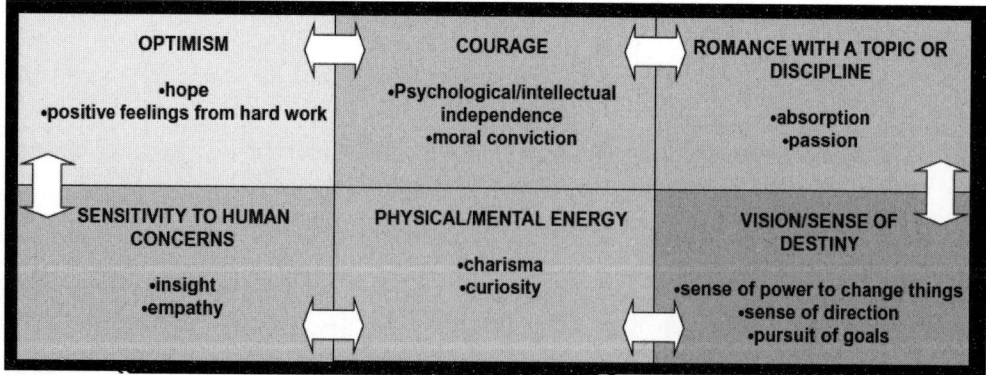

Abb. 5: Co-kognitive Personenmerkmale (RENZULLI 2002. Phi Delta Kappan 84(1), 33–40, 57–58).

Seiner Entwicklungs- und Forschungsarbeit hatte das National Research Center on Gifted and Talented (NRC/GT) die folgenden drei Leitfragen zugrunde gelegt:

– Unter welchen Umständen und mit welchen Gründen transformieren Menschen ihre Begabungen in gesellschaftlich konstruktive Handlungen?
– Ist es aufgrund eines vertieften Verstehens über die Beweggründe, wann Menschen ihre Begabungen und Energie sozial und konstruktiv umsetzen, möglich, Lernbedingungen schaffen, die dazu befähigen, soziales und ökonomisches Kapital zugunsten der gesamten Gesellschaft zu erhöhen?
– Ist es möglich, ethische und moralische Einstellungen künftiger Führungspersönlichkeiten der Politik, der Wirtschaft und der Gesellschaft positiv in der Weise zu beeinflussen, dass sich sowohl die sozioökonomische Situation der Gesamtgesellschaft als auch die gesellschaftliche Zufriedenheit erhöhen?

Der aktuelle Forschungsstand zu den einzelnen Faktoren kann folgendermaßen umrissen werden:

Optimismus (hope, positive feelings from hard work) beinhaltet kognitive, emotionale und motivationale Komponenten und widerspiegelt den Glauben an eine positive Zukunftentwicklung. Als Haltung ist Optimismus verbunden mit den Subkomponenten „Hoffnung" sowie sozial erwünschter „Zukunftserwartung" zum Vorteil des Einzelnen oder anderer und dem „Willen, diesbezüglich Anstrengung" zu erbringen. Die Bedeutung dieses Personenmerkmals und seine positiven Auswirkungen sind breit untersucht und bestätigt in Kontexten der Medizin, Psychotherapie, Familie, Arbeitsplatz und Schule. SELIGMAN und CSIKSZENTMIHALYI (2000) zeigen, dass optimistische Verhaltensweisen oder Einstellungen durch Selbstreflexion und bestimmte Interventionen von außen modifiziert und teilweise erlernt werden können. Optimismus

Der co-kognitive Faktor *Mut* umfasst die Subkonstrukte moralischer und psychologischer Mut und beinhaltet psychologische/intellektuelle Unabhängigkeit ebenso wie moralische Überzeugungen *(psychological/intellectual independence, moral convictions)*. Moralischer Mut wird eng verbunden mit moralischer Integrität, Empathie, Altruismus, und Sensibilität für allgemeine menschliche Belange (PUTMAN 1997). Psychologischer Mut verlangt nach Unabhängigkeit. Er korreliert mit der Fähigkeit, kontrovers zu denken und auch „Out-of-the-box"-Problemlösungen zu generieren. Psychologischer Mut ist einer von sechs Faktoren psychischer Gesundheit („Well-being") und zeigt sich u.a. in der Fähigkeit zur Eigenständigkeit und Autonomie. Mut

Mehrfach nachgewiesen sind Zusammenhänge zwischen Mut und Creativität (MACKINNON 1978), ebenso Mut als integraler Aspekt von Resilienz (DWECK 2006). RYF/SINGER (2003) definieren psychologischen Mut als Autonomie und als die Fähigkeit zu Eigenständigkeit, verbunden mit Risikobereitschaft, intrinsischer Motivation, Selbstbestimmung sowie Leistungsmotivation (ELLIOT/HARACKIEWITZ 1998; LOCKE/LATHAM 2002; DECI/RYAN 1993).

Hingabe an ein Ziel oder an eine Disziplin

Hingabe an ein Ziel oder an eine Disziplin (*absorption, passion*) kann mit den Begriffen Leidenschaft oder Passion, Euphorie oder *Flow* umschrieben werden. Sie beziehen sich auf physische und mentale Energie bei entsprechenden persönlichen Interessen (DECI/RYAN 1993). Während im Wort Passion die lateinische Wurzel „pati" (= Leiden), vergleichbar dem Begriff „Leidenschaft", darauf hinweist, dass jemand von einem Inhalt oder Ziel so weit ergriffen ist, dass sie oder er auch bereit ist, dafür zu leiden (Anstrengungsbereitschaft), bezeichnet *Flow* (CSIKSZENTMIHALYI 1996) die völlige Hingabe und Konzentration, das Aufgehen und „sich vergessen" in einer Tätigkeit. Dies tritt dann ein, wenn eine Balance besteht zwischen den individuellen Fähigkeiten, den Anforderung sowie dem Grad an Neuheit/Entdeckung und der Aussicht auf ein Erfolgserlebnis. Der hohe Einsatz, die Fokussierung auf ein Ziel und das Verlangen, dieses zu erreichen, sind dabei abhängig von der persönlichen Bedeutsamkeit des Vorhabens und vom Selbstvertrauen, dass Erfolg erreichbar ist (CARVER/SCHREIER 2003).

Sensibilität für menschliche Belange

Sensibilität für menschliche Belange (insight; empathy) schließt die Konzepte zu Empathie und Altruismus mit ein, die sich in Verhalten und Handlungsweisen manifestieren. Dabei gilt Empathie als primäre Grundlage für den Aufbau prosozialer und fürsorglicher Verhaltensweisen und Handlungen (EISENBERG/WANG 2003). Bekannt ist, dass die soziale Umgebung und damit verbundene Lernprozesse die Entwicklung dieser Personeneigenschaft in ihrer Entstehung beeinflussen (BATTISTICH et al. 1991; BERMAN 1997). Darüber hinaus weisen DANISH/KAGAN (1971) auf signifikante positive Veränderungen nach intensiven beratenden Interventionen hin. Sie leiten daraus ab, dass auch Sensitivität durch bestimmte spezifische Lernprozesse erlernt und positiv beeinflusst werden kann.

Physische und mentale Energie

Physische und mentale Energie (*charisma; curiosity*) verweist auf Hochleistende, die von ihrer Arbeit absorbiert, begeistert und in der Regel hoch energetisch sind. Ihnen wird mehrheitlich Charisma bei gleichzeitig auffallender Neugier und Wissbegier zugeschrieben (GOERTZEL 1978; PIECHOWSKI 1986; REIS 1995).

Unter Charisma werden nonverbaler emotionaler Ausdruck und die Fähigkeit, andere Menschen zu inspirieren oder einzunehmen, subsumiert. Dies setzt ein hohes Maß an physischer und mentaler Energie voraus (LINDHOLM 1990). Die Teilaspekte Neugier und Wissbegier sind energetisierende Komponenten, die Menschen sogar dann antreiben, wenn keine direkte Anwendung und Umsetzung des Gelernten in Aussicht steht (BERMAN 1997; DECI/RYAN 1993). Im Zusammenhang mit Lernprozessen ist mehrfach nachgewiesen (BLESS/FIEDLER 1999), dass angstfreie Lernumgebungen, die gleichzeitig offen für Entdeckungen (auch verbunden mit Lernen aus Fehlern) sind, Energie unterstützen, während übermäßige Kontrolle und Bewertung das Potenzial, Energie zu mobilisieren, verhindern.

Vision – das Gefühl, eine Bestimmung zu haben

Das *Gefühl, eine Bestimmung zu haben* (*sense of power to change things; sense of direction; pursuit of goals*), ist – so augenscheinlich dessen Wirksamkeit in Biografien von herausragenden Menschen zum Ausdruck kommt – die am wenigsten erforschte Komponente. Verstanden wird darunter die Überzeugung oder die Selbstwahrnehmung einer Person, dass das eigene Leben eine Bestimmung hat oder einer Sinn gebenden Richtung folgt. Zahlreiche Persönlichkeitstheorien, darin inbegriffen Selbstbestimmungs- und Motivationstheorien (SCHWARTZ 2000) unterstützen diesen Ansatz. Weitere Zusammenhänge bestehen zum Konzept „Wille" (ERIKSON 1964) im Sinn von Entschlossenheit und freier Wahl des Individuums sowie zu den Theorien der Selbstkontrolle (BANDURA 1977) und zur Selbstwirksamkeit (ARONSON/WILSON/AKERT 2004).

Die sechs dargestellten Personenmerkmale stehen in engem Zusammenhang mit dem Selbstverständnis und dem Selbstkonzept des Menschen, das sich als mehrdimensionales und „multiples Selbst" (HANNOVER 1997) zusammengefügt. Als ein solches Teilkonstrukt ist das „schulische Selbstkonzept", also die Einstellung zu sich und seinen Potenzialen, Leistungen und Verhaltensweisen im Kontext schulischen Lernens, für die Lernenden von zentraler Bedeutung. Für die Schule muss sich deshalb – gerade im Zusammenhang mit der Förderung co-kognitiver personaler und sozialer Kompetenzen – die Frage stellen, wie es ihr gelingen kann, den Lernenden zu ermöglichen, ein positives schulisches Selbstkonzept aufzubauen, das auch nach der Schule zu lebenslangem Lernen motiviert.

Das Selbstkonzept als Förderinstanz

7.6 Lernarrangements differenzierender Begabungsförderung

Begabungsförderung wird traditionellerweise in sog. offenen oder erweiterten Lernformen umgesetzt. Dementsprechend gehören diese zum gängigen Methodenrepertoire traditioneller Begabtenförderung (z. B. Projekte und Freiarbeit in den Talent Pools). Für eine inklusive Begabungsförderung ergibt sich eine weiterführende Möglichkeit in der Entwicklung begabungsfördernder Selbstlernarchitekturen, die potenzialorientierte Lernprozesse ermöglichen und in denen die personenzentrierte Entwicklung fachbezogener Leistung mit dem Aufbau von personalen und sozialen Kompetenzen, Lerneinstellungen und Wertebezügen verbunden wird (MÜLLER-OPPLIGER 2010, S. 51 ff.).

Unter Lernarchitektur wird dabei ein didaktisches Setting verstanden, in dem Schüler/innen in gegebenen oder offenen Themenbereichen in definierter eigener Verantwortung und weitgehend selbstgesteuert lernen. Dabei sind die Lernarchitekturen vom Inhalt her weder beliebig noch steuerungsfrei (FORNECK 2006). Selbstlernarchitekturen sind keine „Selbstbedienungsläden"; sie sind themen- und inhaltsbezogen angelegt und auf den Erwerb angestrebter Kompetenzen ausgerichtet. In der Bearbeitung der Lernfelder wird aber bewusst dem Eigensinn im Lernen (einen eigenen Sinn geben und erfahren), eigenen Entscheidungen, selbstverantwortetem Handeln und der Reflexion des eigenen Lernens großer Raum gegeben. Die Schüler/innen sollen sich als Akteure ihres eigenen Lernens erleben. Lernen gilt als aktive Selbst- und Mitgestaltung in der Auseinandersetzung mit Lerninhalten und den eigenen Lernpraktiken. In der anschließenden Reflexion zum eigenen Lernprozess entsteht im Lerndialog mit Mitschüler/innen und Lehrpersonen ein Bewusstsein für das eigene Lernen und Handeln sowie für Sinn und Bedeutungshorizonte der Lerninhalte und dahinterliegender Werte.

Begabungs-differenziertes Lernen in Selbstlernarchitekturen

Selbstsorge und
Selbstwirksamkeit

Mit der Selbstlernarchitektur und den dazugehörigen Lernbegleitungsgesprächen wird an die Erkenntnisse zur Bedeutsamkeit von Selbstwirksamkeitserfahrungen beim Lernen (DECI/RYAN 1993) angeschlossen. Die Lernenden erleben, dass sie ihr Lernen selbst beeinflussen und etwas bewirken können. Sie sind gefordert, Mitverantwortung für ihr Lernen zu übernehmen und sind Handelnde und Mitentscheidende im eigenen Lernen.

Das Entwickeln dieser Selbstwirksamkeitsüberzeugung gilt als grundsätzliche Voraussetzung zu eigenmotiviertem Lernen und zum Aufbau von Einstellungen zu lebenslangem Lernen und co-kognitiver Fähigkeiten. Sie nimmt eine pädagogische Schlüsselstellung in Lernprozessen ein.

Selbststeuerung steht in Zusammenhang mit Selbstsorge. Diese verleiht ihr eine spezifische Ausrichtung. Selbstsorge erscheint im Zusammenhang mit den aktuellen Transformationsprozessen der Gesellschaft (Neoliberalismus) und den Veränderungen traditioneller Strukturen als wichtiger Bildungsaspekt. Die Forderung nach lebenslangem Lernen und die Notwendigkeit sich Veränderungen anpassen, verlangen nach Selbstsorge des Einzelnen, nach steter Selbsterneuerung und Selbstverantwortung für die eigene Existenz und Zukunft. Der Begriff der Selbstsorge, der dem französischen Philosophen FOUCAULT (1993) entliehen ist, meint die Sorgfalt, die eine Person auf sich selbst bzw. sein eigenes Tun verwendet. Sie setzt Reflexivität voraus, die ein spezifisches Verhältnis der Lernenden zu sich selbst, zu den eigenen Aktivitäten und deren Folgen bewirkt. Dazu gehört auch Sorge zu tragen zu den eigenen Ressourcen – gerade in der speziellen Situation besonders Begabter.

Anspruchsvolle
mehrdimensionale
Lernaufgaben

Beim Lernen in vorbereiteten Lernarchitekturen oder in offener Projektarbeit erfolgt die Steuerung der individualisierten Lernprozesse durch für die Lernenden reale und kontextualisierte Problemstellungen, durch Anregungen oder durch zur Verfügung stehendes Material. In der Selbstlernarchitektur liegen Lerninhalte didaktisch aufbereitet in Form von Lernmaterialien unterschiedlicher Komplexität (Texte, Bilder, Modelle, Experimentier- und Gestaltungsmaterial, Übersichten, Bücher, Medien) vor, die eine Annäherung und Bearbeitung über unterschiedliche Zugangsweisen ermöglichen. Verschiedene (multimodale) Zugangsweisen kann an dieser Stelle auch die Berücksichtigung von Lerntypen bedeuten oder die Anschlussfähigkeit von Problemstellungen an unterschiedlich Bekanntes und Vertrautes. Personenbezogenes begabungsförderndes Lernen in der Selbstlernarchitektur kommt nicht umhin, offene oder plurale Zugänge und Bearbeitungsweisen zu ermöglichen, damit an das Vorwissen und die Voreinstellungen zu den Lerninhalten und an die Fähigkeiten der Lernenden angeknüpft werden kann.

Personalisierte
Lernprozesse

Die Schüler/innen lernen, sich eigenständig über das Lernangebot und bezüglich Problemstellungen zu informieren, sich Ziele zu setzen, zu planen und Zeit einzuteilen, sich mit anderen abzusprechen, auf ein eigenes und selbstbestimmtes oder ein gefordertes Lernziel hinzuarbeiten sowie ihre Lernergebnisse anschließend in geeigneter Form zu präsentieren und dafür einzustehen.

Mit diesen Eigenaktivitäten verbunden ist eine individualisierte Lernberatung und dialogische Lernprozessbegleitung, die ein zentrales Element des selbstgesteuertem Lernens in Lernarchitekturen darstellt. Lernberatung und Lernprozessbegleitung können fachliche und überfachliche Themen zum Inhalt haben. Sie stellen in einem an förderdiagnostischen Prinzipien orientierten Lernprozess wichtige Momente der Reflexion dar und sind wichtige Stationen in einer sich an der Umsetzung individueller Begabungspotenziale der Lernenden ansetzenden dynamischen pädagogischen Diagnostik (MÜLLER-OPPLIGER 2011, S. 60ff.).

7.7 Reflexive Auseinandersetzung mit individuellen Leistungen und Lernwegen – das Entwicklungsportfolio

Das Talent- oder Entwicklungs-Portfolio ist eine dynamische und systematisch geführte Mappe zum Sammeln und Darstellen bedeutsamer Informationen über Stärken und Fähigkeiten eines jungen Menschen. Es erstreckt sich sowohl über die schulischen wie über außerschulische Tätigkeiten, also über das gesamte Begabungsinventar eines Menschen (EISENBART/SCHELBERT/STOKAR 2010; PAULSON/PAULSON 1994, S. 60ff.; RENZULLI 1997). Das Portfolio dokumentiert individuelle Leistungen und Lernprozesse und ermöglicht so das Erkennen von Begabungspotenzialen. Damit wird es zu einer Grundlage pädagogischer Förderdiagnostik, die Lernergebnisse und Lernstile ebenso wie Lerneinstellungen erfasst und diese der reflexiven Auseinandersetzung und der Lernbegleitung im Dialog (vgl. dazu RUF/GALLIN, 2003) von Lernenden und Lehrenden zugänglich macht. Lernen mit dem Portfolio nimmt die Begabungen und Interessen der Schüler/innen zum Ausgangspunkt für Zielvereinbarungen zu selbstverantwortetem und selbstbewusstem Lernen und ermöglicht eine weitergehende Personalisierung von begabungsbezogenen Lernprozessen.

Talent- oder Entwicklungsportfolio

Bei der Reflexion der Lernwege oder der „Spuren des Lernens" (ARTER/SPANDEL, 1992, S. 36ff.) sind Aufzeichnungen von erfolgreichen oder weniger bewährten Lernstrategien ebenso bedeutsam wie der Umgang mit Widerständen, Lernen aus Fehlern und die Selbstbewertung des eigenen Lernens. „Worauf bin ich stolz?", „Was ist mir gut gelungen?" Aber auch: „Was kann ich noch nicht gut und was verlangt nach weiterer Vertiefung?" Solche Fragen rücken die Lernenden als Autoren der Portfolios ins Zentrum ihres Lernens. Die Reflexionen im Lernjournal sind Grundlagen für Standortbestimmungen und Lernberatungsgespräche. Die Lernprozesse selbst, die Reflexion darüber (DEWEY 1910; SCHOEN 1983) und das Selbstverständnis der Lernenden werden zum Thema für Lerndialoge und die gemeinsame Lernplanungen weiterführender Lernschritte, die an den personalen Begabungen und Fähigkeiten der Schüler/innen ansetzen.

Ein reflektierter Umgang mit den eigenen Begabungen verlangt von den Schüler/innen, das eigene Handeln und dessen Folgen wahrzunehmen und einschätzen zu lernen. Der Aufbau solcher Kompetenzen zum eigenverantwortlichen und selbstgesteuerten Lernen erfordert die reflexive Auseinandersetzung mit den eigenen Motiven, Lerneinstellungen und Lernstrategien.

Reflexivität und Selbstverhältnis

Die Reflexion im Lernjournal, im Talent- oder Entwicklungsportfolio will dazu anleiten, ein positives Selbstverhältnis zu den eigenen Potenzialen und deren Umsetzung in Leistung aufbauen. Dies auch im Sinne der „Selbstsorge", die FOUCAULT (1993, S. 35) als „die Sorgfalt, die jemand auf sich selbst bzw. auf sein eigenes Tun verwendet" umschreibt.

Das Reflektieren und Diskutieren ihrer überdurchschnittlichen Begabungen, ihr Umgang mit dieser Situation und ihre soziale Einbettung innerhalb und außerhalb der Lerngruppe stellen einen besonderen Schwerpunkt der Lernbegleitung begabter Schüler/innen dar. Der Aufbau eines reflektierten Selbst- und sozialen Bewusstseins kann als wesentliches Element einer auf Selbstgestaltung, soziale Mitverantwortung und lebenslanges Lernen ausgerichteten Begabungsförderung betrachtet werden.

7.8 Dialogische fachliche und überfachliche Lernberatung

Lernprozess-
begleitung

Selbstlernumgebungen sind weit mehr als das Bereitstellen vorbereiteter Lerninhalte im Vertrauen darauf, dass die Lernenden diese abarbeiten können oder wollen. Dies wäre weitgehend zum Scheitern verurteilt, denn es würde die eigentliche Intention (Lernen, eigenständig zu Lernen) zur Voraussetzung des Lernprozesses nehmen. Die Lernprozessbegleitung nimmt in der expliziten Auseinandersetzung der Schüler/innen mit ihrer eigenen Motivation, ihrem Lernen, ihren Selbsttechniken und ihrer Situation in der Lerngemeinschaft eine bedeutsame Stellung ein. Lernjournale als Reflexion zum Lernen und Portfolios als Sammlungen von Lernergebnissen leisten wichtige Dienste für die Vorbereitung und Durchführung der lerninhalts- und personenbezogenen Lernberatungsgespräche.

Fachliche
Lernberatung

Die fachliche Lernbegleitung versteht sich nicht als Kontroll- und Prüfungsanlass. Im dialogischen Lerngespräch vermögen die Lehrerpersonen zu erkennen, was die Schüler/innen von den Lerninhalten in welcher Weise verstanden haben; die personalen Wissenskonstruktionen und Verstehenshorizonte der Schüler/innen werden damit offengelegt und zu Ausgangspunkten für deren weiterführendes Lernen. Die Lernenden nehmen wahr, dass die Lehrpersonen Interesse an ihren Lösungen und an ihrem Denken haben und sie in ihrem eigenständigen und eigensinnigen Lernen unterstützen.

Relationierung
von Lesarten

Die Wissenskonstruktionen und Verstehensweisen der Schüler/innen können auch als deren „Lesarten" (WRANA 209, S. 163) bezeichnet werden. Die Lernberatung bietet dann eine Plattform, in der die „Lesarten" und subjektiven Verstehensweisen der Lernenden mit denjenigen der Lerngruppe oder der Lehrer/in in Beziehung gesetzt und diskutiert werden. „Lernen im Dialog", orientiert am Austausch eigenständiger Gedanken und Co-Konstruktionen im fachlichen Diskurs treten an Stelle von oft diskussionslosem „Auswendiglernen – Kontrollieren – Bewerten". Dies scheint überall da sinnvoll, wo Lernen über bloßes Auswendiglernen und Automatisieren hinausgeht und eigenständiges Denken und wertebezogenes Urteilen möglich sind und durch anspruchsvolle Lernaufgaben im Sinn der Stufen kognitiver Herausforderung (Taxonomien nach BLOOM 1984) angelegt sind. Also für Lernsituationen, in denen geordnet, strukturiert, analysiert, gestaltet, konstruiert und evaluiert werden kann und soll. Damit erhält auch Wissen im Sinn des Higher Order Thinking eine neue Dimension und gerade besonders begabten Schüler/innen ermöglicht dies, ein „Wissen über das Wissen" zu erlangen, das in Beziehung mit Sternbergs „Succeful Intelligence" und seinem Modell „Wisdom, Intelligence and Creativity, Synthesised" gesehen werden kann (STERNBERG 2011).

Lebenslanges Lernen als Schlüsselqualifikation verlangt, das eigene Handeln und Lernen wahrzunehmen, einschätzen zu können und zu steuern. Der Aufbau von Kompetenzen zu eigenverantwortlichem und selbstgesteuertem Lernen fordert deshalb über das Erlernen des Lehrstoffs hinaus die Auseinandersetzung mit den eigenen Lerneinstellungen und Lerntechniken.

Überfachliche Lernberatung

Dabei erfahren wir in der Praxis, dass vielen Kindern und Jugendlichen zu Beginn schwer fällt, übers eigene Lernen nachzudenken und zu sprechen. Es scheint, dass vielen von ihnen die Sprache – oder auch die Vorbilder – dazu fehlen. Um Selbstreflexion aufzubauen, arbeiten wir deshalb in den Klassen anfangs oft mit einem Repertoire von gezielten Leitfragen oder Reflexionsimpulsen: „Was ist mir in welcher Weise und weshalb gelungen bzw. nicht gelungen?", „Wie bin ich die Arbeit angegangen?", „Hat sich das bewährt?", „Womit bin ich noch nicht zufrieden?", „Was macht mir Mühe?", „Ich hätte nie gedacht, dass …", „Wenn ich diese Aufgabe nochmals bearbeiten würde, würde ich … anders machen" oder „Ich habe gelernt, dass …".

Bei (hoch-)begabten Schüler/innen stellt das bewusste Reflektieren und Diskutieren über ihre besonderen Begabungen, ihren Umgang mit dieser Situation und ihr Rollenverständnis innerhalb und außerhalb einer Lerngruppe bzw. der Gesellschaft ein Schwerpunkt der Lernbegleitung dar. Der damit verbundene Aufbau eines reflexiven Selbst- und sozialen Situationsbewusstseins erscheint als ein zentraler Aspekt einer auf Personentwicklung und soziales Bewusstsein angelegten Begabungs- und Begabtenförderung.

Lerngewohnheiten, Selbsttechniken und Wertefragen stehen in enger Beziehung zum Selbstkonzept der Lernenden, welches diese aufgrund ihrer Lernbiografie und Lernerfahrungen konstituieren. Es schließt an die co-kognitiven Persönlichkeitsmerkmale und Kompetenzen an, die mitentscheidend sind, ob und wie sich die Begabungspotenziale einer Person entwickeln und an welchen Wertvorstellungen sich deren Ausgestaltung orientiert. Begabungs- und Begabtenförderung als Personentwicklung verbunden mit dem Aufbau von Werten zielt auf Begabungskonzepte, die als wichtige Bestimmung von Gifted Education auch die Bildung zu verantwortungsbewusstem „Leaderships" zu bewirken erhoffen. Begabungspotenziale können sich als personales und „soziales Kapital" ausgestalten. Unter negativen Erziehungs- und Bildungsumständen tragen sie das Potenzial in sich, destruktive Formen anzunehmen. Im optimalen Fall aber – wenn Begabungsförderung gelingt – verbinden sich fach- oder domänenspezifische Hochleistung und Exzellenz mit Fähigkeiten zur lebenslang erfüllenden Selbstgestaltung sowie für die Person wertvollen und für die Gesellschaft bedeutsamen Leistungen und Innovationen in sozial verantwortungsvollen Sinnbezügen und Werthaltungen.

Selbstgestaltung – Werteorientierung – Leadership

Literatur

ABELE, A. (1996): Zum Einfluß positiver und negativer Stimmungen auf die kognitive Leistung. In: J. Möller, O. Köller (Hg.): Emotionen, Kognitionen und Schulleistung. Weinheim, S. 91–111.

AGO, R. (1996): Junge Adlige im Zeitalter des Absolutismus: Zwischen väterlicher Autorität und Freiheit. In: G. Levi, J.-C. Schmitt (Hg.): Geschichte der Jugend. Bd. 1. Frankfurt/M., S. 383–431.

ANDERSON, L.W./KRATHWOHL, D.R. et al. (Hg.) (2001): A Taxonomy for Learning, Teaching, and Assessing: A Revision of Bloom's Taxonomy of Educational Objectives. Boston, MA.

ARISTOTELES (1981): Politik. 4. Aufl. Hamburg.

ARNOLD, R./GOMEZ TUTOR, C. (2007): Grundlinien einer Ermöglichungsdidaktik. Bildung ermöglichen – Vielfalt gestalten. Augsburg.

ARONSON, E./WILSON, T.D./AKERT, R.M. (2004): Social Psychology. 5th Edition. Upper Saddle River, NJ.

ARTER, J.A./SPANDEL, V. (1992): Using Portfolios of student work in instruction and assessment. In: Educational Measurement: Issues and Practises, 11(1), S. 36–44.

ATKINSON, J.W. (1957): Motivational determinants of risk-taking behavior. In: Psychological Review, 64, S. 359–372.

AUGUSTINUS, A. (2001): De trinitate. Hamburg.

AUREL, M. (1973): Selbstbetrachtungen. 12. Aufl. Stuttgart.

BALLAUFF, T. (1970): Skeptische Didaktik. Heidelberg.

BALLAUFF, T. (o.J.): Schule der Zukunft. Bochum.

BANDURA, A. (1977): Self-efficacy: The exercice of control. New York.

BARTHES, R. (1964): Mythen des Alltags. Frankfurt/M.

BASEDOW, J.B. (1880): Das Methodenbuch für Väter und Mütter der Familien und Völker. In: H. Göring (Hg.): Ausgewählte Schriften. Langensalza, S. 1–225.

BAUMERT, J./STANAT, P./WATERMANN, R. (Hg.) (2006): Herkunftsbedingte Disparitäten im Bildungswesen. Differentielle Bildungsprozesse und Probleme der Verteilungsgerechtigkeit. Vertiefende Analysen von PISA 2000. Wiesbaden.

BENTLEY, J.E. (1937): Superior Children. New York.

BERGER, N./SCHNEIDER, W. (2011): Verhaltensstörungen und Lernschwierigkeiten in der Schule. Paderborn.

BINET, A./SIMON, T. (1948): The development of the Binet-Simon Scale, 1905–1908. In: W. Dennis (Hg.): Readings in the history of psychology. Century psychology series. East Norwalk, CT, S. 412–424.

BINNEBERG, K. (1991): Ist „Begabung" ein unwahres Wort? Sprachkritische Bemerkungen zu einem pädagogischen Problem. In: Pädagogische Rundschau, 45, S. 627–635.

BLESS, G. (1997): Integration in the ordinary school in Switzerland. In organisation for economic cooperation and development (OECD). Implementing inclusive education. Paris.

BLESS, H./FIEDLER, K. (1999): Mood and the regulation of information processing and behaviour. In: J.P. Forgas (Hg.): Affect in social thinking and behaviour. New York, S. 65–84.

BLOOM, B.S. (Hg.) (1956): Taxonomy of Educational Objectives. The Classification of Educational Goals. Handbook I: Cognitive Domain. New York.

BLOOM, B.S. (1984): Taxonomy of educational objectives. Boston.

BODSCH, I. (Hg.) (2003): Beethoven und andere Wunderkinder. Eine Ausstellung des Stadtmuseums Bonn. Bonn.

BOLLER, S./ROSOWSKI, E./STROOT, T. (Hg.) (2007): Heterogenität in Schule und Unterricht. Handlungsansätze zum pädagogischen Umgang mit Vielfalt. Weinheim/Basel.

BORLAND, J.H. (2005): Gifted Education without Gifted Children. In: R.J. Sternberg, J.E. Davidson (Hg.): Conceptions of Giftedness. 2nd Ed. New York, S. 1–19.

BOS, W./WENDT, H. (2008): Bildungsgerechtigkeit in Deutschland: Zur Situation von Kindern und Jugendlichen mit Migrationshintergrund. In: Bertelsmann Stiftung (Hg.): Integration braucht faire Bildungschancen. Bertelsmann, S. 47–65.

BOURDIEU, P. (1970): Exzellenz in der Schule und die Werte des französischen Unterrichtssystems. In: Ders.: Wie die Kultur zum Bauer kommt. Über Bildung, Schule und Politik. Hamburg 2001, S. 53–83.

BOURDIEU, P. (1987): Die feinen Unterschiede. Kritik der gesellschaftlichen Urteilskraft. Frankfurt/M.

BOURDIEU, P. (1992): Die verborgenen Mechanismen der Macht. Hamburg.

BOURDIEU, P. (2001): Wie die Kultur zum Bauern kommt. Über Bildung, Schule und Politik. Hamburg.

BOURDIEU, P./PASSERON, J.-C. (1971): Die Illusion der Chancengleichheit. Untersuchungen zur Soziologie des Bildungswesens am Beispiel Frankreichs. Stuttgart.

BOURDIEU, P./PASSERON, J.-C. (1986): The forms of capital. In: J.G. Richardson: Handbook for Theory and Research for the Sociology of Education. New York, S. 241–258.

BOURDIEU, P./WACQUANT, L.J.D. (2006): Reflexive Anthropologie. Frankfurt/M.

BRÄU, K./SCHWERDT, U. (Hg.) (2005): Heterogenität als Chance. Vom produktiven Umgang mit Gleichheit und Differenz in der Schule. Münster.

BREMER, H. (2007): Soziale Milieus, Habitus und Lernen: Zur sozialen Selektivität des Bildungswesens am Beispiel der Weiterbildung. Weinheim, München.

BROCKERHOFF, S. (2007): „Begabtenförderung" bei August Hermann Francke am Beispiel der Lateinischen Schule. In: J. Jacobi (Hg.): Zwischen christlicher Tradition und Aufbruch in die Moderne. Das hallische Waisenhaus im bildungsgeschichtlichen Kontext. Tübingen, S. 87–110.

BUDE, H. (2011): Bildungspanik. Was unsere Gesellschaft spaltet. München.

BUNDESMINISTERIUM FÜR BILDUNG UND FORSCHUNG (Hg.) (2010): Begabte Kinder finden und fördern. Ein Ratgeber für Elternhaus und Schule. Bonn.

CAMPE, J.H. (1997): Von der nöthigen Sorge für die Erhaltung des Gleichgewichts unter den menschlichen Kräften. Heinsberg.

CASSIRER, E. (1998): Die Philosophie der Aufklärung. Hamburg.

CHRISTES, J./KLEIN, R./LÜTH, C. (Hg.) (2006): Handbuch der Erziehung und Bildung in der Antike. Darmstadt.

CICERO (1957): Vom höchsten Gut und vom grössten Übel. Bremen.

COLANGELO, N./DAVIS, G. (2002): Handbook of Gifted Education. 3rd ed. Boston u.a.

COLEMAN, J.S./CAMPBELL, E.Q./HOBSON, C.J./MCPARTLAND, F./MOOD, A.M./WEINFELD, F.D. et al. (1966): Equality of educational opportunity. Washington, D.C.

COMENIUS, J.A. (1898): Große Unterrichtslehre. 4., verb. Aufl. Langensalza.

CONDORCET, M. de (1949): Bericht über die allgemeine Organisation des öffentlichen Unterrichtswesens. In: R. Alt (Hg.): Erziehungsprogramme der Französischen Revolution. Berlin, Leipzig, S. 61–117.

COSTA, A. (2002): In the Habit of Skillful Thinking. In: N. Colangelo, G. Davis (Hg.): Handbook of Gifted Education. 3rd ed. Boston u.a., S. 204–218

DANISH, S.J./KAGAN, N. (1971): Measurement of affective sensitivity: Toward a valid measure of interpersonal perception. In: Journal of Counseling Psychology, 18, S. 51–54.

DARWIN, C. (1982): Die Abstammung des Menschen. 4. Aufl. Stuttgart.

DECI, E.L./RYAN, B.M. (1993): Die Selbstbestimmungstheorie der Motivation und ihre Bedeutung für die Pädagogik. In: Zeitschrift für Pädagogik, 39, S. 223–238.

DEUTSCHE UNESCO-KOMMISSION e.V. (2012): http://www.unesco.de/inklusive_bildung_inhalte.html [Stand: 30.10.2012].

DEWEY, J. (1897): My pedagogic creed. In: The School Journal, Vol. LIV, No.3, January 16, S. 77–80.

DEWEY, J. (1933): How we think. A Restatement of the Relation of reflective Thinking to the Educative Process. Lexington.

DEWEY, J. (1935): Das Problem der Freiheit in den neuen Schulen. In: P. Petersen (Hg.): Der Projekt-Plan. Grundlegung und Praxis von John Dewey und William Heard Kilpatrick. Weimar, S. 199–205.

DEWEY, J. (1986): Erziehung durch und für Erfahrung. Eingel., ausgew. u. komment. v. H. Schreier. Stuttgart.

DEWEY, J. (1989): Die Erneuerung der Philosophie. Hamburg.

DEWEY, J. (2000): Demokratie und Erziehung. Eine Einleitung in die philosophische Pädagogik. Weinheim/Basel.

DEWEY, J./KILPATRICK, W.H. (1935): Der Projekt-Plan. Grundlegung der Praxis. Weimar.

DIELS, H./KRANZ, W. (Hg.) (1952): Die Fragmente der Vorsokratiker. Bd. 1–3, 6. verbesserte Aufl. Berlin.

DIESTERWEG, A. (1958): Wegweiser für deutsche Lehrer. Paderborn.

DREWEK, P. (1989a): Die Begabungsuntersuchungen Albert Huths und Karl Valentin Müllers nach 1945. In: Zeitschrift für Pädagogik, 35, S. 197–217.

DREWEK, P. (1989b): Begabungstheorie, Begabungsforschung und Bildungssystem in Deutschland 1890–1918. In: K.-E. Jeismann (Hg.): Bildung, Staat, Gesellschaft im 19. Jahrhundert. Stuttgart, S. 387–412.

DWECK, C.S. (2007). Selbstzweck. Frankfurt/M.

EHMKE, T./JUDE, N. (2010): Soziale Herkunft und

Kompetenzerwerb. In: E. Klieme et al. (Hg.): PISA 2009. Bilanz nach einem Jahrzehnt. Münster, New York, München, Berlin, S. 231–254.

EHRENBERG, A. (2004): Das erschöpfte Selbst. Depression und Gesellschaft in der Gegenwart. Frankfurt/M., New York.

EISENBART, U./SCHELBERT, B./STOKAR, E. (2010): Stärken entdecken – erfassen – entwickeln. Das Talentportfolio in der Schule. Bern.

EISENBERG, N./WANG, V.O. (2003): Toward a positive psychology: Social developmental and cultural contributions. In: L.G. Aspinwall, U.M. Staudinger (Hg.): A psychology of human strenghts: Fundamental questions and future directions for a positive psychology Washington, D.C., S. 117–131.

ELLIOT, J. (1991): Action Research for Educational Change. Buckingham.

ERICSSON, K.A./CHARNESS, N. (1994): Expert performance: Its structure and acquisition. In: American Psychologist, 49, S. 725–747.

EYDT, A. (1939): Auslese und Ausmerze in der Volksschule. In: Volk und Rasse, 12, H. 3, S. 344–351.

FELDMANN, D.H./GOLDSMITH, L.T. (1986): Nature's gambit: Child prodigies and the development of human potential. New York.

FISCHER, Ch. (2003): Hochbegabung und Lernschwierigkeiten. In: journal für begabtenförderung 2, S. 21–29.

FISCHER, Ch./MÖNKS F. J./WESTPHAL, U. (Hg) (2008): Individuelle Förderung: Begabungen entfalten – Persönlichkeit entwickeln. Allgemeinen Forder- und Förderkonzepte. Münster.

FLÖTER, J./WARTENBERG, G. (Hg.) (2004): Die sächsischen Fürsten- und Landesschulen. Interaktion von lutherisch-humanistischem Erziehungsideal und Eliten-Bildung. Leipzig.

FORNECK, H.J. (2006): Selbstlernarchitekturen. Lernen und Selbstsorge I. Baltmannsweiler.

FOUCAULT, M. (1993): Technologien des Selbst. In: H.M. Luther, H. Gutmann, P.H. Hutton (Hg.): Technologien des Selbst. Frankfurt/M., S. 24–67.

FREEMAN, J. (2010): Hochbegabte und nichthochbegabte: Ergebnisse einer über 35 Jahre laufenden Kontrollgruppenstudie. In: D.H. Rost (Hg.): Intelligenz, Hochbegabung, Vorschulerziehung, Bildungsbenachteiligung. Münster, New York, München, Berlin, S. 85–124.

FREY, D./STREICHER, B./HUBER, M. (2007): Eliteförderung und Elitebildung innerhalb und außerhalb der Universität. In: K.A. Heller, A. Ziegler (Hg.): Begabt sein in Deutschland. Berlin, S. 339–362.

FRIEDEBURG, L. von (1989): Bildungsreform in Deutschland. Geschichte und gesellschaftlicher Widerspruch. Frankfurt/M.

FUNKE, B./VATERRODT, J. (2009): Was ist Intelligenz. 3., aktualisierte Aufl. München.

GAGNÉ, F. (2004): Transforming gifts into talents: the DMGT as a developmental theory. In: High Ability Studies, 15, S. 119–147.

GAGNÉ, F. (2005): From gifts to talents. In: R.J. Sternberg, J.E. Davidson (Hg.): Conceptions of giftedness. New York, S. 98–119.

GALTON, F. (1869): Hereditary genius. London.

GAMM, H.-J. (1970): Kritische Schule. Eine Streitschrift für die Emanzipation von Lehrern und Schülern. München.

GARDNER, H. (1999): Intelligence Reframed: Multiple Intelligences for the 21st Century. New York.

GARDNER, H. (2001): Abschied vom IQ. Die Rahmen-Theorie der vielfachen Intelligenzen. Stuttgart (Frames of Mind: The Theory of Multiple Intelligences. 1983. New York).

GARDNER, H. (2002): Intelligenzen. Die Vielfalt des menschlichen Geistes. Stuttgart.

GARDNER, H. (2003): Three Distinct Meanings of Intelligence. In: R.J. Sternberg, J. Lautrey, T.I. Lubart (Hg.): Models of Intelligence. International Perspectives. Washington D.C., S. 43–54.

GARDNER, H. (2006): Multiple Intelligences: New horizons in theory and practice. New York.

GARDNER, H. (2008): Die entscheidenden Intelligenzen der Zukunft. https://infocus.credit-suisse.com/app/article/index.cfm?fuseaction=OpenArticle&aoid=234919&lang=DE [Stand: 21.08.2011].

GEISS, I. (1988): Geschichte des Rassismus. Frankfurt/M.

GOETHE, J.W. von (1818): Antik und Modern. In: Ders.: Werke. Hamburger Ausgabe. Bd 12. München 1998, S. 172–176.

GOETHE, J.W. von (1823): Die Sklette der Nagetiere, abgebildet und verglichen von d'Alton. In: Ders.: Werke. Hamburger Ausgabe. Bd 13. München 1998, S. 212–219.

GOETHES Gespräche mit Eckermann (1955). Berlin.

GOMOLLA, M./RADTKE, F.-O. (2007): Institutionelle Diskriminierung. Die Herstellung ethnischer Differenz in der Schule. Wiesbaden.

GOTTFRIED VON STRAßBURG (1986): Tristan. Bd. 1. Mittelhochdeutsch/Neuhochdeutsch. Hg. v. R. Krohn. Stuttgart.

GÖTZE, C. (1916a): Schulbegabung und Lebensbegabung. In: P. Petersen (Hg.): Der Aufstieg der Begabten. Leipzig, Berlin, S. 9–16.

GÖTZE, C. (1916b): Vokssschule und Begabung. In: P. Petersen (Hg.): Der Aufstieg der Begabten. Leipzig, Berlin, S. 48–60.

GOULD, S.J. (1983): Der falsch vermessene Mensch. Basel.

GRACIÁN, B. (1978): Handorakel und die Kunst der Weltklugheit. 12. Aufl. Stuttgart.

GROSCH, C. (2011): Langfristige Wirkungen der Begabtenförderung. Berlin u.a.

GUARDINI, R. (1952): Das Gute, das Gewissen und die Sammlung. Mainz.

GUILFORD, J.P. (1967): The Nature of Human Intelligence. New York.

HAMMEL, W. (1970): Bildsamkeit und Begabung. Hannover.

HAMMERSTEIN, N./MÜLLER, R.A. (2005): Das katholische Gymnasialwesen im 17. und 18. Jahrhundert. In: N. Hammerstein, U. Herrmann (Hg.): Handbuch der deutschen Bildungsgeschichte. Bd. 2: 18. Jahrhundert. München, S. 324–354.

HANNOVER, B. (1997): Das dynamische Selbst. Bern.

HARDACH-PINKE, I./HARDACH, G. (Hg.) (1981): Kinderalltag. Deutsche Kindheiten in Selbstzeugnissen 1700–1900. Reinbek.

HARTMANN, D. (1998): Philosophische Grundlagen der Psychologie. Darmstadt.

HARTMANN VON AUE (2011): Gregorius. Mittelhochdeutsch/Neuhochdeutsch. Hg. v. W. Fritsch-Rößler. Stuttgart.

HARTNACKE, W. (1917): Zur Verteilung der Schultüchtigen auf die sozialen Schichten. In: Zeitschrift für pädagogische Psychologie und experimentelle Pädagogik, 18, S. 40–44.

HARTNACKE, W. (1930): Naturgrenzen geistiger Bildung. Leipzig.

HARTNACKE, W. (1937): Stammt der Großteil der Begabten aus dem „Volk" oder aus der „Auslese". In: Volk und Rasse, 12, H. 3, S. 107–111.

HAUBL, R. (2012): Bindung und Begabung: soziale und emotionale Aspekte. In: journal für begabtenförderung, 1, S. 26–37.

HÄUßERMANN, H. (1994): Das Erkenntnisinteresse von Gemeindestudien. In: H.-U. Derlien, U. Gerhard, F.W. Scharpf (Hg.): Systemrationalität und Partialinteresse. Baden-Baden, S. 223–245.

HECK, A.O. (1930): Special Schools and Classes in Cities of 10,000 Population and More in the United States. Washington, D.C.

HECKHAUSEN, J./HECKHAUSEN, H. (1989): Motivation und Handeln. Berlin, Heidelberg, New York.

HEGEL, G.W.F. (1995): Enzyklopädie der philosophischen Wissenschaften im Grundrisse 1830. 3. Teil (Werke 10). Frankfurt/M.

HEHLMANN, W. (1941): Pädagogisches Wörterbuch. 2., völlig neubearbeitete Aufl. Stuttgart.

HEINBOKEL, A. (2001): Hochbegabung im Spiegel der Printmedien seit 1950. Vom Werdegang eines Bewußtseinswandels. Osnabrück, Bonn.

HEINE, H. (1841): Lutetia. Berichte über Politik, Kunst und Volksleben. In: H. Kaufmann (Hg.): Werke und Briefe. Berlin, Weimar 1980, S. 231–584.

HEINZEL, F./PRENGEL, A. (Hg.) (2002): Heterogenität. Integration und Differenzierung in der Primarstufe. Jahrbuch Grundschulpädagogik 6. Opladen.

HELLER, K.A. (2008): Von der Aktivierung der Begabungsreserven zur Hochbegabtenförderung. Forschungsergebnisse aus vier Dekaden. Münster.

HELLER, K.A./PERLETH, C./HANY, E.A. (1994): Hochbegabung – ein lange Zeit vernachlässigtes Forschungsthema. Einsichten. In: Ludwig-Maximilians-Universität München, 1, S. 18–22.

HELLER, K.A./MÖNKS, F.J./STERNBERG, R.J./SUBOTNIK, R.F. (Hg.) (2000/2002): International Handbook of giftedness and talent. Oxford.

HELVÉTIUS, C.A. (1972): Vom Menschen, seinen geistigen Fähigkeiten und seiner Erziehung. Frankfurt/M.

HERBART, J.F. (1831): Von der Erziehungskunst. In: Ders.: Kleine pädagogische Schriften. Paderborn 1968, S. 99–113.

HERRLITZ, H.-G./HOPF, W./TITZE, H. (1993): Deutsche Schulgeschichte von 1800 bis zur Gegenwart. Weinheim, München.

HINZ, D./PÖPPEL, K.G./REKUS, J. (2001): Neues schulpädagogisches Wörterbuch. 3., überarb. Aufl. Weinheim, München.

HITLER, A. (1941): Mein Kampf. 676–678. Aufl. München.

HOLLINGWORTH, L.S. (1926): Gifted Children: Their Nature and Nurture. New York.

HOLLINGWORTH, L.S. (1939): An Enrichment Curriculum for Rapid Learners at Public School 500: Speyer School. In: Teachers College Record, 39, S. 96–306.

HOYER, T. (2002): Nietzsche und die Pädagogik. Werk, Biografie und Rezeption. Würzburg.

HOYER, T. (2005a): Tugend und Erziehung. Die Grundlegung der Moralpädagogik in der Antike. Bad Heilbrunn.

HOYER, T. (2005b): „… wenn man Sklaven will…". Ein unhaltbares pädagogisches Argument (und dessen gehaltvoller Bildungsbegriff). In: W. Hansmann, T. Hoyer (Hg.): Zeitgeschichte und historische Bildung. Kassel, S. 278–304.

HOYER, T. (2005c): Pädagogische Verantwortung für ein glückliches Leben oder: Vom „Glück" in der Pädagogik. In: H. Burckhart, J. Sikora, T. Hoyer: Sphären der Verantwortung. Münster, S. 151–210.

HOYER, T. (2010): „Anders sind wir eigentlich nicht" – oder doch? Schüler/innen in Hochbegabtenklassen – eine Risikogruppe? In: Gruppenpsychotherapie und Gruppendynamik, 46, 2, S. 110–127.

HOYER, T. (2011): Mit hochbegabten Kindern sprechen. Über Kommunikationsbarrieren und Differenzerfahrungen. In: journal für begabtenförderung, 2, S. 70–76.

HOYER, T. (2012a): Begabungsbegriff und Leistung. Eine pädagogische Annäherung. In: A. Hackl et al. (Hg.): Werte schulischer Begabtenförderung: Begabung und Leistung. Karg-Heft 4, S. 14–22.

HOYER, T. (2012b): Außer Rand und Band. Ein Fall von Gruppenregression unter Hochbegabten. In: journal für begabtenförderung, 1, S. 38–48.

HUMBOLDT, W. von (1980): Das achtzehnte Jahrhundert. In: Ders.: Werke in fünf Bänden. Bd. 1. 3. Aufl. Darmstadt, S. 376–505.

HUMBOLDT, W. von (1993): Der Königsberger und der Littauische Schulplan. In: Ders.: Werke in fünf Bänden. Bd. 4. 4. Aufl. Darmstadt, S. 168–195.

HUME, D. (1978): Ein Traktat über die menschliche Natur. Bd. 2. Hamburg.

HUSER, J. (2011): Lichtblick für helle Köpfe. Zürich.

HUTH, A. (1956/57): Begabungsstruktur und Wirtschaftsstruktur. In: Psychologie und Praxis, 1, S. 113–117.

INGENKAMP, K. (1989): Experimentelle Methoden in der Schülerauslese. In: Zeitschrift für Pädagogik, 35, S. 175–195.

INTERNATIONAL PANEL OF EXPERTS FOR GIFTED EDUCATION (IPEGE) (2009): Professionelle Begabtenförderung. Empfehlungen zur Qualifizierung von Fachkräften in der Begabtenförderung. Salzburg.

KANT, I. (1984): Über Pädagogik. 5. Aufl. Bochum.

KANT, I. (1992): Über den Gemeinspruch: Das mag richtig in der Theorie sein, taugt aber nicht für die Praxis/Zum ewigen Frieden. Hamburg.

KANT, I. (2000): Anthropologie in pragmatischer Hinsicht. Hamburg.

KELIHER, A. V. (1931): A Critical Study of Homogeneous Grouping: with a Critique of Measurement as the Basis for Classification. Contributions to Education. No. 452. New York.

KERSCHENSTEINER, G. (1912): Charakterbegriff und Charaktererziehung. Leipzig, Berlin.

KERSCHENSTEINER, G. (1922): Das einheitliche Schulsystem. Als Beitrag zum Problem einer Neuorganisation des allgemeinbildenden Schulwesens. München 1970.

KEY, E. (1904): Das Jahrhundert des Kindes. Berlin.

KILPATRICK, W. H. (1935): Die Projekt-Methode. In: P. Petersen (Hg.): Der Projekt-Plan. Grundlegung der Praxis. Weimar, S. 161–179.

KINTZINGER, M. (2003): Wissen wird Macht. Bildung im Mittelalter. Darmstadt.

KLEIN, H. (1986): Stand, Probleme und Entwicklungstendenzen der Förderung besonders begabter Kinder und Jugendlicher in der DDR. In: Bundesministerium für Bildung und Wissenschaft (Hg.): Hochbegabung – Gesellschaft – Schule. Bonn, S. 51–66.

KLIEME, E. et al. (Hg.) (2010): PISA 2009. Bilanz nach einem Jahrzehnt. Münster, New York, München, Berlin.

KLUGE, R. (Hg.) (1948): Lancelot I, nach der Heidelberger Programmhandschrift Pal. Germ. 147. Berlin.

KOSELLECK, R. (2010): Begriffsgeschichten Studien zur Semantik der politischen und sozialen Sprache. Frankfurt/M.

KRIECK, E. (1933): Menschenformung. Grundzüge der vergleichenden Erziehungswissenschaft. 2. Aufl. Leipzig.

LA METTRIE, J. O. de (1988): Der Mensch als Maschine. 2. Aufl. Nürnberg.

LA METTRIE, J. O. de (2004): Über das Glück oder Das höchste Gut („Anti-Seneca"). 2. Aufl. Nürnberg.

LANGBEHN, J. (1891): Rembrandt als Erzieher. Von einem Deutschen. 35. Aufl. Leipzig.

LEMKE, H. (1919): Die Theorie der Begabungsauswahl vom pädagogisch-medizinischen Standpunkt. Langensalza.

LIEBAU, E./ZIRFAS, J. (Hg.) (2008): Ungerechtigkeit der Bildung – Bildung der Ungerechtigkeit. Opladen & Farmington Hills.

LIEBKNECHT, W. (1891): Schutz und Trutz. Berlin.

LIEBKNECHT, W. (1968): Wissen ist Macht – Macht ist Wissen. Hg. v. H. Brumme. Berlin.

LIETZ, H. (1910): Ziele, Mittel und Grenzen der Erziehung. In: D. L. E. H. Leipzig, S. 23–29.

LOCKE, E. A./LATHAM, G. P. (2002): Building a Practically Useful Theory of Goal Setting and Task Motivation: A 35-year Odyssey. Electronic version. In: American Psychologist, 57, S. 705–717.

LOCKE, J. (1966): Gedanken über Erziehung. 2. Aufl. Bad Heilbrunn.

LOMBROSO, C. (1891): Entartung und Genie. In: W. James (1987): Essays, Comments, and Reviews. Boston, S. 506–507.

LUHMANN, N./LENZEN, D. (Hg.) (2004): Schriften zur Pädagogik. Frankfurt/M.

LUTHER, M. (1520): An den christlichen Adel deutscher Nation von des christlichen Standes Besserung. In: Ders.: Pädagogische Schriften. 2. erw. u. überarb. Aufl. Paderborn 1969, S. 7–14.

LUTHER, M. (1524): An die Bürgermeister und Ratsherrn aller Städte in deutschen Landen, daß sie christliche Schulen aufrichten und halten sollen. In: Ders.: Pädagogische Schriften. 2. erw. u. überarb. Aufl. Paderborn 1969, S. 62–81.

LUTHER, M. (1530): Eine Predigt, daß man die Kinder zur Schule halten solle. In: Ders.: Pädagogische Schriften. 2. erw. u. überarb. Aufl. Paderborn 1969, S. 82–106.

MANN, T. (1986): Buddenbrooks. Verfall einer Familie. Frankfurt/M.

MARROU, H.-I. (1957): Geschichte der Erziehung im klassischen Altertum. Freiburg, München.

MEAD, G.H. (1934): Mind Self and Society from the Standpoint of a Social Behaviorist. Hg. v. C.W. Morris. Chicago.

MESSERSCHMIDT, A. (2012): Heterogenität in pädagogischer Perspektive. In: E. Kleinau, B.B. Rendtorff (Hg.): „Geschlecht wird immer mitgedacht". Differenzen – Diversity – Heterogenität in erziehungswissenschaftlichen Diskursen. Opladen (im Druck).

MEUMANN, E. (1913): Die soziale Bedeutung der Intelligenzprüfungen. In: Zeitschrift für pädagogische Psychologie und experimentelle Pädagogik, 16, S. 433–440.

MIERKE, K. (1963): Begabung, Bildung und Bildsamkeit. Betrachtungen über das Bildungsschicksal des mittelmäßig begabten Schulkindes. Stuttgart.

MIETHKE, J. (2009): Ein Fürstenspiegel für den Kaiser in der Tertia pars des „Dialogus" Wilhelms von Ockham. In: F.J. Felten, A. Kehnel, S. Winfurter (Hg.): Institution und Charisma. Köln et al., S. 245–261.

MILLER, S. (2008): Kinder in Armut in Schule und Unterricht – reichen allgemeine pädagogische Überlegungen zum Umgang mit Heterogenität hier aus? In: H. Kiper, S. Miller, C. Palentien, C. Rohlfs (Hg.): Lernarrangements für heterogene Gruppen. Lernprozesse professionell gestalten. Bad Heilbrunn, S. 43–63.

MIRABEAU, M. de (1949): Diskurs über die Nationalerziehung. In: R. Alt (Hg.): Erziehungsprogramme der Französischen Revolution. Berlin, Leipzig, S. 31–60.

MOEDE, W./PIORKOWSKI, C./WOLF, G. (1919): Die Berliner Begabtenschulen. Ihre Organisation und die experimentellen Methoden der Schülerauswahl. Langensalza.

MÖNKS, F.J. (1992): Ein interaktionales Modell der Hochbegabung. In: E.A. Hany, H. Nickel (Hg.): Begabung und Hochbegabung. Göttingen, S.17–23.

MONTAIGNE, M. de (1985): Essais. 6. Aufl. Zürich.

MORITZ, K.P. (1959): Anton Reiser. Leipzig.

MÜLLER, D.K. (1981): Sozialstruktur und Schulsystem. Aspekte zum Strukturwandel des Schulwesens im 19. Jahrhundert. Göttingen.

MÜLLER, K.V. (1951): Begabung und soziale Schichtung in der hochindustrialisierten Gesellschaft. Köln, Opladen.

MÜLLER-OPPLIGER, V. (2010): Von der Begabtenförderung zu Selbstgestaltendem Lernen. Selbstgesteuertes und selbstsorgendes Lernen als Prinzipien nachhaltiger Begabungsförderung. In: Journal für Begabtenförderung, 10, S. 51–63.

MÜLLER-OPPLIGER, V. (2011): Heterogenität, Diversität und hohe Begabung als „Soziales Kapital". Ungleiches miteinander verbinden als Aufgabe von Schulen. In: U. Ostermaier (Hg.): Hochbegabung, Exzellenz, Werte. Positionen in der schulischen Begabtenförderung. Dresden, S. 77–117.

MÜLLER-OPPLIGER, V. (2013): Portfolio – ein Kernelement der Begabungs- und Begabtenförderung. Erkennen von Potenzialen und Fähigkeiten aufgrund reflexiver Auseinandersetzung mit individuellen Leistungen und Lernwegen. In: P.H. Steiermark (Hg.). Verborgen? Versteckt? Entdeckt! Begabungen entdecken, fördern und nutzen. Graz.

NESTLE, W. (Hg.) (1956): Die Vorsokratiker. 4. Aufl. Düsseldorf, Köln.

NESTLE, W. (1996): Zum Allgemeinheitscharakter von „Lernbehinderung". In: H. Eberwein (Hg.): Handbuch Lernen und Lern-Behinderungen. Weinheim, Basel, S. 279–292.

NEUBAUER, A./STERN, E. (2009): Lernen macht intelligent. Warum Begabung gefördert werden muss. München.

NIEMEYER, A.H. (1970): Grundsätze der Erziehung und des Unterrichts. Paderborn.

NIETZSCHE, F. (1988a): Menschliches, Allzumenschliches I und II. Kritische Studienausgabe. Hg. v. G. Colli, M. Montinari. Bd. 2. Berlin, New York.

NIETZSCHE, F. (1988b): Morgenröthe. In: Ders.: Kritische Studienausgabe. Hg. v. G. Colli, M. Montinari. Bd. 3. Berlin, New York, S. 9–331.

NIETZSCHE, F. (1988c): Nachgelassene Fragmente 1884–1885. In: Ders.: Kritische Studienausgabe. Hg. v. G. Colli, M. Montinari. Bd. 11. Berlin, New York.

NIPPERDEY, T. (1990): Deutsche Geschichte 1866–1918. Bd. 1. München.

NISBET, J.F. (1891): The insanity of genius and the general inequality of human faculty physiologically considered. In: Mind, 16 (1891), S. 541.

OECD (2007): PISA 2006. Science Competencies for Tomorrow's World. Bd. I. Paris.

OESTREICH, P. (1923): Die elastische Einheitsschule mit innerer Differenzierung. In: F. Hilker (Hg.): Die Lebensschule. Berlin, S. 29–63.

ÖSTERREICHISCHES ZENTRUM FÜR BEGABTENFÖRDE-RUNG UND BEGABUNGSFORSCHUNG (ÖZBF) (Hg.) (2013): Potenziale intergenerationell entfalten. Salzburg.

OLBERTZ, J.-H. (2007): Hochbegatenförderung zwischen Wissenschaft und Bildungspolitik. Ansätze in den neuen Bundesländern. In: K.A. Heller, A. Ziegler (Hg.): Begabt sein in Deutschland. Berlin, S. 375–394.

OSWALD, F./WEILGUNY, W. M. (o. Jg.): Schulentwicklung durch Begabungs- und Begabtenförderung. Impulse zu einer begabungsfreundlichen Lernkultur. ÖZBF, Salzburg.

PARKHURST, H. (1922): Education on the Dalton Plan. New York.

PASCAL, B. (1978). Über die Religion und über einige andere Gegenstände (Pensées). Heidelberg.

PAULSEN, F. (1919): Geschichte des gelehrten Unterrichts auf den deutschen Schulen und Universitäten vom Ausgang des Mittelalters bis zur Gegenwart. 3., erweiterte Aufl. Bd. 1. Leipzig.

PAULSEN, F. (1921): Geschichte des gelehrten Unterrichts auf den deutschen Schulen und Universitäten vom Ausgang des Mittelalters bis zur Gegenwart. 3., erweiterte Aufl. Bd. 2. Berlin, Leipzig.

PAULSON, F.L./PAULSON P.R./MEYER, C.A. (1994): What makes a portfolio a portfolio? In: Educational Leadership, 48(5), S. 60–63.

PESTALOZZI, J.H. (1998): Über die Entwicklung der sittlichen Begriffe in der Entwicklung der Menschheit. In: Ders.: Kleine Schriften zur Volkserziehung und Menschenbildung. 7. Aufl. Bad Heilbrunn, S. 39–59.

PETERSEN, P. (Hg.) (1916a): Der Aufstieg der Begabten. Vorfragen. Leipzig, Berlin.

PETERSEN, P. (1916b): Die Probleme der Begabung und der Berufswahl auf den höheren Schulen. In: P. Petersen (Hg.): Der Aufstieg der Begabten. Leipzig, Berlin, S. 78–94.

PETERSEN, P. (1927): Der Kleine Jena-Plan. Langensalza.

PHILLIPSON, S./McCANN, M. (Hg.) (2007): Conceptions of giftedness. Sociocultural perspectives. Mahwah, N.J.

PINTRICH, P.R./ROESER, R./DE GROOT, E. (1994): Classroom and individual differences in early adolescents' motivation and self-regulated learning. In: Journal of Early Adolescence, 14(2), S. 139–161.

PRAUSE, G. (1987): Genies in der Schule. Legende und Wahrheit über den Erfolg im Leben. Düsseldorf.

PRECKEL, F./HOLLING, H. (2006). Die Rolle von Intelligenz und Begabung für Handlungskompetenz.

Schwerpunktheft Handlungskompetenz. Bildung und Erziehung, 59, 2, S. 167–178.

PRENGEL, A. (2001): Egalitäre Differenz in der Bildung. In: H. Lutz, N. Wenning (Hg.): Unterschiedlich verschieden. Differenz in der Erziehungswissenschaft. Opladen, S. 93–107.

PRENZEL, M. (1996): Bedingungen für selbstbestimmt motiviertes und interessiertes Lernen im Studium. In: J. Lompseher, H. Mandl (Hg.): Lehr- und Lernprobleme im Studium (Problems of instruction and learning in higher education). Bern, S. 11–22.

RASCH, W. (1990): Grußwort. In: H. Wagner (Hg.): Begabungsforschung und Begabtenförderung in Deutschland 1980–1990–2000. Bad Honnef, S. 8–10.

REIS, S.M. (1981): An analysis of the productivity of gifted students participating in programs using the revolving door identification model. Unpublished doctoral dissertation, University of Connecticut Storrs.

REIS, S.M./BURNS, D.E./RENZULLI, J.S. (1992): Curriculum Compacting: The complete guide to modifying the regular curriculum for high ability students. Mansfield Center CT.

REIS, S.M./RENZULLI, J.S. (2009): Myth 1: The Gifted and Talented Constitute One Single Homogeneous Group and Giftedness Is a Way of Being That Stays in the Person Over Time and Experiences. In: Gifted Child Quarterly, Vol. 53, 4, S. 233–235.

RENZULLI, J.S. (1976): The Enrichment Triad Model: A guide for developing defensible programs for the gifted and talented. In: Gifted Child Quarterly, 20, S. 303–326.

RENZULLI, J.S. (1978): What makes giftedness? Reexamining a definition. In: Phi Delta Kappan, 60, S. 180–184; 261.

RENZULLI, J.S. (1994): Schools for talent development: A practical plan for total school improvement. Mansfield Center, CT.

RENZULLI, J.S. (2002): Expanding the Conception of Giftedness to Include Co-Cognitive Traits and to Promote Social Capital. In: PhiDelta Kappan, 84(1), S. 33–58.

RENZULLI, J.S. (Hg.) (2004): Identification of students for gifted and talented programs. In: S.M. Reis (Hg.): Essential readings in gifted education. Thousand Oaks, CA.

RENZULLI, J.S. (2009a): The Multiple Menue Model for developing differentiated curriculum. In: J.S. Renzulli, E.J. Gubbins, K.S. McMillen, R.D. Eckert, C.A. Little (Hg.): Systems and models for eveloping programs for the gifted and talented. Mansfield, CT, S. 353–382.

RENZULLI, J.S. (2009b): The Schoolwide Enrichment Model: A focus on student strengths & interests. In: J. Renzulli, E.J. Gubbins, K.S. McMillen, R.D. Eckert, C.A. Little (Hg.): Systems and models for eveloping programs for the gifted and talented. Mansfield, CT, S. 323–352.

RENZULLI, J.S. (2012): Intelligences outside the normal curve: Factors that contribute to the creation of leadership, skills and social capital in young people and adults. Presentation at the 13th International ECHA Conference. Wilhelms Universität Oktober 2012.

RENZULLI, J.S./KOEHLER, J./FOGARTY E.A. (2006): Operation Houndstooth Intervention Theory. Social Capital in Today's Schools. In: Gifted child today, Vol. 29 No. 1, S. 16–24.

RENZULLI, J.S./LEPPIEN, J.L./HAYS, T.S. (2000): The Multiple Menu Model: A practical guide for developing differentiated curriculum. Manseld Center, DT.

RENZULLI, J.S./Reis, S.M. (1972): The Schoolwide Enrichment Model. Mansfield Center, CT.

RENZULLI, J.S./REIS, S.M. (2007): A technology based resource for challenging gifted and talented students. In: Gifted Education Press Quarterly, Fall 2007, Manassas VA, S. 2–3.

RENZULLI, J.S./REIS, S.M./SMITH, L.H. (1981): The revolving door identification model. Mansfield Center, CT.

RENZULLI, J.S./REIS, S.M./STEDTNITZ, U. (2001): Das schulische Enrichment Modell SEM. Begabungsförderung ohne Elitebildung. Aarau.

RENZULLI, J.S./SYSTMA REED, R.E. (2008): Intelligences outside the normal curve: Co-cognitive traits that contribute to giftedness. In: J. Plucker, C.M. Callahan (Hg.): Critical issues and practices in gifted educations.Waco (Texas), S. 303–320.

RHEINBERG, F. (1997): Individuelle Bedingungsfaktoren der Schulleistung. In: F.E. Weinert, A. Helmke (Hg.): Entwicklung und Lernen in der Grundschule. Weinheim, S. 217–221.

ROGERS, K. (2002): Re-Forming Gifted Education. Scottsdale.

ROHLFS, C./HARRING, M./PALENTIEN, C. (Hg.) (2008): Kompetenz Bildung. Soziale, emotionale und kommunikative Kompetenzen von Kindern und Jugendlichen. Wiesbaden.

ROST, D.H. (2007): Klare Worte zur „Hochbegabungs"-Diskussion – Viel Seichtes in Pädagogik und Pädagogischer Psychologie. http://download. bildung.hessen.de/schule/allgemeines/begabung/ begabung_hochbegabung/HOCHBEGABUNG_F3 34R_DIEHL.pdf [Stand: 13.7.2009].

ROST, D.H. (2009): Grundlagen, Fragestellungen, Methode. In: Ders. (Hg.): Hochbegabte und hochleistende Jugendliche. Befunde aus dem Marburger Projekt. 2., erw. Aufl. Münster et al., S. 1–91.

ROST, D.H. (2009): Intelligenz. Fakten und Mythen. Weinheim, Basel.

ROST, D.H./SCHILLING, S.R. (2006): Hochbegabung. In: D.H. Rost (Hg.): Handwörterbuch Pädagogische Psychologie. 3. Aufl. Weinheim, Basel, S. 233–245.

ROTH, G. (2001): Fühlen, Denken, Handeln. Wie unser Gehirn unser Verhalten steuert. Frankfurt/M.

ROTH, G. (2006): Möglichkeiten und Grenzen von Wissensvermittlung und Wissenserwerb. In: R. Caspary (Hg.): Lernen und Gehirn. Der Weg zu einer neuen Pädagogik. Freiburg et al., S. 54–69.

ROTH, H. (1952/1967): Begabung und Begaben. Über das Problem der Umwelt in der Begabungsentfaltung. In: T. Ballauff, H. Hettwer (Hg.) (1967): Begabungsförderung in der Schule. Darmstadt, S. 18–36.

ROTH, H. (Hg.) (1966/1971): Pädagogische Anthropologie. Bd. 1: Bildsamkeit und Bestimmung. Bd. 2: Entwicklung und Erziehung. Hannover.

ROTH, H. (1967): Pädagogische Psychologie des Lehrens und Lernens. 10. Aufl. Hannover 1957.

ROTH, H. (Hg.) (1969): Begabung und Lernen. Deutscher Bildungsrat. Gutachten und Studien der Bildungskommission. Stuttgart.

ROTH, H. (1970): Einleitung und Überblick. In: H. Roth (Hg.): Begabung und Lernen. Gutachten und Studien der Bildungskommission 4. 5. Aufl. Stuttgart, S. 17–67.

ROTH, H. (1973): Der Wandel des Begabungsbegrifes. In: G. Hartfiel, K. Holm (Hg.): Bildung und Erziehung in der Industriegesellschaft. Opladen, S. 117–141.

ROUSSEAU, J.-J. (1988): Julie oder Die neue Héloïse. München.

ROUSSEAU, J.-J. (1989): Emil oder Über die Erziehung. 9. Aufl. Paderborn u.a.

ROUSSEAU, J.-J. (1993): Über den Ursprung und die Grundlagen der Ungleichheit unter den Menschen. In: Ders.: Preisschriften und Erziehungsplan. 4. Aufl. Bad Heilbrunn, S. 47–137.

RUF, U./GALLIN, P. (2003): Dialogisches Lernen in Sprache und Mathematik. Bd 1: Austausch zwischen Ungleichen. Grundzüge einer interaktiven und fächerübergreifenden Didaktik. Seelze-Velber.

RYF, C.D./SINGER, B. (2003): Ironies of the human condition: Well-being and health on the way of mortality. In: L.G. Aspinwall, U.M. Staudinger (Hg.): A psychology of human strenghts: Fundamental questions and future directions for a positive psychology. Washington, D.C., S. 271–288.

SAILER, J.M. (1913): Über Erziehung für Erzieher. 6. Aufl. Paderborn.

SCHLEIERMACHER, F.D.E. (1959a): Theorie der Erziehung. In: Ders.: Ausgewählte pädagogische Schriften. Paderborn, S. 36–243.

SCHLEIERMACHER, F.D.E. (1959b): Gelegentliche Gedanken über Universitäten im deutschen Sinn. In: Ders.: Ausgewählte pädagogische Schriften. Paderborn, S. 244–255.

SCHMIDT, J. (1985): Die Geschichte des Genie-Gedankens in der deutschen Literatur, Philosophie und Politik 1750–1945. 2. Bände. Darmstadt.

SCHOEN, D.A. (1983): The Reflective Practitioner. How Professionals Think in Action. New York.

SCHOLTZ, H. (1987): Begabung und gesellschaftliche Förderung der Intelligenz. Zur Geschichte der politischen Nutzung des Begabungsbegriffs. In: C. Niemitz (Hg.): Erbe und Umwelt. Frankfurt/M., S. 55–72.

SCHULTZE, F. (1831): Die Abiturienten-Prüfung vornehmlich im Preußischen Staate. Liegnitz, Halle, S. 6–26.

SCHWARTZ, B. (2000): Self-determination: The tyranny of freedom. American Psychology, 55, 5–14.

SCHWARTZ, H. (1928): Pädagogisches Lexikon. 1. Bd. Bielefeld, Leipzig.

SCHWARZ, F.H.C. (1968): Lehrbuch der Erziehungs- und Unterrichtslehre. Paderborn.

SELIGMAN, M./CSIKSZENTMIHALYI, M. (2000): Positive psychology. In: American Psychologist, 55, S. 5–14.

SHAHAR, S. (1991): Kindheit im Mittelalter. München.

SIEGLE, D. (2008): The Time is Now to Stand Up for Gifted Education: 2007 NAGC Presidential Address. In: Gifted Child Quarterly, Spring 2008, Vol. 52, S. 111–113.

SKOWRONEK, H. (Hg.) (1982): Umwelt und Begabung. Frankfurt/M. et al.

SMITH, A. (1949): Theorie der ethischen Gefühle. Frankfurt/M.

SPEARMAN, C. (1904): „General intelligence", objectively determined and measured. In: American Journal of Psychology, 15, S. 201–293.

SPITZER, M. (2003): Lernen. Gehirnforschung und die Schule des Lebens. Heidelberg, Berlin.

SPRANGER, E. (1917): Begabung und Studium. Leipzig, Berlin.

STADELMANN, W. (2004): Begabungsförderung in der Schule ist ohne Schulentwicklung nicht möglich. In: journal für begabtenförderung 1, S. 15–22.

STAMM, M. (2006): Hoch begabte Lehrlinge: eine soziale Tatsache? Erste Ergebnisse einer Schweizer Längsschnittstudie. In: Zeitschrift für Erziehungswissenschaften, 1, S. 127–139.

STAMM, M. (2009): Begabte Minoritäten. Wiesbaden.

STANAT, P. (2006): Schulleistungen von Jugendlichen mit Migrationshintergrund. Die Rolle der Zusammensetzung der Schülerschaft. In: J. Baumert, P. Stanat, R. Watermann (Hg.): Herkunftsbedingte Disparitäten im Bildungswesen. Differentielle Bildungsprozesse und Probleme der Verteilungsgerechtigkeit. Vertiefende Analysen von PISA 2000. Wiesbaden, S. 189–219.

STANAT, P./RAUCH, D./SEGERITZ, M. (2010): Schülerinnen und Schüler mit Migrationshintergrund. In: E. Klieme et al. (Hg.): PISA 2009. Bilanz nach einem Jahrzehnt. Münster, New York, München, Berlin, S. 200–230.

STANAT, P./SCHWIPPERT, K./GRÖHLICH, C. (2010): Der Einfluss des Migrantenanteils in Schulklassen auf den Kompetenzerwerb. In: ZfPäd, 56, 55. Beiheft, S. 147–164.

STAPF, A. (2003): Hochbegabte Kinder. Persönlichkeit, Entwicklung, Förderung. München.

STERN, E./GUTHKE, J. (Hg.) (2001): Perspektiven der Intelligenzforschung. Lengerich u.a.

STERN, W. (1912): Die psychologischen Methoden der Intelligenzprüfung und deren Anwendung an Schulkindern. Leipzig.

STERNBERG, R.J. (1998): Erfolgsintelligenz. Warum wir mehr brauchen als EQ + IQ. München.

STERNBERG, R.J. (1999): Handbook of Creativity. Cambridge.

STERNBERG, R.J. (2003): Wisdom, Intelligence and Creativity Synthesized. Cambridge.

STERNBERG, R J. (2007): Foreword. In: S. Philippson, M. McCann (Hg.): Conceptions of giftedness. Sociocultural perspectives. Mahwah, N.J., S. XV–XVIII.

STERNBERG, R.J. (2011): WICS as a Model of giftedness. In: R.J. Sternberg, L. Jarvin, E.L. Grigorenko (Hg.): Explorations in Giftedness. New York, S. 34–53.

STERNBERG, R.J./JARVIN, L./GRIGORENKO, E.L. (2011): Explorations in Giftedness. New York.

STERNBERG, R.J./LAUTREY, J./LUBART, T.I. (2003): Where Are We in the Field of Intelligence, How Did We Get Here, And Were We Going? In: Models of Intelligence. International Perspectives. Washington, D.C., S. 3–25.

STERNBERG, R.J./LUBART, T.I. (1996): Investing in creativity. In: American Psychologist, 51(7), S. 677–688.

STERNBERG, R.J./O'HARA, L.A. (2004): Intelligence and Creativity. In: R.J. Sternberg (Hg.): International Handbook of Intelligence. Cambridge, S. 611–630.

STERNBERG, R.J./ZANG, L.S. (1995): What do we mean by „giftedness"? A pentagonal implicite theory. In: Gifted Child Quarterly, 39(2), S. 88–94.

STUMPF, E. (2012): Förderung bei Hochbegabung. Stuttgart.

STUVE, J. (1785): Allgemeinste Grundsätze der Erziehung. In: G. Ulbricht (Hg.): Allgemeine Revision des gesamten Schul- und Erziehungswesens von einer Gesellschaft praktischer Erzieher. Berlin 1957, S. 45–93.

SYTSMA, R.E. (2003): Co-cognitive factors and socially-constructive giftedness: Distribution, abundance, and relevance among high school students. Unpublished doctorial dissertation, University of Connecticut, Storrs.

TANNENBAUM, A.J. (1983): Gifted Children. Psychological und Educational Perspecitives. New York.

TENORTH, H.-E. (2001): Begabung – eine Kontroverse zwischen Wissenschaft und Politik. Finden und Fördern von Begabungen. Fachtagung des Forum Bildung am 6. und 7. März in Berlin. Materialien des Forum Bildung 7. Bonn, S. 15–21.

TENORTH, H.-E. (2007): Begabung – eine Kontroverse zwischen Wissenschaft und Politik. In: D. Lemmermöhle, M. Hasselhorn (Hg.): Bildung – Lernen. Humanistische Ideale, gesellschaftliche Notwendigkeiten, wissenschaftliche Erkenntnisse. Göttingen, S. 117–145.

THALHOFER, F.X. (1928): Unterricht und Bildung im Mittelalter. München.

THOMAS VON AQUINO (1985): Summe der Theologie. Hg. v. J. Bernhart, Bd. 3. Stuttgart.

THURSTONE, L.L. (1931): Multiple Factor Analyses. In: Psychological Review, 38(5), S. 406–427.

TILLMANN, K.-J. (2008): Viel Selektion – wenig Leistung. Ein empirischer Blick auf Erfolg und Scheitern in deutschen Schulen. In: E. Liebau, J. Zirfas (Hg.): Ungerechtigkeit der Bildung – Bildung der Ungerechtigkeit. Opladen, Farmington Hills, S. 155–173.

TITZE, H. (1998): Der historische Siegeszug der Bildungsselektion. In: Zeitschrift für Sozialforschung und Erziehungssoziologie, 18, S. 66–81.

TOMLINSON, C.A./KAPLAN, S.N./RENZULLI, J.S./PURCELL, J./LEPPIEN, J./BURNS, D. (2002): The parallel curriculum. A Design to develop high potential and challenge high-ability learners. Thousand Oaks, CA.

TORRANCE, E.P. (1982): Hochbegabungskonzepte. In: K. Urban (Hg.): Hochbegabte Kinder: psychologische, pädagogische, psychiatrische und soziologische Aspekte. Heidelberg, S. 31–40.

TRAPP, E.C. (1977): Versuch einer Pädagogik. Paderborn.

TRAUTMANN, T. (2005): Einführung in die Hochbegabtenpädagogik. Baltmannsweiler.

TRÖHLER, D. (2010): Johann Heinrich Pestalozzi. In: K. Zierer, W.-T. Saalfrank (Hg.): Zeitgemäße Klassiker der Pädagogik. Paderborn, S. 89–101.

TSCHECHNE, M. (2010): William Stern. Hamburg.

UNESCO (1994): The Salamanca Statement and Framework for Action on Special Needs Education. Adopted by the World Conference on Special Needs Education: Access and Quality (Salamanca, Spain, 7.–14. Juni 1994).

URBAN, K. (1980): Hochbegabung – (k)ein Problem. In: Pädagogische Welt, 34, S. 52–54.

VAN TASSEL-BASKA, J. (2003): What Matters in Curriculum for Gifted Learners: Reflections on Theory, Research, and Practice. In: N. Colangelo, G. Davis (Hg.): Handbook of Gifted Education (3rd ed.). Boston, S.174–183.

VERGIL (1997): Aeneis. 8. Aufl. Düsseldorf, Zürich.

VOCK, M./PRECKEL, F./HOLLING, H. (2007): Förderung Hochbegabter in der Schule. Evaluationsbefunde und Wirksamkeit von Maßnahmen. Göttingen.

VYGOTSKY, L.S. (1978): Mind in society: The development of higher psychological processes. Cambridge, MA.

WÄCHTER, J.-D. (2006): Zur Bedeutung des Begabungskonstrukts für das pädagogische Handeln. In: engagement, 2, S. 145–156.

WALTERS, J./GARDNER, H. (1986): The cristallizing experience: Discovering an intellectual gift. In: R.J. Sternberg, J.E. Davidson (Hg.): Conceptions of giftedness. New York, S. 306–331.

WEBER, M. (1993): Die protestantische Ethik und der „Geist" des Kapitalismus. Bodenheim.

WEIGAND, G. (2004): Schule der Person. Zur anthropologischen Grundlegung einer Theorie der Schule. 3. Nachdruck 2010. Würzburg.

WEIGAND, G. (2008): Begabtenförderung und Persönlichkeitsentwicklung. In: C. Fischer, F. Mönks, U. Westphal (Hg.): Individuelle Förderung: Begabungen entfalten – Persönlichkeit entwickeln. Münster, S. 394–408.

WEIGAND, G. (2011): Pädagogische Perspektiven auf Hochbegabung und Begabtenförderung. In: O. Steenbuck et al. (Hg.): Inklusive Begabtenförderung an Grundschulen. Weinheim, S. 31–37.

WEIGAND, G. (2011): Begabung und Bildung. Anthropologisch-pädagogische Überlegungen zur Begabtenförderung. In: journal für begabtenförderung. S. 44–54.

WEINERT, F.E. (1990): In: Wagner, H. (Hg.): Begabtenförderung in der Schule: Pädagogische Modelle in der Diskussion. Bad Honnef, S. 9–12.

WEINERT, F. E. (2000): Zur Entwicklung geistiger Leistungsunterschiede. In: H. Wagner (Hg.): Begabung und Leistung in der Schule. Modelle der Begabtenförderung in Theorie und Praxis. 2., überarb. Aufl. Bad Honnef, S. 7–24.

WEINERT, F. E./WAGNER, H. (Hg.) (1987): Die Förderung Hochbegabter in der Bundesrepublik Deutschland: Probleme, Positionen, Perspektiven. Bad Honnef.

WEINGART, P./KROLL, J./BAYERTZ, K. (1988): Rasse, Blut und Gene. Geschichte der Eugenik und Rassenhygiene in Deutschland. Frankfurt/M.

WELLENREUTER, M. (2005): Empirisch geprüfte Modelle des Umgangs mit Heterogenität im Unterricht. Heterogene Lerngruppen in Schule und Unterricht. Stuttgart.

WENNING, N. (2004): Heterogenität als neue Leitidee der Erziehungswissenschaft. In: Zeitschrift für Pädagogik, 50, S. 565–582.

WENZEL, A. (1934): Theorie der Begabung. Entwurf einer Intelligenzlehre. Leipzig.

WESOLY, K. (2008): Das Interesse der weltlichen Obrigkeiten, der Konfessionen und der Eltern am Elementarunterricht im Herzogtum Berg vom 16. bis ins 18. Jahrhundert. In: H.-U. Musolff et al. (Hg.): Säkularisierung vor der Aufklärung? Bildung, Kirche und Religion 1500–1750. Köln et al., S. 157–177.

WILD, K. P./KRAPP, A. (1996): Die Qualität subjektiven Erlebens in schulischen und betrieblichen Lernumwelten. In: Unterrichtswissenschaft, 24, S. 195–216.

WINNER, E. (1996): Gifted children: Myths and realities. New York.

WRANA, D. (2009): Zur Organisationsform selbstgesteuerter Lernprozesse. In: Spielräume für selbstreguliertes Lernen. Beiträge zur Lehrerbildung, 27/2, 163–174.

ZEH, J. (2004): Spieltrieb. Frankfurt/M.

ZETTEL, J. J. (1979): Gifted and Talented over a Half-Decade of Change. In: Journal for the Education of the Gifted, 3, S. 14–37.

ZIEGLER, A. (2008): Hochbegabung. München, Basel.

ZIEGLER, A./STÖGER, H. (2009): Begabungsförderung aus einer systemischen Perspektive. In: journal für begabtenförderung, 2, S. 4–31.

ZILLER, T. (1892): Allgemeine Pädagogik. 3. Aufl. Leipzig.

ZIMMER, D. E. (2012): Ist Intelligenz erblich? Eine Klarstellung. Reinbek.

Personenregister

Sachregister